한국사회와 불교

그 미래를 조망하다

한국사회와 불교
그 미래를 조망하다

정념 스님(월정사 주지)과
한상권(KBS 아나운서)의 대담

민족사

6~7년 전 불자들과 함께 인도 불교 성지를 순례한 적이 있습니다. 그때 민족사 윤창화 사장님 등 거사님 몇 분도 동행하게 되었습니다. 잘 아시는 것처럼 인도에서 불교 성지를 가려면 버스를 타고 서너 시간은 보통일 정도로 그 이동거리가 매우 깁니다. 장시간 버스로 이동하면서 자연스럽게 불교는 물론이고 사회 전반에 대해 이야기를 나누게 되었습니다. 거사님들의 질문에 부담 없이 답하는 형식이었는데, 그렇게 10박 11일 동안 때론 가볍게, 때론 관심 있는 주제에 대해서는 의외로 진지한 담론으로 진전되었습니다.

그 후 민족사 윤 사장님은 만날 때마다 인도에서 했던 이야기를 정리해서 책으로 출판했으면 좋겠다는 제안을 했습니다. 그러나 극구 사양했습니다. 당시 버스 안에서 나눈 이야기들은 전문적인 입장에서 이야기한 것도 못 되고 정치(精緻)한 것도 아니었기 때문이었지요. 그저 같은 시대를 살아가고 있는 수행승의 한 사람으로서 우리 시대의 사회현상, 불교문제 등에 대해 걱정하지 않을 수 없었기에 그동안 갖고 있던 생각들을 이야기한 것에 불과한데다 더욱이 사회문제에 대해서는 전문적인 소견이라 할 수 없었기 때문입니다. 그런데 2~3년 전 동국대 출신인 KBS 한상권 아나운서님과 비슷한 대화를 또 나누게 되었고, 문득 이것은 시절 인연이라는 생각이 들어 윤 사장님의 제안을 받아들이게 되었습니다.

오늘날 사회현상은 급변하고 있습니다. 무엇보다 무한경쟁의 신자유주의는 우리의 가치관과 삶을 송두리째 바꾸고 있습니다. 인간관계는 더욱 각박해지고, 이기주의가 팽배하여 개개인의 삶의 질과 행복지수는 날이 갈수록 낮아지고 있습니다.

특히 우리나라는 신자유주의의 폐해가 심해 헬조선, N포세대, 수저론, 갑질 등의 신조어까지 등장하게 되었습니다. 현 정부의 최우선 과제가 우리 사회에 만연한 불평등과 양극화 해소인 것도 이러한 사회 현상과 무관하지 않다고 봅니다. 인간과 자연, 신과 인간, 보수와 진보, 남과 북, 너와 나를 나누는 이분법적인 가치관으로는 이 세상의 반목과 갈등을 근본적으로 해소할 수 없습니다.

또한 현재 지구촌의 가장 중요한 문제는 환경문제라고 생각합니다. 우리나라가 아열대 기후가 되어 가고, 올해 유난히 극심했던 폭염과 태풍 등 자연재해도 지구 온난화의 영향일 것입니다. 성장제일주의 사회의 무분별한 난개발과 공해 배출, 물질 만능의 대량생산과 소비지향의 삶이 지구 온난화를 부추기고 생태계를 파괴하여 지구촌에 환경대란을 일으키고 있는 것입니다.

저는 산사에서 수행하는 출가 수행자이지만 이 시대를 살아가는 동시대인으로서 이 모든 사회문제에 초연할 수 없었습니다. 출가 수행자의 입장에서 현대 사회를 바라볼 때 근본적인 가치관의 변화와 아울러 종교적 동력에 의한 실천이 필요하다는 생각이 들었습니다. 특히 세상 사람들이 불교의 연기적(緣起的) 세계관으로의 인식 전환, 가치관을 재정립하여 생활 속에서 실천한다면 점차 달라질 수 있을 것이라는 확신이 생겼습니다.

연기는 이 세상 모든 존재와 현상이 독립적으로 존재하는 것이 아니고 서로 관계 속에 연결되어 있다는 것입니다. 이 세상 만물이 서로 의지하면서 존재한다는 것, 서로 도와야 하는 상생의 관계라는 것만 제대로 인식해도 세상의 온갖 갈등, 마찰, 투쟁, 무역전쟁 등이 조금 완화될 것입니다.

지구 온난화로 인한 생물 다양성의 급속한 감소, 사막화, 기후변화 등 인간의 힘으로 해결하기 어려운 전 지구적 차원의 환경문제도 산업화되면서 환경을 무시한 난개발, 자연파괴 등에 기인합니다. 모든 산업문제, 개발문제에 자연을 우선시하지 않으면 우리는 자업자득의 결과를 보게 될 것입니다. 소욕지족의 생태적이고 환경친화적인 삶을 살아가며 진정한 행복을 느끼고 안심 입명할 때 지구촌 공통의 화두인 환경문제가 해결될 수 있을 것이라고 봅니다.

남북문제 또한 금년에 들어와서 매우 긍정적으로 진전되고 있습니다. 지금까지 남북대화에서는 전혀 볼 수 없던 상황입니다. '물극필반(物極必反)'의 이치, 즉 무엇이든지 극점에 달하면 반드시 반전하게 됩니다. 이 기회에 남북이 신뢰를 바탕으로 비핵화를 이루고, 미래지향적인 관계로 나아갈 때 그 시너지 효과가 대단할 것입니다.

어떤 문제든 근본적으로 해결하기 위해서는 적절한 제도와 정책의 실현과 아울러 사람들의 올바른 가치관에 입각한 마음의 변화,

그로 말미암은 적극적인 실천이 필요합니다. 국가와 시민단체의 대국민적 계몽운동도 중요하지만, 사람들의 내적 변화를 일으키는 데는 종교가 더 큰 영향을 미친다고 생각합니다. 그래서 법회 때는 물론이고 사석에서 사람들을 만날 때마다 이러한 이야기를 자주 언급했습니다. 이 책이 세상에 나오게 된 인연 역시 이러한 제 마음의 반영일 것입니다.

오늘날 4차산업 시대의 도래 등 새로운 패러다임이 요구되는 문명의 대 전환기에 한국불교는 안팎의 도전과 시련 속에서 그동안 종교 본연의 역할에 충실하지 못한 게 사실입니다. 하지만 지금부터라도 출가 수행자들이 미래를 통찰하고 시대 변화에 부응하여 선각자적인 삶을 살아갈 때 한국불교도 재도약할 수 있고 세상 사람들의 행복과 안락, 평화에도 기여할 수 있을 것입니다.

이 책이 나오기까지 여러 분의 도움이 있었습니다. 특히 이 책의 처음부터 끝까지 애써주신 민족사 윤창화 사장님과 귀한 질문과 좋은 말씀을 해 주신 한상권 KBS 아나운서님, 실무를 맡은 사기순 주간님, 최윤영 님 등 편집부 관계자 여러분들께 마음 깊이 감사드립니다. 모쪼록 이 책이 마중물이 되어 이 땅의 모든 이들이 고통에서 벗어나 행복해지기를 합장 발원합니다.

2018년 하안거 해제일에
오대산 월정사에서
퇴우 정념 합장

머리말 _ 한상권

"달에 이르려는 욕망 때문에 인간은 자기 발밑에 피어 있는 꽃
의 아름다움을 보지 못한다."

– 알버트 슈바이처

누구나 하늘 높이 날아 별을 잡고 싶어 한다. 젊으면 젊은 대로,
늙으면 늙은 대로, 본능적으로, 혹은 관성적으로 세속의 '별'을 향
한 추구를 내려놓지 못한다.

얼마 전부터였다. 내가 바라본 별은 내가 알던 그것이 아닐 수도
있겠다는 생각이 들기 시작했다.

나는 어디를 향해 가고 있는 걸까?

혈기왕성했던 청춘도 지나가고 인생길에서 점차 선택의 폭이, 경
우의 수가 좁혀져 가는 나이가 됐다는 게 못내 슬프고 아쉬워지기
시작했다. 왜 이 나이를 먹도록 막(?) 살아왔는지 스스로에게 힐책
을 해 보기도 했다. 한 치 앞이 안 보이는 칠흑 같은 어둠속을 헤매
는 기분이었다. 내게 삶이 예비해 놓은 선물은 무엇일까? 내겐 남은
삶을 위한 무언가가 필요했다. 먼저 내가 옳다고 믿어 왔던 것들과
작별하고 새로움을 채워 넣고 싶었다.

마크 트웨인은 이런 말을 했다.

"곤경에 빠지는 건 뭔가를 몰라서가 아니다. 뭔가를 확실히 안
다는 착각 때문이다."

내가 '잘 안다'고 생각했던 대상과 지식에 배신당하는 기억이 쌓
여갈수록 좋은 점은 사람이 조금은 더 겸손해 진다는 것이다. 살며
부딪히며 뒹굴며 몸으로 느낄 때 그 경험은 더 힘이 세진다.

무엇인가를 안다는 것, 인식한다는 것은 무엇일까? 나의 외부에
객관적 실체가 존재하는 것일까? 아니면 내 안의 이른바 '식'의 작용
인 것일까? 우린 왜 이 세상에 왔을까? 내 삶의 목적은 그저 '존재
하는 것 자체'일 뿐일까?

마침 동국대 사기순(민족사 주간) 선배가 내게 고명하신 스님을 만
나보지 않겠느냐고 제안했다. 오대산 월정사의 주지이신 정념 스님,
스님이 그 동안 내 놓은 책이 마음에 들어 왔다. 스님은 월정사 주
지라는 중책을 맡고 있으면서도 하루 8시간 이상 선방에 드는 결제
를 매년 거르지 않는 분으로 유명했고, 학문의 깊이를 가늠하기 어
려울 정도의 석학으로 불교계에서 대단히 인기 있는 어른이셨다. 이
런 스님이라면 뭔가 내 마음에 새로운 것을 채워 주시지 않을까?

전나무가 숲을 이룬 산문으로의 길은 듣던 대로 세상과 끊어진
불국토를 연상케 했다. 자장 율사께서 산문을 연 이래 수많은 고승

대덕이 수행했던 불교 성지 오대산 월정사, 이 월정사의 정념 큰스님께 흔하고도 뻔한 질문을 한 번만 더 던져 보고 싶었다.

인생이란 무엇인가?

우문현답이었다. 세상사에 대한 관심도 많고, 통찰력과 예지력이 빛나는 스님과 대화를 나누면서 질문은 꼬리에 꼬리를 물게 되었고, 아침부터 시작한 대화는 밤까지 이어졌고, 그 다음날, 그 다음 만남으로 이어졌다. 인생은 물론이고 불교와 사회문제 전반에 대해 두루 대화를 나누면서 엉킨 실타래가 풀어지는 느낌이었다. 머리가 맑아지고 가슴이 시원해졌다.

이제 삶이 예비해 놓은 선물을 찾아 헤매던 나, 남은 삶을 위한 무언가가 필요한 내가 아니다. 스님을 만나 새로움을 채워 넣고 싶었던 내가 아니라는 말이다. 텅 빈 충만이라고 했던가? 스님과 대화하며 욕망도 벗어놓고 고뇌도 벗어놓은 대자유인의 기쁨을 어렴풋하게나마 알게 된 듯하다.

스님과의 이야기를 더욱 많은 사람과 나누고 싶다. 이 책을 통해 다른 사람들도 나처럼 좋은 변화가 있다면 더 이상 바랄 게 없겠다. 스님과의 인연, 이 책을 만들면서 만나게 된 모든 인연에 감사할 뿐이다. 특히 앞으로 만나게 될 수많은 독자들과의 인연에 미리 감사한다.

2018년 청명한 가을
한상권 손모음

목.차.

제1장 삶·인생을 이야기하다

제3장 **명상·마음·힐링을 이야기하다**

제5장 불교와 수행을 이야기하다

제1장

삶·인생을 이야기하다

인생이란 무엇인가?

한상권 아나운서

초록으로 둘러싸인 산사(山寺)에 오니 마음이 저절로 행복해지는 것 같습니다. 고요와 적요가 주는 평화로움이라고 해야 할까요. 마음 속에 쉼표 하나가 그려지는 것 같습니다. 그래서 일까요. '인생이란 무엇인가', '삶이란 무엇인가'와 같은 근원적인 질문을 떠올리게 됩니다. 이런 감상도 잠깐 머물다 가는 이방인이라서 느끼는 것이 아닐는지 모르겠습니다. 항상 산사에 머물고 있는 스님 입장에서는 때론 적막할 수도 있겠다는 생각이 들었습니다.

월정사 주지 **정념 스님**

> 산사의 고요함과 적막함은
> 진정으로 삶과 인생에 대해 질문을 하고
> 그 해답을 찾을 수 있도록 만들어…

오대산 월정사를 둘러싼 자연은 아름답고 다채롭습니다. 여름이 되면 온 산이 초록으로 변합니다. 가을이 되면 붉게 단풍이 들고, 겨울이면 흰 눈이 삼라만상을 포근히 감싸안습니다. 계절이 바뀔 때마다 다른 차원의 세계로 여행 온 느낌이 들기도 합니다.

한 아나운서님은 때론 '적막할 것 같다'고 말씀하셨는데, 사실 산사의 '고요함' '적막함'이야말로 화두에 몰두할 수 있는 좋은 여건이 됩니다. 말씀하신 대로 '인생이란 무엇인가', '존재란 무엇인가' 등에 대한 근원적인 물음을 던지게 되고, 그에 대한 해답을 찾을 수도 있지요. 복잡한 도시 사회 속에서는 쉽지 않아요.

스티브 잡스가 선(禪, zen)에 심취했던 것도 선의 단순성 때문입니다. 말하자면 단순성[禪]으로 복잡성[인간]을 해체시킨다고 할까요. 스티브 잡스는 "완벽이란, 더 이상 보탤 것이 없는 상태가 아니고, 더 이상 뺄 것이 없는 상태이다."라고 말했는데, 삶도 마찬가지입니다. 우리는 끊임없이 욕망하고 집착하지요. 그러나 '삶이란 무엇을 보탰을 때가 아니라 뺄 것이 없을 때까지 뺏을 때, 무욕(無慾)의 상태가 되었을 때 비로소 행복할 수 있다'는 것이지요.

우리는 매일 쫓아 다닙니다. 출세와 명예와 부(富)를 위하여 하루 종일 무언가를 쫓아 다닙니다. 실은 쫓아가는 게 아니라 쫓기고 있는 셈이지요. 잠에서 깨어 일어나서부터 다시 잠을 잘 때까지, 심지어는 꿈속에서도 출세와 명예와 부를 얻으려 노심초사합니다. 자기가 없는 생활, 자기를 빼앗긴 생활을 하고 있습니다.

'인생이란 무엇인가',
"인생에서 자기가 해야 할 일을 발견하고,
그 일에 신념을 가진 자는 행복하다."

'인생이란 무엇인가', 이것은 인류가 탄생 이래로 동서고금을 막론하고 오랜 세월 질문해 왔던 궁극의 주제입니다.

선불교의 유명한 화두 가운데 '이 뭐꼬'라는 화두가 있습니다. '이것이 무엇인가(是甚麼)?'라는 뜻의 경상도 방언으로, 자기 자신을 향한 질문입니다. '인생이란 무엇인가?', '존재란 무엇인가?'에 대한 화두라고 할 수 있지요. 그런 면에서 선(禪)은 실존에 대한 탐구라고 말할 수도 있습니다.

우리는 여건이 좋은 집안에서 태어나 명문대학을 졸업하고, 곧바로 대기업이나 고위 공무원이 된 사람의 인생은 행복할 것이라고 생각합니다. 반대로 경제적으로 어려운 집안에서 태어난 사람, 평생 '집, 땅, 자동차' 없이 살아가고 있는 사람은 불행한 삶을 살 것이라고 생각합니다. 자본주의 사회를 살아가는 사람들은 무언가를 많이 소유하는 삶을 '좋은 삶'이라고 여기지만, 꼭 그렇지는 않습니다.

소유하고자 하는 욕망에는 끝이 없습니다. 욕망은 결코 채워지지 않는 허기와도 같습니다. 무소유란 아무것도 소유하지 않는 것이 아니라 소유에 대한 욕망을 끊는 것입니다.

영국의 수필가이자 비평가인 카알라일은 이렇게 말했습니다.

"인생이란 기쁨도 슬픔도 아니다. 인생이란 이 두 가지를 지양하고 종합해 가는 과정일 뿐이다. 자기가 해야 할 일을 발견하고, 자기가 하는 일에 신념을 가진 자는 행복하다."

돈이 많아서 행복한 삶을 사는 것이 아니고, 반대로 돈이 없다고 불행한 삶을 사는 것도 아닙니다. '새옹지마'라는 말도 있듯이 기쁨이 순식간에 슬픔으로 변하기도 하고 슬픔이 어느새 기쁨으로 변하기도 합니다.

기쁨과 슬픔, 낙(樂)과 고(苦)가 공존하는 것이 바로 인생입니다. 희로애락이 교차하는 삶 속에서도 희로애락에 일희일비하지 않으며, 자기가 해야 할 일을 발견하고 그 일에 신념을 가지고 매진할 수 있다면 그 사람이야말로 '행복한 삶'을 사는 사람이라고 할 수 있습니다.

고(苦)와 낙(樂), 슬픔과 기쁨이
공존하는 삶 속에서
자신이 해야 할 일을 발견하고 몰입해야…
의식의 죽음은 육체적인 죽음보다 더 슬픈 일

인생이란 한 번도 가보지도, 경험해 보지도 못한 미지의 세계입니다. 짙은 안개 속을 걷는 것과 같습니다. 그 속에서 우리는 각자 자신의 인생에 맞는 훌륭한 로드맵을 만듭니다. 그러나 로드맵대로 흘러가는 경우는 많지 않습니다. 인생에는 변수가 많고 예측도 불가능하기 때문입니다.

우리는 무엇보다 자신의 인생에 대해서 진실하고 성실해야 합니다. 그리고 자신의 인생을 여건이나 환경, 혹은 세상에 맡기지 말고 개척자 같은 정신으로 삶과 마주해야 합니다. 그래야만 인생을 능동적으로 살아갈 수 있습니다. 여건이나 환경을 탓하면 세상을 원망하게 되고 자생력을 갖출 수 없게 됩니다. 비바람과 맞서서라도 걸어가면 결국 종착점에 도달할 수 있지만, 좌절하거나 피하면 더이상 가지 못하고 그 자리에서 멈추게 됩니다.

우리는 성장하는 삶을 살아야 합니다. 자기가 하는 일에서, 현실적·정신적으로 성장해야 합니다. 성장이 멈추는 것은 '안일'에 빠져 있기 때문이고, 안일은 의식의 죽음입니다. 의식의 죽음은 육체적인 죽음보다도 더 슬픈 일이라고 할 수 있습니다.

우리는 삶과 현상에 대하여 깊은 지혜와 통찰력을 가질 필요가 있습니다. 그래야만 인생을 보다 발전적이고 미래 지향적으로 살아갈 수가 있습니다. 가능하다면 자신의 미래와 인생에 대하여 거시적·미시적인 관점에서 생각해 보아야 합니다.

어떤 가치관을 가져야 하는가?

한상권 아나운서

정신적으로 성장하는 사람이 되기 위해서는 삶의 지표가 될 수 있는 가치관을 갖고 있어야 할 것 같습니다. 다양한 가치관이 혼재하고 있는 현실에서, 삶의 가치를 어디에 두어야 하는지, 기준도 모호하고 때론 혼란스럽기도 합니다.

스님께서 말씀하셨다시피 자본주의 사회에서는 많은 돈과 물질을 소유한 삶이 좋은 삶이라는 편견을 만들어 내고, 자본의 증식을 위해 사람들이 맹목적으로 돈을 향해 달려가도록 만들기도 합니다. 그런 과정에서 수많은 폐단이 생겨납니다. 많은 이들이 희생되기도 하고요. 이런 세상에서 우리는 어떤 가치관을 삶의 지표로 삼아야 하는 것일까요?

월정사 주지 **정념 스님**

> 진실, 정의, 공익, 선(善), 자비,
> 청렴, 포용과 이해, 이타적 행위는
> 종교와 철학, 시대와 사상을 아우르는 보편적 가치관
> 이런 가치관을 삶의 지표로 삼아야…

가치관은 시대와 문화, 지역과 종교에 따라 다를 수 있습니다. 예컨대 조선시대의 가치관은 오로지 주자학(성리학)에 입각해 있었습니다. 주자학 이외의 학문은 학문으로 취급받지도 못했고, 주자학을 모르면 학자로 여겨지지도 않았습니다. 주자학 이외의 것은 모두 이단이었고 사문난적(斯文亂賊)이었습니다. 예술이나 공예 등 기능(技能)은 무가치하다고 폄하했지요. 그 시대의 주자학은 하나의 사상적 권력이었다고 할 수 있습니다. 그러나 오늘날 성리학은 여러 학문 가운데 하나일 뿐입니다.

가치관에 있어서 어떤 이는 학문에 가치를 두는가 하면, 어떤 이는 예술에, 또 어떤 이들은 정치·명예·출세·권력·돈과 부(富) 등에 가치를 둡니다. 반면 소박한 삶을 살아가는 데 가치를 두는 사람도 있습니다. 저 같은 출가 수행자들은 세속적인 욕망을 떠나 부처님의 가르침을 실천하는 데, 또는 수행을 통하여 깨달음을 얻는 데 가치를 두고 살아가지요.

종교와 철학·사상을 아우르는 보편적인 가치관은 공익·선(善)·정

의·진실·자비·청렴·이타적 행위입니다. 사욕보다는 공익이, 불의(不義)보다는 정의가, 거짓보다는 진실이, 악보다는 선(善)이, 폭력이나 증오보다는 자비가, 타락이나 부정부패보다는 청렴과 윤리 도덕이, 배타보다는 포용과 이해가, 이기(利己)보다는 이타적 행위가 종교와 철학, 시대와 사상을 아우르는 보편적 가치관이라고 할 수 있겠지요.

한상권 아나운서

매우 좋은 말씀이십니다. 저는 종교나 철학이 더 가치가 있다고 말씀하실 것으로 기대했는데, '사욕보다는 공익이, 불의(不義)보다는 정의가, 거짓보다는 진실이, 부정부패보다는 청렴과 윤리 도덕이, 이기(利己)보다는 이타적 행위가 종교와 철학, 시대를 아우르는 보편적 가치관'이라는 말씀은 정말 뜻밖입니다.

월정사 주지 **정념 스님**

종교나 철학·사상은 모두 한 시대나 지역·집단에 국한되어 있는 것입니다. 특히 철학과 사상은 어떤 시대의 모순을 극복해 보고자 하는 데서 발생한 것이지요. 많은 사상이나 철학들이 한 시대를 좌지우지했지 않았습니까? 앞에서도 언급했지만, 주자의 성리학은 조선시대 500년 동안을 지배했던 정치 이데올로기였고, 사회제도의 기준치였고 동시에 가치관이었습니다. 그러나 오늘날에는 여러 학문 중 하나일 뿐입니다. 이렇게 특정 시대에 통용되던 가치관도 그 시대가 무너지면 일정 부분 그 의미를 상실합니다.

종교 역시 기독교는 기독교인들만, 이슬람교는 이슬람교인들만, 불교는 불교인들만 믿고 신봉합니다. 무종교인들에게 종교는 또 다른 의미겠지요.

그러나 시대와 종교를 아우르는 보편적인 가치관은 진실·정의·공(公)·자비·사랑·선(善)·이타행입니다. 진실·정의·공익·자비·사랑·선(善)·이타행은 모든 종교가 공통적으로 강조하는 것이기도 합니다. 그런 가치관을 삶의 지표로 삼아 살아간다면 보다 완성된 인생을 만들어갈 수 있지 않을까 싶습니다.

어떻게 살 것인가?

한상권 아나운서

보편적인 가치관을 삶의 지표로 삼아 살아가야 한다는 스님의
말씀이 조금 어렵게 느껴집니다. 바르게 살려고 해도 나 혼자
만 그렇게 산다고 뭐가 달라질까 싶은 마음이 드는 것도 사실
입니다. 이런 패배의식을 갖고 있는 사람들, 삶의 방향을 찾지
못하는 사람들에게는 어떤 조언을 해 줄 수 있을까요? 어떻게
살아야 하는지, 어떻게 해야 보다 가치 있는 삶을 살 수 있는지
조금 풀어서 말씀해 주십시오.

월정사 주지 **정념 스님**

> 인생이란 유한한 것
> 시간을 소중하게 생각해야
> 도스토예프스키의 마지막 5분
> 순간순간을 마지막 5분처럼…

'어떻게 살 것인가?' 참 어려운 질문입니다. 이런 질문을 던지고 이야기하는 것은 아마도 우리의 인생이 유한하기 때문일 것입니다. 만일 삶이 무한하다면 그런 생각을 할 필요가 없겠지요. 그래서 저는 먼저 '생(生)'의 반대쪽에 있는 '죽음'이라는 걸 한번 생각해 보았으면 합니다.

러시아의 3대 문호 중의 한 분인 도스토예프스키(1821~1881)의 '마지막 5분' 이야기를 해 볼까 합니다. 이 이야기는 훗날 자전적 소설인 『백치』에서 술회한 내용입니다.

도스토예프스키가 문학 활동을 하던 청년시절, 러시아는 니콜라이 1세의 억압 통치로 많은 사람들이 투옥되거나 총살형을 당했습니다. 당시 러시아의 지식인들 사이에서는 사회주의 운동이 일어나기 시작했고, 도스토예프스키도 문인으로서 페트라셰프스키(1821~1866)가 이끄는 사회주의 서적 독서모임에서 활동을 했습니다. 그런데 어느 날 그 독서모임에서 활동하던 사람들이 1849년 4월, '반체제 혐의'로 체포·수감되었습니다. 거기엔 도스토예프스키도 포함되어 있었습니다. 그는 동료들과 함께 그해 12월 22일 군사 재판에서 총살형을 선고 받았습니다. 사형 집행일에 도스토예프스키는 동료들과 함께 사형장으로 끌려갔습니다. 그는 큰 기둥에 묶인 채, 머리에는 흰 두건이 씌어졌습니다. 곧이어 사형집행관이 죄목과 판결문을 낭독했습니다. 그러고 나서 큰 소리로 외쳤습니다.

"사형 집행 5분 전."

"사형 전에 너에게 마지막 5분의 시간을 주겠다."

이때 그는 28세의 젊은 나이였습니다. 도스토예프스키는 '정말 이제는 죽는구나.' 하고 생각하니 눈물이 앞을 가렸다고 합니다. 그리고 '아, 내 인생이 이제 5분 후면 끝이라니, 나는 5분 동안 무엇을 할 수 있을까? 이제 살아야 할 시간은 5분밖에 남지 않았구나.'라고 생각하니 그 5분의 시간이 너무나 소중했다고 합니다. 평소에는 아무것도 아닌 것처럼 느껴졌던 5분이라는 짧은 시간이 이렇게 소중한 줄은 정말 몰랐었겠지요.

'생의 마지막 5분을 어떻게 쓸까?'

그는 잠깐의 생각 끝에, 자기를 알고 있는 모든 동지들과 가족들과 작별하는 데 2분, 오늘까지 살아온 자신의 삶을 돌아보는 데 2분, 그리고 나머지 1분은 세상을 바라보는 데 쓰기로 했다고 합니다. 그는 먼저 가족과 동료들을 생각하며 기도했습니다.

"사랑하는 나의 가족과 친구들이여, 먼저 떠나는 나를 용서해 주시오."

그때 다시 사형 집행관은 2분이 지나갔음을 알렸습니다. 그는 '아! 후회할 시간도 부족하구나. 나는 왜 이리 헛된 시간 속에서 살

앉을까?' 하고 생각했습니다.

마침내 집행관은 마지막 1분을 알렸습니다. 모든 것이 아쉽고 아쉬운 순간이었습니다. 얼굴에는 뜨거운 눈물이 흘러내렸고, 정신을 차릴 수가 없었습니다.

그때 또다시 사형집행관이 외쳤습니다. "자, 집행을 시작하겠소." 대열을 이루는 군화 소리가 '저벅저벅' 들려 왔고 '딸가닥' 총알을 장전하는 소리가 그의 심장을 뚫었습니다.

'아! 인생을 다시 한 번 더 살 수만 있다면 순간순간을 더욱 소중하게 살 수 있을 텐데…'

지나가 버린 28년이란 세월을 아껴 쓰지 못한 것이 너무나 후회스러웠습니다.

그때, 저 멀리서 황급한 말굽소리와 함께 "사형 집행 중지!"라는 소리가 들렸습니다. 황제의 특별 사면령이 내려진 것입니다. 도스토예프스키는 죽음의 문턱에서 기적적으로 살아남은 것입니다.

그 후 도스토예프스키는 항상 사형 직전의 '마지막 5분'을 생각하면서 '시간의 소중함'을 잊지 않았다고 합니다. 순간순간을 마지막 5분처럼 살았다고 합니다. 그 결과 『죄와 벌』, 『카라마조프가의 형제들』 등 불멸의 명작을 발표하게 되었고, 톨스토이와 쌍벽을 이루는 러시아의 세계적 문호가 되었습니다.

저는 삶의 방향을 찾지 못하고 방황하고 있는 젊은 청년들은 물론이고, 노후의 삶을 살아가고 있는 분들에게도 '시간을 소중하게 생각하라'고 당부하고 싶습니다. 시간만큼 소중한 것이 없습니다. 시간을 허비하지 말고, 자신을 위해서, 남을 위해서 가치 있는 일을 해야 합니다. 거창한 활동을 하라는 게 아닙니다. 아주 작은 일 한 가지씩이라도 자기가 좋아하고 가치 있다고 여기는 일을 매일 하라는 것입니다. 그것이 쌓이고 쌓이면 그만큼 멋진 인생이 될 겁니다.

언젠가 찾아올 죽음을 생각하면서 자신에게 주어진 시간을 가장 가치 있는 일을 하는 데 써야 합니다. 시한부 인생을 선고받은 사람처럼 시간을 소중히 여기면서 여생을 살아간다면 지금보다 훨씬 더 보람 있고 멋진 인생이 펼쳐질 것이라고 생각합니다.

한상권 아나운서

시간을 가장 소중하게 생각하라는 말씀은 오랜만에 듣는 귀한 말씀입니다. 할 일을 차일피일 미루고 아무 것도 하지 않으면서 게으름을 피우는 사람을 보면 무기력해 보이기도 하고, 걱정스럽기도 합니다. 어떻게 해야 소중한 시간을 가치 있게 쓸 수 있을까요?

월정사 주지 정념 스님

인간은 유한한 존재
순간순간 최선을 다하며
선(善)에 힘쓰고,
진실과 정의를 위하여 노력해야…

앞서 말했듯, 인간은 유한한 존재입니다. 시간이 많은 것처럼 보이지만, 각자에게 주어진 시간은 한정되어 있습니다. 오늘 죽을지 내일 죽을지 모르는 것이 인생입니다. 언제가 될지 모르지만 '죽음'이 찾아오면 인생을 정리해야 합니다.

그렇기에 시간을 낭비하지 말고, 순간순간 최선을 다해 정진해야 합니다. 부처님의 마지막 유훈이 "모든 현상[諸行]은 소멸해 가는 것이다. 게으르지 말고 정진하라."입니다. 게으르면 아무 것도 할 수 없습니다. 게으름은 시간을 갉아먹는 '시간 벌레[時蟲]'입니다. 살다 보면 한두 시간, 하루 이틀은 허비할 수 있으나 그 이상을 허비해서는 안 됩니다. 그것은 스스로 자신의 인생을 방치하는 것이나 마찬가지입니다.

먼저 시간을 소중히 여기면서 순간순간 최선을 다하는 생활 습관을 다져야 합니다. 그러는 한편 '무엇을 할 것인가?' '어떻게 살 것인가?'를 생각해야 합니다. 선(善)에 힘쓰고, 진실과 정의를 위하여, 타인과 자기 자신을 위해 노력해야 합니다.

또한 학문과 지식을 습득하고, 기술을 익히고 명상과 사색을 하십시오. 스님들은 깨달음을 이루기 위하여 수행 정진해야 하고, 중생을 제도해야 하고, 자비와 보시를 실천해야 합니다.

오대산의 한암 선사는 "삶과 죽음은 인생에서 가장 큰 일이다. 시간을 낭비하지 말라. 세월은 신속하고 무상하게 흘러간다. 시간은 사람을 기다리지 않는다(生死大事 光陰可惜 無常迅速 時不待人)"고 말씀하셨는데, 줄이면 '방일하지(게으르지) 말라'는 뜻입니다. '100세 장수시대'라는 말이 있긴 하지만, 인간은 보통 80년 정도를 삽니다. 80세인 분에게 지나간 80년에 대해 물으면 "아주 '잠깐'이었던 것 같다"고 대답합니다. 그러나 80년이라는 시간은 결코 짧은 시간이 아닙니다. 긴 시간입니다. 좋은[善] 일, 가치 있는 일을 하기에 충분한 시간이지요.

> 돈을 버는 데
> 인생을 너무 소비하면 후회하게 돼
> 방향과 목표가 설정되지 않을 때는
> 선(善), '옳은 일'이라면 작은 일부터 실천해야…

요즘 같은 자본주의 사회에서 인생을 살아가는 데 돈은 필수적인 것입니다. 그러나 너무 돈에 매달려 살면 인간성을 상실하게 되고 훌륭한 인격을 이루기 어렵습니다. 한 번 망가진 인간성과 인격을 돈으로 복구할 수 있을까요?

마땅한 방향과 목표가 설정되지 않을 때는 이것이 '선한 일인가?', '옳은 일인가?', '남을 위한 일인가'를 자문해 보고 이 세 가지에 해당된다는 확신이 들면 망설이지 말고 해 보세요. 그리고 자신을 위해 공부해 보십시오. 공부를 하면 삶의 기쁨을 맛볼 수 있을 뿐만 아니라 인생의 방향과 목표가 바르게 설정되는 데도 도움이 됩니다.

하루하루 충실히 살면 죽음이 찾아와도 후회하지 않고 두려워하지 않을 것입니다. 밀레의 작품 가운데 「씨 뿌리는 사람」과 「이삭줍기」가 있습니다. 먼 훗날을 위하여 씨를 뿌리고 이삭을 줍고 있는 모습은 가슴을 뭉클하게 합니다. 바로 이 순간, 씨를 뿌리고 노력하는 것, 그것이 곧 무상(無常) 속에서 영원을 사는 방법이 아니겠습니까?

붓다의 마지막 유언에 담긴 가르침

한상권 아나운서

"시간을 낭비하지 말라."는 한암 선사의 말씀은 지극히 평범해 보이지만 가슴을 '찡'하게 하는 가르침입니다. 우리 모두의 사표(師表)이신 한암 선사께서도 시간을 그토록 소중하게 여기셨군요. 앞에서 잠깐 언급해 주신 부처님의 마지막 유훈도 그와 같은 연장선상에 있는 것 같습니다.

월정사 주지 **정념 스님**

> "존재하는 모든 것은 쓰러져 가는 것,
> 방일하지 말고 열심히 노력(정진)하라.
> 그대들은 그대 자신을 의지하고
> 남을 의지하지 말라."
>
> — 붓다

네, 그렇습니다. 부처님께서는 80세가 되던 해 봄, 마지막 교화 여정에 올랐습니다. 그때 부처님의 목적지는 고향인 까삘라왓투(Kapilavatthu, 가빌라성)였습니다. 부처님께서 자신의 삶이 이젠 얼마 남아 있지 않았다고 생각하고, 마지막 교화 여정으로 고향을 향해 길을 떠나신 것 같습니다.

라자가하(왕사성)의 영취산에서 까삘라왓투까지는 오늘날 거리로 약 600㎞가 됩니다. 서울에서 부산까지가 약 450㎞이니, 서울에서 부산 갔다가 다시 목포로 간 거리 정도라고 할 수 있습니다. 부처님께서는 가는 곳마다 신자들, 대중들을 모아 놓고 가르침을 주셨습니다.

그런데 약 400㎞ 지점인 꾸시나가라 근교에 이르렀을 무렵 복통이 심해졌습니다. 사실 그 이전에 '춘다'라고 하는 제자의 공양을 받았는데, 그 음식으로 인해 이미 심한 복통을 일으킨 상태였습니다. 그럼에도 불구하고 80세의 노구를 이끌고 계속 교화 여정을 하셨

으니 탈진상태가 되어 더 이상 회복 불가능한 상태가 된 것입니다.

　부처님께서는 스스로 운명할 때가 되었음을 아시고 제자 아난(아난 존자, 부처의 10대 제자 중 한 명)에게 가사를 두 겹으로 깔아 달라고 말씀하셨습니다. 이어 두 그루의 사라나무 사이에 몸을 기댄 채 깊은 호흡을 가다듬었습니다. '설마' 했지만 그 모습을 본 아난 존자는 어깨를 들썩이면서 통곡했습니다. 그것을 보시고 부처님께서는 다음과 같이 말씀(유언)하셨습니다.

　　"아난다여, 사랑하는 사람, 좋아하는 사람과는 언젠가는 헤어지게 되는 법이라고 말하지 않았던가? … 존재하는 모든 것은 쓰러져 가는 것, 방일(放逸)하지 말고 열심히 노력·정진하여라. … 비구들이여, 그대들은 그대 자신을 의지할 뿐, 타인을 의존하지 말라."고 하셨습니다.

　부처님께서 마지막 유훈을 남기는 장면이 빠알리본 『대반열반경』에 한 폭의 그림처럼 자세히 나옵니다.

　경전에는 감동적인 명구가 매우 많지만, 저는 그 가운데서도 특히 "존재하는 모든 것은 쓰러져 가는 것, 그러므로 방일하거나 게으름 피우지 말고 열심히 노력(정진)하라."는 부처님의 말씀이 가장 가슴 깊이 와 닿습니다.

　시간을 낭비하고 게으르게 방일로 허송세월해서는 아무 것도 이룰 수 없습니다. 무엇인가 이루기 위해서는 방일하지 말고 부단히 노력해야 합니다. 역사상 훌륭한 분들은 모두 부지런했고 노력파였습니다.

오대산 한암 선사와 탄허 선사 역시 대단한 노력파였습니다. 특히 '천재' 소리를 들었던 탄허 선사의 남다른 노력, 새벽 일찍 일어나서 수행하시고 『화엄경』을 번역해서 원고지에 써 내려가시던 모습을 잊을 수가 없습니다.

> 문학의 천재인 톨스토이,
> 음악의 천재인 모차르트도
> 죽은 후 책상 위에는 연습 작품들이 수북해
> 노력하지 않는 자는 천재라도 성공 못해…

문학의 천재라고 불리는 톨스토이도, 음악의 천재라고 불리는 모차르트도 죽은 후에 그들의 방을 보니 책상 위에 그저 그런 변변치 않은 작품들이 수북하게 쌓여져 있었다고 합니다.

『무소유』로 유명한 법정 스님이 계십니다. 제가 직접 모신 적은 없지만, 80년대 모 잡지사 편집장을 지낸 분의 애기를 들어 보면, 법정 스님께서는 수필을 매우 잘 쓰셨는데, 보내 온 원고를 받아 보면 고치고 또 고치기를 거듭하셨다고 합니다. 심지어 원고지에 종이를 덧붙여 수정한 부분들도 많았다고 합니다. 좋은 글을 쓰려고 얼마나 노력했는지 짐작할 수 있는 대목입니다.

이것은 무엇을 말하는 것일까요? 천재는 머리가 만드는 것이 아니고 노력이 만든다는 것을 가르쳐 줍니다. 또 아무리 타고난 천재라도 노력하지 않는 자는 절대 성공할 수 없다는 것을 보여 주는 사례라고 할 수 있습니다.

태백산맥의 작가 조정래 선생은
　　일간지에 22년 연재하는 동안
　　술을 단 한 번도 마시지 않아…
　　조정래 문학의 탄생은 노력의 결과
　　그는 자기 자신에 대한 관리도 남달라

　　조정래 선생님은 우리나라의 대표적인 문인 가운데 한 분입니다. 그의 뛰어난 작품들이 남다른 자기 관리로 이루어진 것임을 알고 감동한 적이 있습니다. 이분이 10여 년 전쯤 텔레비전에 나와 대담하는 것을 본 적이 있었는데, 22년 동안 날마다 일간지에 소설을 연재했다고 합니다. 그러다 보니 22년 동안 단 한 번도 술을 마신 적이 없답니다. 하루만 술을 마셔도 원고 약속을 어길 수 있기 때문에 술을 마실 수가 없었다고 합니다.

　　이분의 말씀을 들으면서 감탄사가 절로 나왔습니다. 『태백산맥』 같은 작품은 부단한 자기 절제를 통해 이룩한 결과물이었던 겁니다. 얼마 전 보성 벌교에 갔을 때 '태백산맥 문학관'을 둘러보며 '인생을 어떻게 살아야 할 것인가?'에 대해 많은 생각을 하였습니다.

　　인생의 주인은 나 자신
　　환경과 여건, 사회구조에 종속되지 않기 위해
　　부정적 마인드보다 긍정적 마인드로
　　자신의 인생을 새롭게 디자인해야…

붓다의 말씀 가운데 "비구들이여, 그대들은 그대 자신을 의지할 뿐, 타인을 의존하지 말라."라는 말씀은 삶을 능동적·주체적으로 살라는 가르침입니다.

우리의 삶은 우리가 주인입니다. 그러므로 나 자신이 시간과 여건과 환경을 주도하고 통제하고 활용할 줄 알아야 합니다. 그러나 대부분의 사람들은 환경이나 여건, 사회구조에 꼼짝없이 끌려 다닙니다. 그리고 '사회구조가 그러니 나도 어쩔 수가 없다'고 말합니다. 모든 것을 구조 탓, 남 탓으로 돌려 버리는 것이지요. 동시에 자신은 노력하지 않습니다.

우리는 항상 긍정적인 마인드를 가지고 살아가야 합니다. 부정적으로 생각하면 노력할 마음이 생기지 않습니다. 마음만 먹고 아무 것도 하지 않는다면 결국 그 무엇도 이룰 수 없게 됩니다.

중국의 임제 선사는 '수처작주(隨處作主) 입처개진(立處皆眞)'이라 하여 주체적·능동적인 삶을 강조했습니다. 언제 어디서든지 주체적으로 살면 현재 있는 그곳이 바로 참된 진실한 세계가 된다는 것이지요. 이것이 바로 임제 선사가 강조한 '수처작주 입처개진'의 가르침입니다.

인생의 주인공은 우리 자신입니다. 그런 만큼 환경에 끌려 다니지 말고 자신의 인생을 적극적으로 디자인하고 설계해야 합니다. 설계 없는 삶보다는 설계 있는 삶이 좋은 결과를 낳게 됩니다.

죽음이란 무엇인가?

한상권 아나운서

'인간은 죽으면 어디로 가는 걸까?' 이것은 모든 사람들이 궁금해 하는 질문이기도 합니다. 불교에서는 윤회와 내생을 이야기합니다. 한편 불교에서는 깨달으면 죽음을(생사를) 초월한다고 말하기도 합니다. 그것이 무슨 뜻인지요? 죽음을 생각하면 두렵기도 합니다. 스님들은 생사 문제에 있어 전공자라는 생각이 들어서 여쭤 봅니다. 죽음에 대해 어떻게 생각하십니까?

월정사 주지 **정념 스님**

> 존재하는 것은 언젠가는 사멸(死滅)
> 그것이 우주의 섭리이자 법칙
> 죽음을 자연의 법칙으로 받아들이는 것이
> 죽음을 초월하는 것

인간은 유한한 존재이니 죽음을 피할 수는 없지요. 태어난 모든 것은 죽음으로부터 벗어날 수 없습니다. 불사(不死)를 추구했던 이들도 많았지만, 인류 역사상 불사를 이룬 사람은 단 한 명도 없습니다. '살아 있는 자는 반드시 죽는다[生者必滅]', 이것이 우주자연의 법칙인 동시에 존재의 법칙입니다.

윤회와 내생에 대한 믿음은 불교 이전 인도 고대 종교인 브라만교(힌두교)에서 얘기했던 것으로 그 당시 보편적인 내세관이었습니다. 불교는 출현 당시의 종교 문화적 영향을 받아, 또 당시의 보편적 믿음을 빌어 가르침을 펴게 된 것이지요. 브라만교에서는 봄이 오면 풀과 나무들이 파릇파릇 소생하듯이, 사람이 죽으면 육체는 사라져도 영혼은 남아서 내생과 내생으로 계속 이어진다고 생각했습니다. 인도의 대표적 철학서인 『우파니샤드』에는 그것을 시사하는 대목이 나옵니다.

한편 불교에서는 죽음도 수행을 통하여 '초월할 수 있는 대상'으로 생각했습니다. '깨달으면 생사(生死)로부터 초월한다.' 또는 '생사를 벗어난다'는 말 등이 그것인데, 그 말은 사실 '죽지 않는다'는 말이 아닙니다. '깨달으면 죽음을 두려워하지 않게 된다'는 말이지요. 죽음에 초연해지는 것입니다. 죽음을 인연의 법칙, 자연의 법칙, 당연한 법칙으로 받아들이는 것이지요.

불교에서는 태어남과 죽음을 이렇게 설명합니다. 지수화풍(地水火風: 흙·물·불·바람)의 네 가지 원소[四大]가 모이면 하나의 존재로 태어나게 되고, 인연이 다하여 이 사대가 흩어지면 죽게 된다고 말합니다. 인연법에 의하여 원소가 모이고, 이어 영혼과 육체가 합하여 하나의 존재로 태어나는 것이고, 그 원소가 흩어지면 육체도 영혼도 사라지는 것이지요. 마치 구름이 모였다가 흩어지는 것과 같은 것, 생(生)과 사(死)는 큰 차이가 없습니다.

죽음을 두려워하지 않는 사람은 없겠지요. 모두 다 죽음을 두려워할 것이고, 저도 마찬가지입니다. 죽음은 외형적으로는 현세와의 이별이니, 죽음을 좋아하는 사람은 없겠지요. 특히 나이가 먹으면 더욱 죽음을 두려워하게 됩니다. 나이 들어서 건강에 하나 둘 적신호가 오면 이제 얼마 남지 않았다는 생각이 들게 마련입니다. 그래서 죽음에 대한 두려움과 더불어 삶에 대한 애착이 더욱 깊어지는 것 같습니다.

죽음이 두렵고 고통스러운 것은 '더 살고 싶다'는 욕망 때문일 겁니다. 또한 죽으면 '나'라고 하는 존재가 이 지구상에서 영영 없어져 버린다고 생각하니 더욱 괴로운 것이겠지요.

부처님께서는 '모든 존재는 무상(無常)·무아(無我)한 것'이라고 말씀하셨습니다. 불교의 근본 교의를 셋으로 요약한 3법인의 첫 번째와 두 번째 항목이 제행무상(諸行無常), 제법무아(諸法無我)입니다. 모든 현상은 변천하고 영원하지 않으며, 모든 존재는 영원한 실체, 고정적인 실체가 없다는 뜻인데, 세상만사뿐만 아니라 인간도 분석해 보면 실체가 없습니다. 영원한 자기, 나의 것이라고 할 만한 게 없다는 말이지요.

모든 만물은 시시각각 변해 갑니다[無常]. 고정불변의 존재, 영원한 존재는 없습니다[無我]. 그런데 무상과 무아를 모르고 영원할 것이라고, 나의 것이라고 집착하면 괴로움이 따릅니다. 이 세상 모든 것이 무상하고 무아이니 애착하거나 집착하지 말라는 것, 이것이야말로 부처님께서 우리에게 주신 진정한 메시지라고 할 수 있습니다.

> '삶'이란 무형의 존재가 유형화 되고
> '죽음'이란 유형의 존재가 무형화 되는 것
> 태어나고 죽는 것은 인연의 법칙
> 무서워하거나 슬퍼할 필요 없어…

하나의 존재가 태어나는 것은 무형의 존재가 유형의 존재로 되는 것이고, 죽음이란 유형의 존재가 무형의 존재로 되는 것에 불과합니다. 우리는 생과 사에 대한 안목이 없어서, 죽음을 두려워하고 죽을까봐 괴로워하는 것입니다.

불교에서는 망자를 위하여 49재를 지냅니다. 그 염불문 가운데 "삶이란 한 조각의 구름이 일어나는 것과 같고, 죽음이란 한 조각의 구름이 사라지는 것과 같다."라는 말이 있는데, 이와 같이 불교에서는 생(生)과 사(死)를 구름이 모였다가 흩어지는 것처럼 실체가 없는 것, 공한 것으로 관찰합니다.

천상병 시인의 '귀천'이라는 시가 있지요. 워낙 유명해서 모르는 분이 없을 것입니다. 그 시는 죽음에 대한 공포로부터 벗어나게 해주는 아름다운 시이기도 합니다. 시인은 죽음을 '봄날 소풍을 갔다가 돌아오는 것'으로 이야기하고 있는데, 초탈한 영혼이라고 할 수 있습니다. 죽음을 우주자연의 당연한 법칙으로 받아들이는 것, 그것이 곧 죽음을 초월하는 길입니다.

일설에는 팽조가 800년을 살았고 동방삭이 3천 년을 살았다고 하지만 실제는 100년 정도 살았다고 합니다. 모두 다 오래 살고자 하는 욕망이 만들어 낸 하나의 전설에 불과합니다. 그 당시에는 100년 사는 것도 아주 드물었기 때문에 그러한 이야기가 전해 내려오는 것 같습니다.

운명이란 정해져 있는 것인가?

한상권 아나운서

살다 보면 이런 저런 일을 많이 겪게 됩니다. 간혹 '이것은 운명이 아닐까?' 하는 생각이 들 때가 있습니다. 저는 직업상 다른 사람의 인생 이야기를 자주 듣게 되는데, 드라마틱한 인생을 살아가는 사람도 아주 많습니다. 어떤 사람은 자신과는 전혀 관련이 없는데도 뜻밖의 사건으로 곤욕을 치루는 경우도 있습니다. 그런 것을 보면 '운명'이라는 것 외에는 달리 설명하기 어렵습니다. 혹시 스님께서는 운명에 대해 어떻게 생각하시는지요?

월정사 주지 **정념 스님**

> 정해진 운명은 없어
> 누구나 바르게 수행·정진하면
> 깨달음을 얻을 수 있다는 것이
> 부처님의 가르침

한 아나운서님이 말씀한 대로, 살다 보면 때로는 '이건 운명이 아닐까?' 하는 생각이 들 때가 있습니다. 예상치도 않은 뜻밖의 일이 눈앞에 다가왔을 때, 또는 자신의 미래가 달린 중요한 일이나 문제에 봉착할 때 혼잣말로 '운명인가?'라는 말을 할 수 있겠지요.

운명이라는 것이 '인생의 운명은 사주팔자에 정해져 있다.'는 식의 운명론이나 사고방식이라면 저는 거기에 동의하지 않습니다. 만일 모든 것을 '운명의 정해진 몫'으로 돌려버린다면 우리가 살아가면서 애써 노력할 필요가 없지 않겠습니까?

그렇다고 운명에 대해 완전히 부정하지는 않습니다. 사람마다 개개인의 타고난 자질과 특성이 다릅니다. 성정(性情)이 다르고, 선천적으로 타고난 신체적·정신적인 특징이 다 다릅니다. 이런 개개인의 유전자적 특징과 부모, 형제, 친척, 가문 등 본인의 노력 여하와 관계없이 갖고 태어난 환경 조건이 그 사람의 삶에 영향을 미치는 것은 부인할 수 없는 사실입니다.

2,600여 년 전 부처님이 가르침을 펴실 때도 인도에는 운명론자

혹은 숙명론자들이 많았습니다. 부처님께서는 이들을 모두 '외도(外道)'라고 비판하셨습니다. 운명은 노력에 달려 있는 것이지, 정해진 것은 없기 때문입니다.

운명론의 관점에서 보면 깨달을 수 있는 사람과 그렇지 못한 사람이 정해져 있다고 할 수 있겠지요. 하지만 부처님께서는 누구나 바르게 수행·정진하면 깨달음을 얻을 수 있다고 말씀하셨습니다.

대승경전의 하나인 『대승열반경』에는 "일체 모든 중생은 다 깨달을 수 있는 바탕을 갖고 있다. 깨달은 이가 될 수 있다."고 했는데, 이 말은 곧 모든 사람은 수행을 통하여 전인적인 인격자, 부처가 될 수 있다는 뜻입니다. 깨달은 분들 가운데 알려지지 않은 무명인(無名人)도 많습니다.

한 아나운서님의 질문은 보편적인 질문인데, 제가 너무 심각하게 깊이 들어간 것은 아닌지 모르겠습니다.

한상권 아나운서

사실, 저 역시 평소 사주팔자대로 산다는 말을 자주 듣기도 하고, 답답할 때나 앞일이 궁금할 때 사주팔자를 본 적이 있습니다. 스님, 혹시 사주팔자에 대해 보신 적은 없으신지요?

월정사 주지 **정념 스님**

하하, 제가 입산하기 전에 딱 한 번 사주팔자를 본 적이 있습

니다. 사주가 매우 좋다는 역술가의 말을 듣고 기분이 나쁘지는 않더군요. 또 신도 중에 오랫동안 사주 공부를 한 분이 있어서 해마다 그해 토정비결과 사주를 봐 줍니다. 공짜로 아주 정성껏 봐 주는데, 거절하기 미안해서 마지못해 보기는 합니다만, 믿는 것은 아닙니다. 사주에 인생을 맡겨서야 어떻게 주체적인 삶을 살아갈 수 있겠습니까? 저는 성실한 삶, 하루하루 최선을 다해 노력하며 살아가는 것을 중요시하는데, 운명론을 인정한다면 노력(수행)은 무의미한 단어가 되어 버립니다.

그런데 주역을 공부하신 분들이 제 사주를 보고는 다들 좋다고 하시니 '불사(佛事, 여러 가지 사찰의 일)를 해 볼까' 하는 자신감을 갖는 데 약간 영향을 미치기도 합니다. 이런 것이 어떻게 보면 긍정적인 효과라고 할 수 있습니다. 사주야말로 운명론의 극치라고 할 수 있는데, 더러는 우연인지 필연인지 어쩌다가 역술가의 말이 들어맞기도 합니다. 그러나 자기 인생을 걸 만한 것은 못 된다고 봅니다. 사주에 얽매이지 말고 전력투구하면 어제보다는 오늘, 오늘보다는 내일 더 멋진 인생을 만들 수 있다고 봅니다.

한상권 아나운서

세계 비즈니스계에서 기린아로 불리는 중국의 갑부 마윈(馬云, Jack Ma)이라는 인물이 있습니다. 세계 최대 인터넷 사이트로 아마존이 있다면, 중국 최대 전자상거래 업체인 알리바바 그룹이 있습니다. 마윈은 알리바바를 창업하여 현재 그룹 회장으로서 열정적으로 사업을 하고 있습니다.

마윈은 162cm의 키와 45kg의 왜소한 체격에 인물도 못 생긴 편입니다. 학력도 항저우(항주) 사범대학을 3수 끝에 겨우 들어 갔으니 아주 평범한 편이라고 할 수 있지요. 집안은 생계를 잇기 힘들 정도로 가난했는데, 창의적인 머리 하나는 비상한 편이었다고 합니다.

알리바바를 창업하기 전, 그가 잘하는 것이라곤 영어밖에 없었다고 합니다. 그는 외국인들에게 여행 가이드를 했는데, 우연히 야후의 공동 창업자인 제리양(Jerry Yang, 楊致遠) 일행을 가이드하게 된 겁니다. 그때 마윈이 제리양에게 "앞으로 뭘 해야 되겠습니까?" 하고 묻자, 제리양이 "인터넷을 하세요."라고 했다고 합니다.

그 후 제리양은 마윈을 재일교포 사업가이자 소프트뱅크 회장인 손정의(孫正義) 씨에게 소개해 주었고, 마윈은 제리양과 손정의 씨의 도움(투자)으로 알리바바를 창업하여 중국을 대표하는 사업가가 된 것입니다.

중국 인구 10억 가운데 영어를 잘하는 가이드가 어디 마윈 하나뿐이었겠습니까? 그런데 그는 운 좋게 제리양의 가이드를 맡게 되었고, 그 인연으로 알리바바를 창업하게 되었습니다. 그리고 2015년도 중국 최대 갑부로 뽑힐 정도로 많은 돈을 벌었습니다. 마윈의 경우를 통해서 본다면 분명히 사람은 운명이라는 것이 있는 것 같습니다.

월정사 주지 **정념 스님**

성공은 현명한 판단력을 가지고
좋은 기회, 좋은 인연이 오면 포착하는 것
그런 다음에는 최선의 노력이 중요해

그렇군요. 수많은 여행 가이드 가운데 마윈이 제리양의 가이드를 하게 되었으니, 두 사람의 만남을 '운명적인 만남'이라고 해도 이의를 제기할 사람은 없을 것 같습니다.

마윈과 제리양의 만남은 불교적으로 말하면 '인연(因緣, 인연법)'이라고 할 수 있습니다. 그냥 '인연'이라고 하면 무의미할 수 있으니 수식어를 붙여서 '숙세의 인연'이라고 하면 보다 실감이 날 것 같습니다.

불교에서는 모든 존재와 존재의 관계를 인연법으로 설명하고 있습니다. 인(因)은 직접적인 원인, 연(緣)은 환경 등 간접적인 원인이라 할 수 있는데, 이 직접적인 인(因)과 간접적인 연(緣)이 상호 작용해서 부모, 형제, 부부, 친구와의 만남 등 모든 만남을 만들어 낸다고 할 수 있습니다. 사람과 사람의 만남뿐만 아니라 이 세상 모든 존재가 보이지는 않지만 다 인연으로 이루어진 것입니다.

한 아나운서님은 오늘날 마윈의 성공이 제리양과의 만남에서 비롯되었기 때문에 '운명이라는 게 있는 것 같다'고 말씀하셨는데, 제가 보기에 두 사람은 모두 비즈니스의 귀재로서 한마디만 해도 서로를 알아보는 지음(知音)의 관계로 보입니다. 아무리 제리양이 결정적인 도움(투자)을 제공해 주었다고 해도 마윈이 가진 사업에 대한 확신과 판단력, 추진력 등이 없었다면 결코 성공할 수 없었을 것입니다. 그러므로 마윈의 운명은 숙세의 인연과 그 자신의 의지와 노력이 함께 만들어 낸 합작품이라고 할 수 있습니다.

얼마 전 마윈이 경영 일선에서 물러나며 인터뷰한 내용 또한 매우 인상적이었습니다. "내게는 아직 많은 꿈이 있다. 교사로 돌아가고 싶다"라고 하면서 "회장직 사퇴는 한 시대의 끝이 아닌 시작이다. 교육에 전념하고 싶다"고 밝혔습니다. 평범한 집안에서 태어나 중국 최고의 거부가 된 성공 신화도 대단하지만 흔연히 열린 마음으로 경영일선에서 물러나는 것, 게다가 가장 중요한 사회적 회향이라 할 수 있는 교육을 통한 후진 양성의 꿈을 이루겠다는 마윈의 얘기를 보면서 참으로 남다른 분이라는 생각이 들었습니다. 노블레스 오블리주를 실천하는 우리 시대의 존경할 수 있는 기업가요, 불교식 표현으로 하면 대승보살의 화현이 아닐까 싶습니다.

> 운명론은 결정론
> 불교의 업설은
> 운명을 변화시킬 수 있는 학설
> 개인의 의지와 행위, 노력을 더 중요시해

운명론은 불교의 업설(業說)과 유사해 보일 수도 있습니다. 하지만 분명한 차이점이 있습니다. 불교의 업설은 '선인선과(善因善果) 악인악과(惡因惡果)'에 바탕을 두고 있습니다. 우리나라의 속담에 "콩 심은 데 콩 나고, 팥 심은 데 팥 난다."는 말이 있는데 이 말을 생각하면 쉽게 이해할 수 있을 겁니다. 이런 불교의 업설은 개개인의 의지나 행위, 즉 선악의 행위, 그리고 그 사회 구성원들과 함께 공동으로 지은 업[共業]에 따라 그 사람의 삶이 이루어진다고 봅니다. 반면 운명론은 개인의 의지나 행위와는 관계없이 태어날 때부터 이미 운명이 정해져 있다는 결정론입니다.

대승불교에서는 '인간은 누구든지 깨달을 수 있는 성품, 즉 불성을 갖고 있다(一切衆生 悉有佛性)'고 합니다. 이것은 철저히 수행하면 누구든지 반드시 깨달을 수 있다는 의미로서, 개개인의 의지와 노력을 강조하고 있는 말이지요.

이 세상에 나의 운명을 결정하는 절대자란 없습니다. '선인선과 악인악과'라는 말처럼, 내가 어떤 씨앗을 심느냐에 따라 나의 운명이 결정됩니다. 절대자가 아니라 우리 스스로 운명을 만들고 결정하는 것입니다. 불교에서 많이 쓰는 '일체유심조(一切唯心造)'라는 말이 있는데, '모든 것은 마음에 달려 있다'는 것, 즉 모든 것은 자신이 만드는 것이라는 뜻입니다.

다만, 우리는 한정된 시공간 속에서 살다 보니 일정한 범주 속에서 행동하고 생각하게 됩니다. 한국인은 한국의 문화 속에서 형성된 사유방식과 관습을 따르고, 미국 사람은 미국의 문화 속에서 형성된 사유 방식과 관습을 따릅니다. 한 사람의 인생도 마찬가지입니다. 그 사람이 속한 나라, 지역, 집단의 범주 안에서 생각하고 행동하는 것입니다.

제 삶을 예로 들어 보겠습니다. 현재 제가 생각하고 행동하는 모든 것은 조계종 승려라는 범주 속에서, 그리고 월정사 주지라는 범주 안에서 이뤄질 수밖에 없습니다. 그런 까닭에 제가 앞으로 '어떻게 살아갈 것인가?' 하는 문제도 어느 정도 짐작이 가능합니다. 아마도 저는 이런저런 불사(佛事)를 마무리하고 나면 주지 소임을 내려놓고, 수행에 전념하다가 돌아가야 할 시간이 되면 육신을 버리고 떠나게 될 것입니다.

이처럼 사람은 누구나 자신이 속한 시공간적인 범주 속에서 사유하고 관습을 따르면서 살아갈 수밖에 없습니다. 만일 그것을 '운명'이라고 한다면 운명이라고 할 수 있을 것입니다.

물질 과잉 시대와 우리의 욕망

한상권 아나운서

오늘날 물질 과잉의 시대, 소비 시대를 살고 있는 사람들은 대부분 어쩔 수 없이 경제에 매달려서 삽니다. 어디를 가나 '돈 걱정', '돈 얘기'뿐입니다. 돈 때문에 기뻐하고 괴로워하는 소리가 여기저기에서 들려 옵니다. 물신주의라는 말에서도 엿볼 수 있듯 돈을 마치 신처럼 섬기는 사회에서 정신을 차리고 산다는 것, 정직하게 삶의 가치를 실현하며 살아간다는 것이 쉽지는 않은 것 같습니다. 스님은 이런 고민은 없으시죠?

월정사 주지 **정념 스님**

> 돈의 노예가 되면
> 삶은 황폐해져
> 돈은 수단일 뿐
> 절대 목적이 될 수 없어…

저도 동시대를 살아가는 사람인데, 왜 그런 고민이 없겠습니까? 다행히 입산 출가자다 보니 다른 사람들보다 조금 덜할 뿐이지요.

요즘은 평범한 삶을 유지하는 데에도 비용이 많이 듭니다. 과거에는 없었던 통신비, 차량 유지비, 보험료 등 고정 지출이 많아졌기 때문입니다. 또 높은 교육비, 터무니없이 비싼 집값은 사람들에게 내 집 마련의 꿈조차 꿀 수 없게 만들었습니다. 이렇게 과거에 비해 돈의 필요성이 극대화되고, 더욱 더 살아가기 힘든 시대가 되었지요. 어쩔 수 없이 '돈 노이로제'에 걸리고 '돈의 노예'가 되어 버린 사람들이 많아진 것 같습니다.

우리가 살아가는 데에 돈은 꼭 필요한 수단입니다. 문제는 수단을 목적으로 여기는 데 있습니다. 부정한 짓을 해서라도 돈을 손에 넣고자 하는 탐욕이 우리의 삶을 병들게 하고 있습니다. 돈을 버는 일에 매몰되면 인생은 황폐해집니다.

이런 현상은 IMF 외환위기 이후에 더 심화된 것 같습니다. 경제위기를 겪으며 돈에 더 집착하는 경향이 생겨났고, 신자유주의 경제체제의 도입으로 노동의 질이 악화되었습니다. 또 무한경쟁 구조 속에서 사람들 사이의 유대와 연대 의식이 깨지면서 '나'만 잘 살면 된다는 식의 생각이 싹텄습니다. 돈을 절대시하는 풍토가 만들어진 것이죠. 이런 풍토에서 돈과 관련된 범죄가 증가하고, 한탕주의, 1등 만능주의, 외모 지상주의 같은 돈과 관련된 문제들이 생겨난 것이겠지요.

겉치레를 중시하고 사치가 습관이 되면 경제적으로 어려워지고 결국 나락으로 떨어집니다. 돈 때문에 비관하여 자살하는 사람, 이혼하는 사람, 심지어 살인까지 저지르는 경우도 있습니다. 부모 자식 간에도, 가까운 친구나 친인척 간에도 돈 때문에 반목하고 삽니다. 돈 그 자체는 선악이 없습니다. 문제는 돈을 유용하게 잘 쓰면 우리에게 행복을 주지만, 돈을 잘못 쓰면 우리는 불행해집니다. 돈은 가치 있는 일에 쓰일 때 정재(淨財)가 되는 것입니다.

한상권 아나운서

> 돈에 집착하는 대신, 돈을 잘 써서 나 자신을 포함해 다른 이를 행복하게 만들어야 한다는 말씀이 가슴에 와 닿습니다. 물질적인 욕망과 가치관 사이에서 방황하는 사람들이 많습니다. 저 역시 눈앞의 이익에 급급해질 때가 많습니다. 돈과 관련해 건강한 가치관을 세우는 것도 어려운 일이지만, 건강한 가치관을 지키며 사는 게 더 어렵다는 생각이 듭니다.

지혜로운 삶은
지나친 욕망을 절제할 줄 아는 삶
소박한 삶을 실천하는 이들이 많아질 때
세상은 더 평화로워질 것

　돈과 이익 앞에서 마음이 흔들리지 않는 것은 쉽지 않은 일입니다. 관건은 어떻게 돈의 유혹으로부터 자신을 지키느냐에 있을 것입니다. 돈에 굴복하는 것은 권력에 굴복하는 것에 비해 훨씬 더 부끄러운 일입니다. 그래서 돈 앞에서도 지조를 잃지 않았던 사람들, 청백리들을 높이 평가하는 것 아니겠습니까?

　욕망 가운데 가장 통제하기 어려운 것이 '부(富)'에 대한 욕망입니다. 돈에 대한 욕망은 권력욕·명예욕과 함께 '인간의 3대 욕망'이라고 합니다. 그래서 부처님·공자 같은 성인들도 이 세 가지를 가장 조심하라고 강조했습니다. 욕망 때문에 권좌에서 물러난 사람, 욕망 때문에 망한 기업, 욕망 때문에 망한 인생이 얼마나 많았습니까? 어려워도 부정한 짓을 하지 않을 때, 돈의 유혹을 뿌리칠 때 비로소 그 사람의 가치가 발현된다고 봅니다. 현명함과 어리석음의 차이 또한 그 점이 아닐까 싶습니다.

　얼마 전 인도네시아의 어느 청렴한 교통 경찰관 이야기가 사진과 함께 보도되었습니다. 인도네시아의 경찰관은 박봉으로 유명해서 월급만으로는 생계를 유지하기 힘든 탓에 많은 경찰들이 뇌물을 받고 있고, 마약 밀매 등 범죄에 가담하는 사례도 적지 않다고 합니다.

그런데 이 경찰관은 노모와 아내, 세 자녀가 있고, 게다가 무주택자였습니다. 월급이라고 해야 한국 돈 45만 원 정도에 불과해서 가족을 부양하기 매우 어려운 상황이었지만, "뇌물을 받느니 차라리 폐지를 줍겠다."고 하면서 퇴근 후에 거리로 나가 등바구니에 폐지를 줍는 모습이 사진과 함께 실렸습니다. 그 기사를 접하면서 가슴이 뭉클했습니다.

이 인도네시아의 경찰관처럼 대다수가 물질적 욕망을 추구하고 부정부패가 만연한 사회라 할지라도 바른 가치관을 확립하고 소박한 생활을 몸소 실천할 때 세상은 맑아지고 평화로워집니다.

어떻게 욕망을 잘 통제하고 절제하느냐? 이것이야말로 지혜로운 삶의 관건이요, 인격 완성의 길이라고 생각합니다. 몇몇 개개인의 욕망을 통제하고 절제하는 삶이 처음에는 미미해 보여도 마침내 사회의 물줄기를 바꿀 수 있는 크나큰 원동력이 될 것입니다.

한상권 아나운서

> 불교 수행자의 관점에서 보면 욕망은 절제하고 버려야 할 대상이지만, 무언가를 이루자면 욕망도 필요한 것 같습니다. 그릇된 욕망은 자신과 타인을 해치지만, 선의(善意)의 욕망은 자기 완성이나 자아실현의 원동력이 되기도 합니다. 욕망의 부정적인 측면과 긍정적인 측면이 있을 것 같습니다.

악의와 결합한 욕망은
비극적 결과를 초래하지만
선의와 결합한 욕망은
자아실현의 동력이 되기도…

그렇지요. 욕망을 나쁘다고만 얘기할 수는 없습니다. 또한 세속에서 살아가는 분들과 출가 수행자들은 욕망의 종류와 크기, 잣대도 다를 수밖에 없습니다. '욕망'이란 '욕구' 혹은 '의욕'이라고 표현할수도 있는데, 무엇을 하고자 하는 동력입니다. 욕망 자체는 좋은 것도 아니고 나쁜 것도 아닙니다. 그것에 대한 평가는 그것이 어떻게 쓰이느냐에 달려 있지요.

그런데 '욕망의 늪'이라는 표현이 있습니다. 우리가 '욕망'에 '늪'이라는 말을 붙여 쓰는 것은 욕망에 한 번 빠지면 헤어 나오기 힘들기 때문입니다. 이런 말에서 알 수 있듯 우리는 욕망의 부정적인 측면을 늘 경계하면서 살아야 합니다. 실제로 욕망이 권력·부(富) 등과 잘못 결합하면 부정·부패·횡령·장기 집권 등의 문제를 낳게 됩니다. 역사상 악의의 욕망, 사적(私的)인 욕망으로 얼마나 큰 희생을 치렀습니까?

2차세계대전을 일으킨 독일의 히틀러나 이탈리아의 무솔리니, 일본의 도조 히데키(東條英機) 등은 모두 지나친 욕망, 사욕의 산물이 빚은 비극의 장본인들이라 할 수 있습니다. 개인의 욕망이나 자국

(自國)의 이익 때문에 전쟁을 일으켜 다른 나라를 짓밟고 무고한 사람들을 희생시킨다는 것은 그 어떤 말로도 정당화할 수 없는 일이지요.

한 아나운서님의 말씀과 같이 선의(善意)의 욕망도 있습니다. 어려운 사람, 가난한 사람을 위해 헌신하는 것도 일종의 욕망이라고 할 수 있습니다. 또 스님들이 깨달음을 이루겠다고 밤낮으로 정진하고, 중생을 구제하겠다고 교화에 열중하는 것도 마찬가지입니다. 불교에서는 이러한 선의의 욕망을 원력(願力)이라고 말합니다.

하지만 불교에서는 기본적으로 욕망에서 벗어나라고 합니다. 욕망은 불교에서 늘 경계하며 벗어나라고 강조하는 3독심, 즉 탐욕[貪]·증오[瞋]·어리석음[痴] 가운데 하나입니다. 욕망은 사치·허영·권력·출세·명예·악(惡)·부(富)·남녀 간의 이성 등과 결부되어 있는 괴로움의 근원이기 때문입니다.

탐욕(욕망)은 끝이 없습니다. 역사상 엄청난 부(富)와 권력을 갖고 있으면서도 만족하지 않고 더욱더 많은 것을 소유하기 위해 부정부패를 저질러 결국엔 패가망신하는 경우가 얼마나 많았습니까? 이 모두가 어리석음의 소산입니다.

또한 불건전한 욕망은 자신은 물론, 사회 전반을 혼탁하게 만들기 때문에 늘 스스로를 돌아보며 주의해야 합니다. 이런 욕망은 지나친 자기애(自己愛)의 산물입니다. 남보다 자신이 더 우월하다는 의식, 에고(ego, 自我) 등에서 비롯된 것이지요. 불교에서는 이를 '아만(我慢)'이라고 명명하고, 탐욕과 함께 제거 대상 1순위로 규정하고 있습니다.

그러나 적당한 욕망은 삶의 활력소가 되고 성공의 원동력이 되기도 합니다. 무엇보다 욕망을 원력으로 승화시켜야 합니다. 재가불자(일반인)들은 원력을 세워 자신의 삶을 성공적으로 이끌면서 다른 사람을 위해 헌신하고, 출가자들은 수행과 교화에 열심히 힘쓴다면 더할 나위 없는 인생이 되겠지요.

니체(1844~1900, 독일의 철학자)는 "적당한 소유는 인간을 자유롭게 하지만 지나친 소유는 노예로 만든다."고 했고, 솔론(638년경~기원전 558년, 그리스 7현인 중의 한 사람)은 "만족할 줄 아는 사람은 진정한 부자이고, 탐욕스러운 사람은 진실로 가난한 사람이다."라고 했습니다. 절제 있는 욕망은 자아실현, 또는 성공의 원동력이 되지만, 지나친 욕망은 자신은 물론이고 주변 사람들까지 불행해지는 원인이 됩니다. 욕망을 잘 다스릴 때 자신과 이웃, 사회, 더 나아가 국가, 지구촌에 진정한 의미의 평화를 가져올 것입니다.

이기적인 삶과 이타적인 삶

한상권 아나운서

'이기적인 삶'과 '이타적인 삶'이 있습니다. 대부분의 사람들은 '이타적인 삶'보다는 '이기적인 삶'을 살아가고 있는 것 같습니다. 그러다 보니 세상이 더 각박해지고, 경쟁이 치열해져 투쟁하듯 살아가는 수밖에 없는 것 같습니다. 불교에서 말하는 중생제도·교화·자비는 곧 이타적인 삶의 본보기로서 오늘날과 같은 각박한 세상에 희망을 주는 일이라는 생각이 듭니다.

월정사 주지 **정념 스님**

> 이기적으로 살면 세상은 각박해져
> 이타적으로 사는 것이 인간다운 삶
> 이타적인 삶을 실천하면
> 지금 이 자리가 바로 극락이 된다

불교에서는 보살행을 중시합니다. '보살행'은 곧 '이타행', '이타적인 삶'을 뜻하는데, 대표적인 보살행이라 할 수 있는 6바라밀의 첫째 항목이 '보시'입니다. 우리말로는 '나눔', '베풂', '희사', '헌신' 등으로 해석할 수 있는데, '중생을 위해서라면 무엇이든지 주라'고 합니다. 유마경에서는 "중생이 아프기 때문에 나도 아프다."라고 합니다. 이 말은 중생의 병이 나아야만 나도 병고에서 벗어날 수 있다는 것이지요.

어떤 스님이 불상을 조성하기 위하여 대중들과 함께 동(銅)을 한 관, 두 관씩 사서 창고에 보관해 두고 있었습니다. 그런데 그해에는 가뭄이 대단히 심해서 굶어 죽는 사람이 많았습니다. 어느 날 아침 절 문 밖에 곧 굶어 죽을 것처럼 바싹 마른 사람이 찾아와서 보시를 청했습니다. 혼자도 아니고 자식들까지 데리고 찾아왔는데 며칠을 굶었는지, 몰골이 아주 처참했습니다.

당시에는 사찰 재정도 매우 열악해져서 그날그날 연명하는 정도였습니다. 주지스님은 고민 끝에 불상을 조성하기 위해 시주 받아

모아 둔 동(銅)을 꺼내 주면서 "안타깝게도 지금 우리 절에는 돈도 없고 쌀도 없습니다. 이것은 귀한 것이니 가지고 가서 팔면 곡식을 살 수 있을 것입니다."라고 말했습니다.

그 소식이 알려지자 대중들은 주지스님을 매우 비판했습니다. "부처님을 조성하기 위하여 모아둔 동(銅)을 거지에게 내 주다니. 도 저히 있을 수 없는 일"이라고 하면서 극단적 상황까지 벌어졌습니다. 사실 불상을 조성하기 위하여 시주자들에게 불사금을 받아 모 아 둔 동(銅)을 준다는 것은 비판받을 수 있는 여지는 있습니다.

주지스님은 대중들 앞에 나아가서 "여러 대중스님들, 부처님께서 자비를 강조하셨는데, 굶어 죽게 될 사람들을 구제해 주는 것이 바 로 자비행이 아니겠습니까? 부처님을 조성하는 일은 우리가 또 화 주(시주)를 해서 조성할 수도 있지 않겠습니까?"라고 말하였습니다.

그 말에 모든 대중들의 불만은 잠잠해졌고, 주지스님의 보시행에 마을 사람들이 감동하여 마을 전체가 불교 신도가 되었다고 합니 다. 이 이야기는 설화가 아니고 일본에서 실제 있었던 어느 스님의 일화입니다.

한 아나운서님의 말씀처럼 이기적인 삶을 살아가는 사람들이 많 아지면 세상은 각박해질 수밖에 없고, 이전투구의 장이 됩니다. 실 제로 이기적인 사람은 한 집단 내에서도, 회사 내에서도 자기 몫을 더 확보하기 위해서 분쟁을 일으킵니다.

이기적인 삶을 살면 자기 가족은 편안할 수도 있겠지요. 자기 가 족을 편안하게 살게 해 주는 것도 쉬운 일은 아닙니다. 그러나 당장 은 자기 가족을 위하는 것 같아도 종국에 가서는 행복할 수 없습니다. 이기적인 삶이 빚은 양극화 문제가 첨예화될 때 그 사회에 큰 혼란이 옵니다. 이타적인 삶이 인간다운 삶이고, 모두가 함께 행복하고 평화롭게 살아가는 공존의 길입니다.

인류의 평화를 위협하는 온갖 글로벌 문제도 각국이 자국의 이익만을 내세우다 보니 발생한 것입니다. 과거에는 무력 전쟁이었지만, 지금은 치열한 무역 전쟁, 경제 전쟁을 하고 더 나아가 국지전을 벌이고 있지 않습니까. 각 나라가, 각자가 조금씩 양보하면 평화가 오지만, 자기들의 이익만 취하려고 한다면 세상은 험악해질 수밖에 없는 것입니다.

나눔·배려·공유, 그리고 불교에서 말하는 중생제도·교화·자비 등 이타적인 삶을 실천하면 바로 지금 이 자리가 극락이 됩니다.

> 모든 성인은 이타행 강조
> 진정한 이타는 자기가 없어야 해
> 대승불교의 이타정신은
> 상생과 공존의 진리

이타행은 순수성이 전제되어야 합니다. 상대방이 행복해지기를 바라는 것 외에는 그 어떤 대가도 기대해서는 안 됩니다. 대승불교의 대표적 경전 가운데 하나인 『금강경』은 공(空)의 실천을 강조한 경전인데, 그 방법의 하나로 '무주상보시(無住相[想]布施)'를 강조합니다. 보시·희사·기부 등 선행(善行)을 했더라도 그런 생각[想]이 없어야 한다는 것이지요. 선행을 하고 나서 선행을 했다는 생각을 갖고 있다면 그것은 순수한 선행이 아니라는 것입니다. 공(空)의 관점에서 선행을 해야 진정한 선행, 즉 이타행을 행한 것이지요. 이런 대승불교의 이타정신은 '공존의 진리', '상생의 진리'라고 할 수 있습니다.

　선행에 대한 흥미롭고 재미있는 일화가 하나 있습니다. 달마 대사가 중국으로 와서 얼마 뒤에 양무제(양나라 왕)를 만났습니다. 당시 양무제는 '흥불군주(興佛君主, 불교를 흥성시킨 군주)'라고 불릴 정도로 불교를 위하여 많은 일을 했습니다. 절과 탑을 세우고 스님들을 위해 시주도 많이 한 양무제는 나름대로 자긍심을 갖고 있었지요. 그래서 달마 대사를 만나자마자 "내가 많은 절과 탑을 세웠는데 그 공덕(功德)이 얼마나 됩니까?"라고 물었습니다. 하늘보다 더 크다는 대답이 나올 줄 알았겠지요. 그런데 달마 대사는 뜻밖에도 "공덕이 하나도 없습니다(無功德)."라고 대답했습니다. 절과 탑을 많이 세웠는데 공덕이 하나도 없다니 도저히 이해가 안 되었겠지요. 양무제의 얼굴은 노기(怒氣)로 가득했습니다.

　달마 대사는 왜 공덕이 하나도 없다고 말했을까요? 무제가 스스로 많은 선행을 했다는 생각을 갖고 있었기 때문에 "공덕이 하나도 없다."고 대답한 것입니다. '나는 좋은 일을 했다.'라는 생각을 가지고 한 행위는 진정한 의미의 보시·이타행이 아니라는 점을 잘 새기셔야 합니다.

한상권 아나운서

몇 년 전에 리처드 도킨스(Richard Dawkins)의 『이기적인 유전
자』라는 책을 읽었습니다. 책에는 이런 내용이 담겨져 있었습
니다. 유전자는 자기 유전자를 더 퍼뜨리고자 하는 속성이 있
고, 자기 유전자를 남기기 위하여 이기적인 행동을 하며, 또
자기와 비슷한 유전자를 갖고 있는 생명체를 돕는 행동을 한
다는 것입니다. 그와 같이 인간을 포함한 모든 생명체가 다른
생명체를 돕는 행동도 따지고 보면 자신과 비슷한 유전자를
남기기 위한 행동이라는 것이죠. 정말 유전자가 그런 의식을
갖고 행동하는 것인지, 단순히 본능적인 것인지는 알 수 없지
만, 그런 것도 이타행이 될 수 있습니까?

월정사 주지 **정념 스님**

상생(相生)과 공존의 관계 안에 있는 우리,
선행의 선순환을 위해
민들레 홀씨처럼 선행을 퍼뜨리는 것이
바로 공덕을 쌓는 일

이기적 유전자, 자신의 유전자를 퍼뜨리기 위하여 다른 생명체를
돕는 행동을 진정한 이타행이라고 할 수는 없겠지요. 하지만 저는
그것도 이타행에 속한다고 생각합니다. 그렇게라도 남을 돕는 사람

이 많아진다면 이 사회가 좀 더 따뜻한 사회가 되지 않겠습니까?

제가 아는 불자 중에 음식점을 하는 분이 있는데 이분이 남에게 베푸는 것을 매우 좋아합니다. 누구든지 오면 꼭 서비스로 무언가 음식을 하나씩 더 줍니다. 어찌 보면 고객을 확보하는 차원일 수도 있겠지만, 뭐라도 하나 더 주는 것은 각박함 속에 훈훈함이 느껴져서 좋습니다.

이 세상은 혼자 살아갈 수는 없습니다. 우리 모두는 상생(相生)과 공존의 관계 속에서 살아가고 있습니다. 결국 '궁극적인 진리는 이타행'이 아니겠습니까? 이타행은 사회를 밝고 건전하게 변화시키는 궁극의 열쇠입니다.

우리는 이왕이면 남에게 도움을 받는 것보다는 남에게 도움을 주는 존재가 되어야 합니다. 남에게 도움을 주면 삶의 기쁨과 행복이 배가됩니다. 그리고 혹시 타인으로부터 도움을 받은 적이 있다면 자신도 남에게 도움을 주려고 노력해야 합니다. 갑이라는 사람에게 도움을 받았다고 해서 꼭 갑에게 갚지 않아도 됩니다. 갑에게 받았다고 해서 갑에게만 갚으려고 하면 자칫하면 교환이나 거래처럼 될 수도 있습니다. 도와준다는 생각 없이, 생색 내지 않고, 갑 대신 병을 도와주고 정을 도와주는 것, 이를테면 선행의 선순환이라고 할까, 확장이라 할까… 민들레 홀씨처럼 이렇게 선행을 퍼뜨리는 것이야말로 큰 공덕이 됩니다.

남에게 도움을 주는 것을 경제적인 면에서만 생각하고, 여유가 없어서 돕지 못한다는 분들이 많은 듯한데, 불교에는 무재칠시(無財七施)라 하여 재물이 없어도 베풀 수 있는 일곱 가지 보시가 있습니다. 부처님 당시에도 가난해서 보시를 하고 싶어도 할 수 없다면서 한탄하는 재가자들이 있었습니다. 그때 부처님께서 말씀해 주신 일곱 가지 항목을 간단하게 말씀드리겠습니다.

첫째 안시(眼施: 편안하고 부드러운 눈길로 베풂), 둘째 화안열색시(和顔悅色施: 환하고 기쁜 표정으로 베풂), 셋째 언사시(言辭施: 겸손하고 바른 말로 베풂), 넷째 신시(身施: 예의 바른 몸가짐으로 베풂), 다섯째 심시(心施: 어질고 아름다운 마음으로 베풂), 여섯째 상좌시(床座施: 자리를 양보해서 베풂), 일곱째 방사시(房舍施: 잘 곳이 없는 사람에게 방을 내 주는 베풂)입니다. 일곱째 항목은 개인주의 성향이 강한 오늘날에는 쉽지 않은 일입니다. 일가친지에게도 방사시를 베푸는 것을 불편해 하는 사람이 많은데 모르는 사람에게는 더더욱 베풀기 힘든 일이지요. 무엇보다 중요한 보시는 '마음의 배려'입니다. 특히 외롭고 고독한 이들에게 배려는 삶의 한 줄기 희망을 줍니다.

차별 없는 자비를 가르친 부처님
인(仁)을 강조한 공자
사랑을 설파한 그리스도
역사상 위대한 이들은 모두 이타행의 실천자들

역사상 위대했던 분들의 가르침, 그분들이 지향했던 삶을 살펴보면 전 생애에 걸쳐 이타행을 실천하셨습니다. 불교의 창시자인 석가모니 부처님께서는 '차별 없는 자비'를 강조하셨습니다. 차별 없는 자비는 편애나 증오심이 없는 자비를 말합니다. 부처님의 마음에는 호오(好惡)나 미추(美醜)가 없습니다. 아주 흉측한 몰골을 한 사람이 다가왔다고 해서 마음이 동요한다면 어떻게 차별 없는 자비를 실천할 수 있겠습니까? 또 공자의 '인(仁)', 그리스도의 '사랑' 또한 모두 이타행의 대표적인 모델입니다.

동서고금을 막론하고 모든 성인들이나 철인(哲人)들, 그리고 사상가들이 공통적으로 지향했던 삶은 이타행, 즉 이기(利己)가 아닌 '이타적인 삶'이었습니다. 왜 그들은 이타를 지향했고, 이타행을 가치 있는 삶으로 선택했을까요? 이기를 버리고 이타적인 삶을 실천할 때 비로소 평화롭고 행복한 사회를 만들어 갈 수 있기 때문입니다.

인격을 완성시키는 불교적 로드맵

한상권 아나운서

부처님의 가르침을 바탕으로 훌륭한 인격을 완성시키는 불교 적 로드맵이 있을 것 같습니다. 또 부처님이 말씀하신 '바른 삶'이란 어떤 것인지 궁금합니다. 불교의 생활철학, 혹은 인격 을 완성시키는 부처님의 가르침에 대해 말씀해 주십시오.

월정사 주지 **정념 스님**

> 인격완성을 위한 불교적 로드맵은
> 8가지 바른 삶의 길인 8정도(八正道)
> 바른 생각·바른 말·바른 행동·바른 생활 등은
> 훌륭한 인격을 완성하는 최고의 로드맵

　부처님께서는 고해(苦海)에서 인격을 완성시키는 방법을 여덟 가지로 말씀해 주셨습니다. 그것을 '8정도(八正道)'라고 하는데, 수행자들은 물론이고 일반인들에게도 아주 훌륭한 가르침입니다. 즉 바른 견해[正見]·바른 생각[正思]·바른 말[正語]·바른 행동[正業]·바른 생활[正命]·바른 노력[正精進]·바른 깨어 있음[正念]·바른 선정 수행[正定]이 그것입니다. 저 역시 8정도를 인생의 지침으로 삼고 있습니다.

　'바른 견해[正見]'는 '올바른 견해', '올바른 관점', '올바른 가치관'을 의미합니다. 견해나 관점이 올바르지 못하면 정도[正道]가 아닌 잘못된 길로 가게 되지요. 나쁜 행동을 하는 것은 관점이나 가치관이 제대로 정립되어 있지 않기 때문입니다.

　'바른 생각[正思]'은 말과 행동을 하기 전의 '올바른 생각', '정직한 생각'을 말합니다. 우리는 순간순간 많은 생각을 합니다. 그런데 바르지 못한 생각을 하면 사기·횡령·폭력·거짓 등 남에게 피해를 주거나 사회악을 일으키는 말과 행동으로 이어집니다. 또 개인적으로는 사치·허영·낭비 등을 하게 됩니다. 이것은 결국 자신을 망치게 되고 사회를 혼탁하게 합니다. 항상 바른 생각, 정직한 생각을 가지려고 노력해야 합니다.

'바른 말[正語]'은 바른 언어적 행위를 말합니다. 거짓말, 아첨하는 말, 이간질하는 말, 나쁜 말, 험담, 악담 등을 하지 않는 것을 말합니다. 도산 안창호 선생은 농담이라도 거짓말은 하지 말라고 말씀하셨는데, 비록 농담이라도 거짓말을 자주 하다 보면 서로 신뢰를 상실하게 되어 정작 중요한 일에서 불신하게 되어 일을 그르칠 수 있기 때문입니다. 신뢰를 잃으면 그 사람의 인생은 살아 있어도 살아 있는 것이 아니라고 할 수 있습니다.

악담[惡口]은 남을 헐뜯는 것을 말합니다. 입만 열면 습관적으로 남을 비난하고 비방하는 사람이 있습니다. 결국 자기만 옳다고 하는 말인데, 그런 습관은 정말 버려야 합니다. 또한 악구는 험악한 입을 가졌다는 말에서 알 수 있듯 매사를 비꼬아서 험하게 말하는 것입니다. 그 사람 눈에는 모든 사람들의 행동이 비행(非行)처럼 보이는 것이지요.

양설(兩舌)은 '혀가 두 개'라는 뜻으로 이간질하는 말, 이간계(離間計)를 뜻합니다. A에게는 'B가 이런 말을 하더라'라고 하고, B에게는 'A가 이런 말을 하더라'라고 하여, 두 사람 사이를 멀어지게 하고, 인간관계를 악화시키는 말입니다.

기어(綺語)는 교묘하게 꾸며 대는 말, 사실관계를 왜곡시키는 말, 진실하지 못한 말 등을 의미합니다. 진실하지 못한 말, 거짓말은 진실을 왜곡시켜서 착한 사람을 악인으로, 악인을 착한 사람으로 만들기도 합니다.

인격은 학문이나 지식에
있는 것이 아니다
언행이 올바르지 않으면
올바른 인격을 갖출 수 없어

  사실 인격은 학문이나 지식에 있는 것이 아니고 언행에 달려 있습니다. 언행이 올바르지 않고 순화되지 않으면 인격을 갖출 수가 없습니다. 그러므로 말을 할 때는 가능한 저속한 말, 비인격적인 언어, 욕설 등은 사용하지 말아야 합니다. 항상 온화해야 하고 좋은 말을 사용해야 하고 자비로워야 합니다. 거칠고 가시가 돋친 말에는 증오·분노·시기·질투 등 악의가 담겨 있습니다. 그래서 다른 사람의 험담을 하면 당사자가 아니더라도 그 자리에서 듣는 사람도 기분이 상하고 험담하는 사람에 대한 불신이 생깁니다. 당사자는 말할 것도 없지요. "낮말은 새가 듣고 밤말은 쥐가 듣는다." 혹은 "발 없는 말이 천 리를 간다."는 속담처럼 험담이 전해져서 결국 많은 사람의 적이 되어 버리니 인간관계에서 언행을 특히 조심해야 합니다.

  바른 행동[正業]은 살생(殺生)·절도[偸盗, 도둑질]·사음(邪淫, 부부 외의 다른 사람과의 삿된 관계)을 하지 않는 것입니다. 이 세 가지는 결국 남을 해치거나 피해를 주는 일입니다. 모든 생명을 자비심으로 대해야 하고, 살아 있는 생명은 함부로 죽이지 말아야 합니다. 그리고 작은 것이든 큰 것이든 남의 물건을 훔쳐서는 안 됩니다. 또 부적절한 관계로 배우자에게 상처를 주는 일도 없어야 합니다.

바른 생활[正命]은 올바른 생활, 올바른 생계 방식을 가리킵니다. 횡령을 하거나 돈을 벌기 위해 사기를 친다거나 불량식품을 제조하여 유통시키면 사회가 병듭니다.

바른 노력[正精進]은 부단히 끊임없이 노력하는 것을 말합니다. 어떤 일이든 10년 이상 꾸준히 성실하게 해야 결실을 볼 수 있습니다. 수행을 통해 깨달음을 이루는 것도 마찬가지입니다.

바른 깨어 있음[正念]은 바른 의식을 가지고 깨어 있는 맑은 정신으로 살아가며, 부처님의 가르침, 즉 무상·고·무아 등을 잊지 않고 세상을 바르게 통찰하며 살아가는 것입니다.

바른 선정 수행[正定]은 정신 집중을 말합니다. 일반인들은 깊은 선정을 얻을 수는 없지만, 산만한 마음을 안정시키고 정신을 집중하는 것을 통해 바른 지혜를 얻을 수 있습니다.

8정도의 키워드는 '올바름[正]'입니다. 이 올바름을 지키고 실천하기가 쉽지 않습니다. 우리나라는 대통령이나 국회의원, 장·차관 등 고위층 인사가 갖가지 비리와 횡령·뇌물·청탁 등으로 구속되는 일이 비일비재합니다. 또 평생 쌓아 온 입지가 말 한마디 잘못해서 한순간에 무너지는 인사들도 많습니다. 저는 그들의 모습을 보면서 타산지석으로 삼고 있습니다.

주제에서 조금 벗어난 이야기이긴 하지만, 저는 이런 일들이 모두 잘못된 교육에서 비롯되었다고 봅니다. 한국의 교육은 명문 대학에 입학하기 위해 어릴 때부터 치열하게 경쟁해야 하는 입시 중심의 '경쟁 교육'입니다. 그러나 앞으로의 교육은 8정도의 가르침처럼 정직, 정의, 양심의 중요성을 깨우쳐 주고 인격을 도야하는 데

중점을 두어야 한다고 봅니다.

　8정도는 불교인뿐만 아니라 모든 사람들에게 적용되는 훌륭한 가르침입니다. 우리의 인격을 완성시켜 주는 확실한 로드맵이라고 할 수 있습니다. 이 가운데 바른 견해[正見]·바른 생각[正思]·바른 말[正語]·바른 행동[正業]·바른 생활[正命]만 실천해도 훌륭한 인격을 완성할 수 있습니다. 이것도 많다고 생각되면 올바른 말[正語]과 바른 행동[正業], 이 두 가지만 실천해도 모범적인 삶을 살아갈 수 있습니다

인생의 멘토

한상권 아나운서

'멘토'란 스승이나 지도자 등 자신을 바른 길로 이끌어 주는 사람, 지혜와 용기를 주는 사람, 또는 귀감이 되는 사람을 뜻합니다. 대개는 훌륭한 분을 멘토로 삼습니다만, 그러나 짧은 인연을 통해 순간적인 깨달음을 얻고, 성숙해지는 경우도 있습니다. 사실 오늘날에는 멘토로 삼을 수 있는 분도 많지 않은 것 같습니다. 인생에서 멘토는 꼭 필요한지, 혹시 스님의 멘토는 누구였는지 궁금합니다.

> 나의 멘토는 부처님,
> 모든 존재들이 고통에서 벗어나
> 평화롭고 행복하기를 기원한 부처님은
> 온 인류의 스승이자 삶의 나침반

'멘토'는 삶의 방향을 제시해 주는 분, 자기 삶의 모델이므로 인격과 지혜와 통찰력을 갖춘 분이면 좋겠지요. 언행이 곧고 정직한 분, 지행합일이 되는 분을 멘토로 모시면 될 것입니다. 불교에서는 선지식(善知識)이 멘토라고 할 수 있지요. 선지식은 '바른 진리, 바른 방향을 가르쳐 주는 선각자'라는 뜻입니다.

출가 수행자인 제 멘토는 당연히 '석가모니 부처님'이지요. 그분의 지혜와 자비, 그리고 중생을 생각하는 지극한 연민이 제 삶의 바탕이 되고 있습니다.

석가모니 부처님은 역사상 실존했던 전인적인 인격자였습니다. 명철한 지혜와 자비의 마음을 갖추셨고, 살아 있는 모든 존재를 귀하게 여기고 귀천을 가리지 않고 교화하시어 많은 이들을 깨달음으로 인도하셨지요. 앞에서 말씀드린 8정도가 부처님의 구체적이고 실천적인 가르침입니다.

부처님께서는 모든 생명을 표현할 수 없을 정도로 존중했습니다. 수많은 경전에는 부처님의 자비심에 축생들조차도 감동한 내용들,

언제 어느 때나 "살아 있는 모든 생명들이여, 행복하여라. 안락하여라. 편안하라."는 부처님의 염원이 담겨 있습니다. 특히 『자애경(慈愛經)』에서는 "모든 생명 있는 존재들이 평화롭고 행복하기를 기원합니다." "모든 생명 있는 존재들이 고통에서 벗어나기를 기원합니다."라는 구절이 여러 차례 언급되어 있습니다.

또한 부처님께서는 자(慈)·비(悲)·희(喜)·사(捨)를 강조하셨습니다. 이것을 네 가지 한량없는 마음, 곧 4무량심(四無量心)이라 하는데, 네 가지를 요약하면 자비와 희사입니다. 자비는 모든 존재를 차별이 없고 평등하게 대하는 것입니다. 자신과 관련이 있든 없든 모든 존재에게 평등하게 자비로워야 합니다. 나와 관련이 있는 사람들에게만 자비롭다면 그것은 진정한 자비가 아니고 편애입니다.

또 우리는 무언가 대가를 바라고서 자비롭게 대한다거나 보시를 하는 경우가 많습니다. 그러나 그것은 진정한 자비, 진정한 보시가 아닙니다.

부처님께서는 조건 없이 베푸는 자비와 보시를 행하고, 모든 생명들이 고통으로부터 벗어나 행복한 삶을 살아가도록 가르치고 늘 중생의 이고득락(離苦得樂)을 기원하셨습니다.

> 언행이 곧고 계율이 청정하며
> 선 수행과 교학을 두루 망라한
> 한암 선사는 만인의 사표
> 시대를 초월한 수행자의 롤 모델

우리나라 고승 가운데 제가 멘토로 삼는 분은 한암 선사(漢巖, 1876~1951)입니다. 한암 선사는 근대 한국의 대표적인 선승(禪僧)으로서 모든 이들의 존경을 받으며 종정(宗正)을 네 번이나 하셨습니다. 언행이 곧으셨고, 인격적인 선승의 사표(師表)이십니다. 매우 인자하고 겸손하셨으며, 선(禪)은 물론 불교경전과 교학에도 박학다식했고, 계율도 철저하게 준수하신, 세월이 흐를수록 흠모하게 되는 분입니다.

길다면 길고 짧다면 짧은 '삶의 여정(旅程)'에서 멘토로 삼을 만한 분들을 많이 만날 수 있습니다. 다만 멘토의 가르침을 얼마나 진실하게 받아들이고 실천하느냐가 관건이라고 할 수 있습니다. 실천하지 않으면 아무리 좋은 가르침도 그 의미가 없습니다.

> 세 사람이 동행을 하면
> 그 가운데는 반드시 나의 스승이 있다는
> 공자님 말씀처럼, 역행보살도
> 나의 스승이 될 수 있어…

멘토는 현존하는 인물 가운데서도 삼을 수도 있고, 역사상 훌륭했던 분들 중에서, 또는 세계적인 명저나 고전을 멘토로 삼을 수도 있습니다. 그것을 '상우천고(尙友千古)'라고 하는데, 과거 '천 년 전 훌륭했던 분들과 벗한다.'는 뜻입니다.

철학이나 사상·학문 등 전문적인 분야는 때론 훌륭한 스승을 만나느냐, 만나지 못하느냐에 성공 여부가 달려 있기도 합니다. 따라서 훌륭한 스승이나 선지식, 좋은 친구를 만나는 것은 하늘이 내려준 행운이라고 할 수 있습니다.

그러나 아주 훌륭한 분들은 예외인 경우도 많습니다. 부처님 같은 분, 그리고 우리나라 보조국사(1158~1210) 같은 분은 일정한 스승 없이 깨달음을 이루고 인격을 완성한 분입니다.

『화엄경』「입법계품」에는 '선재'라는 어린 동자가 깨달음을 얻기 위하여 무려 53명의 선지식을 찾아서 가르침을 구하는 내용이 나옵니다. 53명의 프로필을 보면 뱃사공·부호·현자(賢者)·바라문·이교도·왕·신(神)·비구·비구니 스님도 있습니다. 이들이 모두 선재동자의 멘토가 되어 줍니다.

『논어(論語)』에서는 "세 사람이 동행을 한다면 그 가운데는 반드시 나의 스승이 있다[三人行 必有我師焉]."고 했는데, 착한 벗은 두말 할 것도 없지만, 착하지 않은 사람도 반면교사로서의 멘토가 될 수 있습니다. 우리는 때론 오점이 많은 사람, 문제점이 많은 사람에게도 배울 수 있습니다. 그를 타산지석으로 삼을 수 있기 때문입니다. 불교에서는 그와 같은 사람을 역행보살(逆行菩薩)이라고 합니다.

어느 날 먼 후배 한 분이 저를 찾아왔습니다. 어떻게 된 것인지, 그 후배는 시종일관 남을 탓하고 헐뜯는 것이었습니다. 너무 남을 헐뜯으니 계속 받아줄 수도 없고 인내심의 한계를 느끼게 되었지요. 그 후배가 돌아간 뒤에 새삼 그 사람에 대해서 생각하게 되었고, 수첩에 '○○○를 스승으로 삼자'라고 써 놓았습니다. 한동안 수첩을 꺼낼 때마다 그 문구를 보면서 언행을 조심하고 제 자신의 삶을 돌이켜 보곤 했습니다.

한상권 아나운서

스님, 멘토와 연장선상에서 한 가지 더 여쭙겠습니다. 제가 얼마 전 스티븐 도나휴의 『사막을 건너는 여섯 가지 방법』이라는 책을 인상 깊게 읽었습니다. 저자가 20대 때 체험한 사막여행을 바탕으로 수많은 사람들과 상담한 내용을 담은 책입니다. 저에게는 인생이라는 사막을 슬기롭게 건널 수 있도록 이끌어주는 일종의 인생의 나침반이나 지도(地圖) 같은 역할을 하는 책인데, 스님에게도 이런 책이 있는지 궁금합니다.

월정사 주지 정념 스님

아함경·화엄경 등의 경전과
임제록 등의 선어록, 그리고
장자·노자·논어 등의 동양고전 또한
내 삶의 나침판이자 지도

물론 있습니다. 제 멘토가 석가모니 부처님이시니 제 삶의 나침판이나 지도는 부처님의 말씀이 담긴 경전입니다. 『아함경』·『화엄경』·『유마경』 등의 경전과 선어록 중에서는 『임제록』, 그리고 『장자』·『노자』·『논어』 등 동양고전을 좋아합니다. 『아함경』은 누구에게든 공감이 가는 내용으로 삶의 지침이 되는 경전입니다.
『화엄경』은 탄허 노사께서 세계를 포용할 수 있는 경전으로 극찬

하셨지요. 원융무애한 화엄 사상, 특히 법계무애사상은 오늘날 모든 대립과 갈등을 치유할 수 있는 대안적인 사상입니다. 『임제록』은 선어록의 백미이고, 『장자』·『노자』·『논어』는 인격을 훌륭하게 만드는 책입니다. 『장자』 역시 탄허 노사께서 아주 가까이 두셨지요.

부처님의 지혜는 고(苦)로부터 벗어나게 하는 지혜, 무상으로부터 영원을 살게 하는 지혜, 탐욕과 분노·증오·어리석음 등 세속적인 번뇌 망상에서 벗어나게 해 주는 지혜입니다.

부처님의 염원은 차별 없는 평등한 이상사회, 고(苦)가 없는 니르바나의 세계를 구현하는 것이었습니다. 우리 모두가 부처님의 가르침을 따라 실천할 때 바로 지금 이 자리에 니르바나의 세계가 드러날 것입니다.

제2장

한국사회를 이야기하다

민주주의의 장애물, 부정부패

한상권 아나운서

오늘은 한국사회의 문제점에 대해서 이야기를 해 볼까 합니다. 현대 한국사회의 가장 큰 문제점은 세 가지 정도로 압축할 수 있을 것 같습니다. 첫 번째는 부정부패, 두 번째는 부(富)의 양극화, 세 번째는 계층·세대·남녀 간에 다양한 갈등이 팽배해 있는 것입니다.

우선 첫 번째 문제부터 짚어 볼까 합니다. 우리나라는 부정부패도가 OECD 35개국 가운데 6위(2016년 기준)로 매우 높습니다. 이것은 '최순실 사건' 등 근래에 벌어진 각종 정치적인 사건에서도 잘 나타나 있습니다. 부정부패, 부조리를 척결하지 않고는 우리 사회가 건전한 발전을 이룰 수가 없다고 보는데, 그 해법은 무엇이라고 생각하십니까?

한국사회와 불교
그 미래를 조망하다

월정사 주지 **정념 스님**

불법·탈법·편법 등이 통용되고
모럴해저드가 심각한 우리나라
전직 대통령들이 부정부패 혐의로 수감된
지금의 현실이 개탄스러울 뿐

우리나라의 부정부패의 역사는 아주 오래 되었습니다. 특히 조선 후기에는 아전(하급공무원)에서 판서(장관)까지 부정부패와 가렴주구가 심했지요. 그중에서도 각 지역 서원의 부패가 매우 심해서 큰 골칫거리로 등장했다는 것은 널리 알려진 사실입니다.

대원군은 지나친 수탈과 착취로 인해 백성들의 원성이 자자했던 서원을 대거 철폐했습니다. 그때 유림(儒林)의 반발이 대단했지요. 이렇게 위부터 아래까지 모두 부패했기 때문에 조선이 망할 수밖에 없었습니다. 부패한 나라나 권력이 망하지 않는다면 그것은 정의가 없는 것이지요.

일제강점기 36년의 치욕적인 역사는 차치하고, 광복 후 3년 만에 정부가 수립되어 이승만 자유당 정권이 들어섰지만, 3·15부정선거와 부정부패의 만연으로 국민의 원성이 하늘을 찔렀지요. 10여 년 만에 4·19혁명이 일어나 대통령 이승만은 미국으로 망명했고, 부통령 이기붕은 가족과 함께 권총 자살을 했습니다. 자유당 정권의 정치기반은 친일 부역자들이 태반이었다 해도 과언이 아닙니다.

자유당 정권이 4·19혁명으로 무너지고, 그 뒤를 이은 제2공화국은 11개월 만에 5·16쿠데타로 무너지고, 군사정권인 제3공화국이 설립되었습니다. 박정희 대통령은 장기집권을 꾀하며 1972년 10월 17일 유신을 발표, 이로써 제3공화국의 헌정이 중단되고, 그해 12월 유신정권이 시작되었지요. 유신정권은 당시에 급속한 경제발전을 이루었지만, 군부를 중심으로 한 부정부패, 정경유착이 심한 반민주·독재정권이었습니다. 그로 인해 1979년 10·26사태가 일어나 유신 정권이 막을 내리고, 그 혼란을 틈타 벌어진 12·12사태로 1980년에 탄생한 제5공화국 역시 군사정권으로 독재와 부정부패로 점철되었습니다. 안타깝게도 우리나라의 역대 대통령들은 망명을 가거나 부하의 손에 의해 죽거나 구속되는 신세가 되었습니다. 이후 정권이 바뀔 때마다 권력자들은 부정부패 척결을 공언했지만, 아직까지 한국 근현대 정치사에서 부정부패가 척결된 적은 없었습니다.

지금도 전직 대통령이 두 명이나 부정부패 혐의로 교도소에 들어가 있는데, 이것은 매우 상징적인 사건이라고 할 수 있습니다. 또 대통령의 측근들 중 많은 이들이 구치소 생활을 경험합니다.

이것이 무엇을 뜻하겠습니까? 부정부패가 만연해 있다는 것을 한눈에 보여 주는 것이겠지요. 미국의 대통령들이 백악관을 떠나면 강연과 서적 출판 등으로 활발히 활동하면서 여전히 예우를 받는 것과는 매우 대조적인 현상이라고 할 수 있습니다.

상부기관이 부패하면
절대 부정부패를 막을 수 없어

청와대·국정원·검찰청·국세청 등
권력의 상부기관이 청렴해야

우리나라가 '살기 좋은 나라', '행복한 나라'가 되기 위해서는 부정부패를 척결해야 합니다. 그러기 위해서는 무엇보다 권력의 상부기관이 청렴해야 합니다. 청와대를 비롯하여 4대 사정기관인 국정원, 검찰청, 경찰청, 국세청 등에서 부정부패를 근절해야 하는데, 우리나라는 상부기관이 앞장서서 부정부패를 저지르고 있는 형국인 것 같습니다. 앞에서도 언급했지만 현재 전직 대통령이 두 명이나 부정부패 혐의로 구속되어 있는 것이 잘 입증해 주고 있지 않습니까?

하부기관이 부패하면 상부기관에서 막을 수 있지만 그와 반대로 상부기관이 부패하면 정화기능을 상실합니다. 정수기에 비유하면, 오수(汚水)를 걸러 내는 필터기능이 고장 난 것과 같은 것이지요. 상부기관이 극도로 부패했을 때 일어나는 것이 바로 혁명입니다. 우리나라의 4·19혁명을 비롯하여 러시아의 볼셰비키 혁명, 중국의 신해혁명 등도 상부기관이 부패했기 때문에 일어난 것입니다.

우리나라는 경제적으로는 선진국에 진입했지만, 시민의식은 아직도 멀었습니다. 고위층이나 하급공무원이나 도덕 불감증에 걸려 있고, 부정부패가 만연해 있는 것이 그 증거입니다. 돈을 벌고 출세하기 위해 올바른 방법, 정정당당한 방법을 취하는 대신 정경유착·비리·탈법·편법 등의 부정한 방법을 사용하여 권력과 부(富)를 누리는 사람들이 많은 게 가장 큰 문제입니다. 좀 원색적으로 표현하면 권력을 동원해서 '가로 챈다'고 하는 것이 적절할 것 같습니다.

물론 세상에는 우리나라보다 부정부패가 더 심한 나라도 있습니다. 그러나 나보다 더 못난 사람이 있다고 해서 그것으로써 위안을 삼으면 안 되겠지요. 모범적인 나라의 공직자들을 닮기 위해 노력한다면 차차 나아질 것입니다.

> 양심과 염치가 없고
> 윤리의식이 무감각해진 상태에서
> 약삭빠른 사람이 유능한 사람으로
> 평가받는 사회가 되는 것이 문제

독일 베를린에 본부를 둔 국제투명성기구에서 2016년 1월에 발표한 우리나라 국가 청렴도는 176개국 가운데 52위이고, 점수로는 100점 만점에 53점이었습니다. 이것은 곧 10명 가운데 5.3명이 부패해 있다는 뜻입니다.

그리고 OECD 35개 회원국 중에서는 청렴도가 29위로 역시 최하위권입니다(참고: 각국의 청렴도를 살펴보면 일본 18위, 영국 9위, 호주 12위, 미국 16위임). 이는 한 아나운서님의 말처럼 부패 순위로는 상위 6위라는 걸 의미합니다.

사회가 전반적으로 이렇다 보니 원칙이나 도덕을 지키는 사람, 청렴한 사람이 존경을 받는 게 아니라 오히려 무능한 사람, 융통성 없는 사람으로 취급받는 것 같습니다. 양심과 염치가 없고 윤리의식이 무감각해진 상태에서 약삭빠른 사람이 유능하다고 평가받는 사회가 되어 가고 있는 것 같아 참으로 안타깝습니다.

한상권 아나운서

부정부패가 심하면 아직 '민주주의가 정착하지 못한 나라'라고 할 수 있습니다. 스님 말씀처럼 권력을 남용하여 각종 이권과 부(富)를 차지하는 상부구조의 부정부패야말로 큰 문제입니다. 이번 기회에 부정부패를 근절해야 한다고 봅니다.

월정사 주지 정념 스님

부정부패는 민주주의를 병들게 하고
국민의 삶의 질을 떨어뜨려…
경제가 발전해도 그 혜택을 일부만 누린다면
국민들은 냉소적이 될 것

그렇지요. 부정부패는 민주주의를 뿌리째 병들게 하고, 정치·경제·사회 등의 수많은 분야에서 문제를 일으키고, 결국 국민 삶의 질을 떨어뜨립니다.

'권불십년 화무십일홍(權不十年 花無十日紅)'이라는 말처럼 권력은 참으로 무상한 것입니다. 부패한 권력은 금방 무너지게 되어 있습니다. 특히 동서고금을 막론하고 부정부패로 망하지 않은 권력이 없었습니다.

부정부패는 민주주의의 가장 큰 장애물이고, 정의로운 사회의 가장 큰 걸림돌입니다. 국가의 청렴도가 정치인·공직자뿐만 아니라 국민 개개인의 행복과 직결되어 있다는 사실을 인식하고, 전 국민적인 청렴 교육을 실시해야 한다고 봅니다. 부정부패가 얼마나 잘못되고 무지한 일인지를 일깨워 주어야 합니다. 더 나아가 청렴하게 살아가는 것이 얼마나 가치 있고 명예로운 일인지 확실히 인식시켜 주고, 청렴한 사람이 잘 살 수 있는 나라를 만들어야 합니다. 애초에 부정부패의 싹이 자랄 수 없도록 올바른 가치관을 정립시키고 생활 속에서 실천할 수 있도록 이끌어 주어야 합니다.

지난해 문재인 정부가 들어서면서 청와대에 '반부패정책협의회', '반부패 비서관'을 신설하여 부정부패를 척결하겠다는 의지를 보여주고 있는데, 기대가 됩니다. 꼭 부정부패를 척결해서 국민들에게 공정하고 도덕적인 사회에서 잘 살아갈 수 있으리라는 희망을 안겨주었으면 합니다.

한상권 아나운서

미국이나 서구 유럽의 지도층은 대체적으로 도덕성도 높고 기부를 많이 하는 등 노블레스 오블리주(Noblesse Oblige)를 실천하고 있는 데 비해, 우리나라의 지도층들은 그렇지 못한 것 같습니다. 정치인이나 고위공직자, 기업 총수 중에 검찰청이나 교도소를 출입하지 않은 사람이 드물 정도입니다. 무엇이 문제일까요?

월정사 주지 **정념 스님**

> 서구 유럽의 사회 지도층은
> 공정한 방법을 통해 지도층이 되지만
> 우리나라 지도층은
> 편법을 통한 낙하산 지도층이 많아

한 사회의 지도층이라면 도덕성이 높고 인격이 훌륭해야 그 사회를 잘 이끌어 갈 수 있습니다. 예외는 있겠지만, 외신을 통해 접하는 미국, 유럽 등 서구 선진국의 지도층은 대부분 청렴하고 인격적이며 도덕성이 높아 보입니다. 그 이유가 뭘까 생각해 본 적이 있습니다. 선진국의 지도층은 공평하고 공정한 기회 속에서 자신이 지닌 능력을 발휘해 지도층이 되는 반면에, 우리나라의 지도층은 '낙하산 인사'라는 말처럼, 학연과 지연 등으로 연결되어 있는 권력을 등에 업고 하루아침에 지도층이 되는 경우가 많아서 나타난 현상이 아닐까 싶습니다.

사회 지도층은 국민들의 모범이 되어 그 사회를 바르게 이끌어 갈 책임과 의무를 지닙니다. 지도층이 건전해야만 사회도 건강하게 발전할 수 있습니다. 만일 지도층이 부도덕하고 불건전하면 부정부패 등 사회의 부조리를 개선할 수 있는 근본이 흔들립니다. 바람직한 본보기를 보여 사회를 맑게 해야 하는 지도층이 부정하면 혼탁한 사회를 정화하는 기능이 없어집니다.

병역·입시·채용 비리 등과 관련된 사건은
대부분 지도층·상류층이 독점하는 범죄
사회 지도층이라면 '노블레스 오블리주'를
실천하는 미덕을 보여야

미국 마이크로소프트사 창업주인 빌 게이츠와 버크셔 해서웨이의 회장 워런 버핏은 전 재산의 99% 이상을 기부하겠다고 밝혔습니다. 이처럼 미국 등 서구 선진국의 지도층은 사회를 위해 재산을 90%나 기부하는 등 지도층의 책임과 의무, 즉 '노블레스 오블리주'를 실천하고 있는데, 우리나라의 지도층·상류층은 이런 경우가 극히 드뭅니다. '노블레스 오블리주'를 실천하기는커녕 본인과 자식의 이익을 위해서라면 갖가지 편법을 동원해서라도 기회를 선점합니다. 병역 기피, 입시·채용 비리 등은 특권 의식을 가진 우리나라의 지도층들이 앞장서서 독점하는 범죄가 아닙니까?

부처님께서는 『아함경(阿含經)』에서 지도자의 역할에 대해 다음과 같은 구절로 비유하고 있습니다.

"소떼가 강물을 건너갈 때, 앞에 선 우두머리 소가 길을 바로 가지 못하면 뒤따르는 소들이 물에 빠지게 된다. 이것은 우두머리 소가 길을 잘못 선택했기 때문이다." - 『중일아함경』

지도자가 지혜롭지 못하면 국민들이 고통을 받게 됩니다. 또한 지도자는 공익을 우선하고, 책임의식과 사명감이 투철해야 합니다.

이러한 자질이 없는 사람이 지도자가 되면 머지않아 큰 혼란을 초래합니다.

부처님께서는 마가다국의 재상인 우사의 집에 초대되어 공양을 받으신 뒤에 재상 우사에게 다음과 같이 말씀하셨습니다.

> "그대에게 이르노니, 재상의 지위에 있더라도 탐욕을 부리지 말아야 하고, 잔인하지 않아야 하며 승진에만 매달려서도 안 되고, 쾌락에 빠지거나 청탁에 개입해서도 안 된다." -『증일아함경』

이 말씀은 오늘날의 권력자들이 반드시 갖추어야 할 윤리적 덕목을 가르쳐 줍니다. 가슴 깊이 새겨서 실천해야 할 경구입니다.

공평하고 정의로운 사회는 약자가 보호받는 사회, 공정한 기회가 보장되는 사회, 정직한 사람이 피해를 보지 않는 사회입니다. 그리고 부정부패와 사회악을 저지른 자는 반드시 처벌받는 사회를 가리킵니다. 이런 사회를 만들기 위해 우리 수행자들부터 노력해 가야 한다고 생각합니다.

소득과 부(富)의 양극화 문제

한상권 아나운서

아시다시피 우리나라는 양극화 문제가 아주 심각합니다. 재
작년 9월 YTN에서 국내외 석학들을 초빙하여 양극화 문제
에 대한 심도 깊은 세미나를 개최한 적이 있습니다. 이 자리에
서 전문가들은 이구동성으로 부(富)의 편중, 빈부 격차, 소득의
불균형으로 인한 양극화 문제를 지적했습니다. 우리 사회의 오
랜 고질병이라 할 수 있는 양극화 문제를 어떻게 보십니까? 스
님이 생각하시는 해결방법이 있다면 말씀해 주십시오.

월정사 주지 **정념 스님**

> 소득과 부(富)의 양극화는
> 미국에 이어 두 번째로 높아
> 경제 양극화는 교육·주거·계층·지역 간
> 양극화 등 수많은 갈등과 양극화를 초래해

OECD에서는 최근 몇 년 동안 각 나라의 양극화 문제를 연구하면서 한국의 여러 가지 양극화에 대해서도 발표했는데, 우리나라가 부의 양극화로 인한 빈부격차가 미국에 이어 두 번째로 크다고 합니다. 소득의 양극화도 그와 비슷합니다.

양극화는 갈수록 심화되고 있고, 좁혀질 기미가 전혀 보이지 않습니다. 부(富)가 부를 불러오는 불로소득이 큰 문제입니다. 모든 이들이 자신의 노동을 통해서 재산을 증식시킨다면 격차가 이렇게 크게 벌어질 수 없는데, 부(富)가 부를 재생산하기 때문에 갈수록 빈부 격차가 심화되고 있는 것이지요.

그 밖에 대기업과 중소기업의 양극화, 노동시장의 양극화도 큰 문제입니다. 또 '고용 없는 성장'으로 인해 소득의 불균형, 즉 소득의 양극화가 심화되고 있고, 이어 소비 양극화, 교육 양극화, 문화 양극화, 주거 양극화 등 사회 전반에 걸쳐 연쇄적인 영향을 주고 있습니다.

이런 양극화 문제는 세대 간, 계층 간 갈등 등 여러 가지 사회적 갈등을 초래하여 사회 통합이나 공감대 형성에 매우 부정적인 영향을 주고 있습니다. 경제 양극화가 교육 양극화를 불러오고, 젊은이들 사이의 '금수저'니 '흙수저'니 하는 자조 섞인 푸념처럼 신분 양극화까지 불러오고 있습니다. 이런 신분 양극화를 불러오는 반시민정책을 개선하고 근본적으로 해결할 수 있는 정책을 입안해서 적극적으로 실현시킬 때 사회는 조금씩 나아지겠지요.

> 상위 10%가 전체 부(富)의 66% 소유
> 하위 50%는 겨우 2% 차지…
> 소득의 양극화를 개선하지 않으면
> 새로운 신분제도가 생기고 불행해져

소득 부분에서 국내 소득 상위 1%가 버는 소득 비중이 전 국민소득의 약 16.6%를 차지하고 있습니다. 이 수치는 OECD 국가 중 미국에 이어 두 번째로 높다고 합니다. 또 소득이나 부(富)의 비중에서도 우리나라 상위 10%가 전체 부(富)의 무려 66%나 소유하고 있습니다. 더 충격적인 것은 하위 50%가 차지하고 있는 부는 겨우 2%에 불과했습니다. 다시 말하면 전체 부의 2%를 놓고 우리나라 서민 50%가 먹고 사는 것입니다.

소득의 양극화를 개선하지 않으면 새로운 의미의 신분제도가 구축되고 급기야 불행한 사태를 불러올 수도 있지 않을까 싶습니다. 우리 사회에 가장 불안한 요인이 무엇인가에 대한 질문에 양극화라고 답한 국민이 가장 많다는 연구 결과도 양극화의 심각성을 말해

주고 있습니다.

2017년 경제협력개발기구(OECD)에서 '한국의 저성장 문제점을 담은 보고서'를 발간(2017.10.26.)했는데, 대기업 중심의 수출을 기반으로 한 성장 동력 한계, 대기업과 중소기업 간 양극화 문제, 또 기업과 가계 간 소득 격차 문제를 거론하면서 악순환을 낳고 있다고 지적했습니다.

또한 저성장의 원인으로 낮은 생산성이 언급되었습니다. 우리나라의 생산성은 글로벌 국가 중에서도 최하위 수준이라고 합니다. 기업은 비생산적인 인적 관리를 하고 있고, 노동자들은 시간 때우기식의 불성실한 근무를 하고 있다고 볼 수 있는 것입니다. 따라서 기업과 노동자 모두가 각성해야 합니다. 기업은 노동자에게 초과 근무를 시키지 말고, 노동자는 자신에게 주어진 일을 집중해서 해내야 합니다. 기업과 노동자가 상생할 때 오래도록 공존할 수 있습니다.

> 양극화 문제의 해소를 위해서는
> 각종 세금 제도, 경제 정책, 최저 임금 상향,
> 교육 양극화 해소 등 제도적·정책적 보완과
> 전 국민적 공감대 형성이 필요

'양극화 해소'는 경제 민주화의 첫 관문이기도 합니다. 소득의 불균형 문제, 양극화를 극복하지 않고서는 살기 좋은 사회, 안정된 선진국으로 갈 수가 없습니다. 각종 세금 제도나 경제 정책을 보완

하고, 최저 임금 상향, 평등한 교육의 기회 제공 등을 통해 양극화를 해소해야 합니다. 그러나 정책적인 제도나 장치만 가지고 양극화 문제를 해결할 수는 없을 것입니다. 자유 민주주의 사회에서 개인의 부(富)를 법적으로 통제하기란 한계가 있기 때문입니다.

양극화를 해소하기 위해서는 정치·사회적 측면에서 대합의와 전 국민적인 공감대 형성이 매우 중요합니다. 각계각층이 참여하여 의견을 나누고, 서로 간의 이해와 양보, 배려가 필요하다고 봅니다. 옛말에 "곳간에서 인심 난다."고 했듯이 경제적으로 풍요로운 분들이 마음을 넉넉하게 써서 공생과 상생의 관점에서 경제적 약자를 적극적으로 배려하고 양보해야 실마리가 풀립니다.

언제 어느 때든 공생의 관점에서 바라봐야 합니다. 대기업은 대기업에 걸맞는 사업을 하고 대기업에서 소규모의 지역 상권과 관련된 업종에 뛰어드는 일은 삼가야 합니다. 또한 대기업은 '노블레스 오블리주'를 실천하여 양극화 해소에 협력해야 하는데, 사실 이것은 개인도 마찬가지입니다.

예컨대 상가를 가지고 있는 임대 수익자가 임대료를 갑자기 대폭 올리는 것 또한 상도덕·경제윤리에서 어긋난 행위라고 할 수 있습니다. 언론 보도를 통해 가파르게 오르는 임대료를 감당하지 못해서 장사를 포기하게 된 분들의 사연을 접할 때마다 참으로 안타까웠습니다.

대기업이나 부유층이
부를 독점하지 말고

모두 함께 잘 사는 사회를 만들겠다는
인식의 대전환, 대타협이 필요

한 예로 전국에는 대형 마트가 많이 있는데, 이 대형 마트가 작은 가게들을 모두 잠식하고 있습니다. 그런데 대형 마트로 인해서 중소형 마트가 모두 문을 닫게 된다면 어떻게 되겠습니까? 실제로 소형 마트나 구멍가게는 장사가 안 되어 폐업하는 곳이 많다고 합니다.

이와 같이 대기업이나 부유층이 부를 바탕으로 경제를 독점해 버리면 서민들은 더욱 어려움을 겪게 됩니다. 경제의 사각지대를 해소하고 서민 경제를 활성화시켜야 합니다. 인식의 대전환, 대타협이 필요하다고 봅니다.

대기업이나 부유층이 부를 독점하지 말고 양보해서 모두 함께 잘 사는 사회를 만들 수 있도록 앞장서야 합니다. 그렇게 될 때 사회지도층으로서 인격적 예우를 받을 수 있게 되는 것이지요. 경제를 매개체로 사회를 위하여 바람직한 역할을 할 때 혜택을 받는 사람뿐만 아니라 본인도 행복해질 수 있습니다.

물론 기업도 고충이 없지는 않겠지요. 우리나라는 기업 정책의 규제가 심하고 복잡하다는 것은 널리 알려진 사실입니다. 이것은 식민지 잔해이기도 한데, 불필요한 규제는 제거해야 자유롭게 경제활동을 할 수가 있습니다.

편법, 탈법, 반칙,
저임금, 정경유착 등 부당한 방법으로

부(富)를 축적하는 것은
'떳떳한 부(富)'라고 할 수 없어

양극화를 상징하는 '20대 80 사회'라는 고전적인 용어가 있습니다. 20%에 불과한 부자가 부(富)의 80%를 차지하고, 그 나머지 국민 80%가 남은 20%의 몫을 놓고 경쟁하는 사회라는 뜻입니다. 이탈리아 경제학자 빌프레도 파레토가 처음 이 개념을 사용했는데, 최근 많은 정치·경제학자들이 우리 한국사회를 '20대 80 사회'로 규정하고 있습니다.

그러나 앞에서도 보았듯이 우리나라는 그보다 더 심각합니다. 상위 10%의 부자가 전체 부(富)의 66%를 소유하고 있고, 하위 50%는 겨우 전체 부의 2%만 가져가고 있습니다. 또 국민소득에서는 상위 1%가 16.6%를 가져가고 있습니다. 노동소득분배율은 갈수록 줄어들고 자본소득분배율은 갈수록 늘어나고 있는 현상입니다. 신자유주의 경제체제의 부작용이라고 할 수 있습니다.

통계청에서 2016년 4/4분기 가계 동향 조사를 발표했는데, 금융자산만 100만 달러(약 11억 5000만원) 이상을 보유한 '백만장자'가 빠르게 증가하고 있다고 합니다. 또 저소득층과 고소득층 간 소득의 양극화가 심화되고 있다고 지적했습니다.

개인의 능력으로 부(富)를 누리는 것은 자유민주주의 사회에서는 기본적으로 보장되는 것입니다. 그러나 편법·탈법·반칙·지나친 임대료·저임금 등 부당하고 부정한 방법으로 부유해진다면 그것은 '떳떳한 부(富)'라고 할 수 없습니다. '다른 사람들도 다 그렇게 하고 있다'는 것으로 정당성을 확보할 수는 없습니다.

원칙과 상식이 통하고, 상생과 공존의 정신을 확립하고 실천할 때 양극화로 빚어진 문제 해결의 실마리가 서서히 풀릴 것이라고 생각합니다.

갈등과 대립, 반목과 불신

사회 갈등을 어떻게 해결할 것인가

한상권 아나운서

> 갈등과 대립이 없는 나라는 없지만, 우리나라는 특히 갈등과 대립이 심한 편입니다. 계층 갈등, 세대 갈등, 빈부 갈등, 이념 갈등, 지역 갈등, 정치 갈등, 노사 갈등 등 매우 많습니다. 갈등과 대립은 반목과 불신을 낳고 상대방을 맹비난하는 풍조를 낳고 있습니다. 불교에서는 화합을 매우 중시하는 걸로 알고 있습니다. 불교적 관점에서 갈등을 해결할 수 있는 방법은 없겠습니까?

> 한국은 종교분쟁을 겪고 있는
> 터키 다음으로 갈등이 심각한 나라
> 갈등으로 인한 경제적 손실은
> 연간 약 82조~246조로 추산

좀 지난 자료이지만, 2013년 전경련에서 한국사회 갈등의 현주소와 관리방안을 주제로 '제2차 국민대통합 심포지엄'을 개최(2013년 10월 21일, 여의도 KT빌딩)했습니다.

이 자리에서 발표자인 삼성경제연구소 박준 수석연구원은 한국사회 갈등의 현주소에 대한 발표를 통해 "2010년 기준 한국의 사회갈등은 OECD 27개국 중(당시는 회원국이 27개국, 현재는 35개국) 2번째로 높다."며 "종교분쟁을 겪고 있는 터키를 제외하고는 가장 심각한 수준"이라고 말했습니다. 아마 지금도 거의 같은 수준일 것입니다.

이어 "분석모형별로 차이가 있지만, 한국의 사회갈등지수가 OECD 평균수준으로만 개선돼도 1인당 GDP가 7~21% 증가하는 효과를 가져 올 수 있다"고 하면서 "한국의 사회갈등 수준이 OECD 평균보다 심각하기 때문에 갈등으로 인한 경제적 비용은 연간 약 82~246조"로 추산된다고 했습니다(2010년 명목 GDP 기준). 사실 이런 통계가 아니더라도 우리나라의 사회 갈등이 매우 심각하다는 것은 누구나 다 공감하는 사실입니다.

민주주의의 성숙도가 낮고, 정부 정책의 일관성이 없고, 소득 불균형과 빈부격차가 크고, 불공정한 사회일수록 갈등 지수가 높습니다. 다시 말하면 그와 같은 문제를 개선하면 갈등을 해결할 수 있다는 것입니다.

미국의 정치학자 E. E. 샤츠슈나이더는 이익이 상충할 때 갈등이 일어나는데 이 갈등을 조율하기 위한 제도적 장치 가운데 하나가 '정당 정치'라고 말했습니다. 정당에서 각기 다른 이해관계를 아우름으로써 계층·세대·지역 간 갈등을 해소하는 역할을 한다는 것입니다.

그런데 우리나라는 오히려 정당이 갈등을 조장합니다. 어느 나라든 보수적 정당과 진보적 정당의 갈등이 있지만, 우리나라처럼 원색적인 경우는 드문 것 같습니다. 보수는 진보를, 진보는 보수를, 그리고 여당은 야당을, 야당은 여당을 무조건 맹비난·비판합니다. 여당 시절에 추진했던 정책을 야당이 되면 극구 반대하고 야당시절에 추진했던 정책을 여당이 되면 바꿉니다. 사사건건 원색적으로 비난합니다. 국민들이 정치에 대하여 염증을 느끼는 것은 이러한 점 때문이겠지요.

보수와 진보의 지나친 갈등은 국익과 국민정서를 불안하게 하는 큰 요인이 됩니다. 올바른 정책은 가급적이면 빨리 협력해서 입안하고 실시해야만 국민 행복과 국익에 도움이 되는데, 정치적인 문제와 결부시켜 버립니다. 쉽게 해결할 수 있는 문제도 더 어렵게 만드니 비생산적이라 할 수 있습니다.

'지역 갈등', '노사·노노 갈등'은 지역 이기주의, 집단 이기주의적 성격이 강합니다. 우리나라 갈등의 원조라고 할 수 있는 지역 갈등은 대부분 정치인들이 조장한 것이지요. 정권을 잡기 위해 원색적인 용어를 사용하여 지역을 자극·단결시켰고 동시에 자신들의 존재를 부각시켰던 것입니다. 지금도 여전히 진행형에 있으니 참으로 안타까운 일입니다.

갈등이 여러 가지이듯 갈등을 해결할 수 있는 방법도 여러 가지이겠지만, 그중에서도 가장 중요한 것은 결국 사람이 어떠한 마음가짐으로 잘 살아가느냐에 달려 있는 것 같습니다. 심리적 차원에서 갈등은 이기주의 혹은 자기가 남보다 더 우월하다는 생각에서 비롯되는 경우가 많기 때문입니다. 그러므로 끊임없는 수행으로 자신의 인격을 성숙시키고, 상대를 배려하는 문화가 우리 사회에 자리 잡을 때 갈등과 반목에서 벗어날 수 있을 것이라고 봅니다.

> 불교 승가에서는 절대적 평등 강조
> 평등과 화합은 불교 승가 운영의 대원칙
> 또한 불교의 근본교리인 연기법으로 반조하면
> 개인과 사회 갈등 해결의 실마리가 풀릴 것

갈등의 근본적인 원인은 불공정·불평등에 있다고 할 수 있습니다. 이것을 바로 잡지 않고는 갈등을 해소할 수가 없을 것입니다. 불교는 교리적·제도적으로 절대 평등입니다.

우선 교리적으로 불교에서는 '일체 중생(인간 등)은 누구나 다 깨달은 성자, 곧 부처가 될 수 있다'고 합니다. 그 말이 '일체중생, 실유불성(一切衆生 悉有佛性)'인데, 사람이라면 누구나 다 부처님처럼 깨달은 이가 될 수 있기 때문에 차별을 둘 수가 없습니다. 교리적으로 절대 평등입니다.

또 제도적으로는 보시금이나 공양이 들어오면 노소(老少)·고하(高下) 할 것 없이 똑같이 분배합니다. 이것을 '평등 공양'이라고 합니다. 심지어 대중은 10명인데 사과가 한 개 들어오면 10등분하라고 합니다. 이렇게 할 경우 불만이나 갈등이 발생할 수 없습니다. 또 불교에서는 일을 할 때도 '울력'이라고 하여 노소고하 할 것 없이 똑같이 일을 하도록 되어 있습니다.

'모든 존재는 평등하다.' 이것은 불교, 승가 운영의 대원칙입니다. 타종교에서는 볼 수 없는 불교만의 특성이 아닐까 생각합니다. 불교의 평등사상은 제도적·사상적·교리적으로 확립되어 있습니다. 지금도 인도에는 사성계급이 잔존해 있고, 불평등과 차별을 당연하게 여기면서 살아가는 사람들이 많습니다. 그런데 부처님께서 생존하셨던 2,600여 년 전에는 얼마나 차별이 극심했겠습니까? 인도의 사성계급은 브라만교에 의해 종교적 신념처럼 철저하게 뿌리내린 신분 차별제도라고 할 수 있습니다.

그러나 부처님께서는 이런 사성계급을 인정하지 않았고, 어떤 차별도 받아들이지 않으셨습니다. 부처님의 10대 제자 중 한 분으로 '계율제일'로 칭송받는 우빨리도 천민 출신이었습니다. 하지만 절대 평등 원칙에 따라 승단에서 신분으로 인한 그 어떤 불이익도 받지 않았습니다.

불교 승가 운영의 원칙은 평등과 화합입니다. "사람을 가리지 말고 평등한 마음으로 골고루 보시하라. 그러한 공덕은 여래인 나에게 보시한 공덕과 다름이 없다."는 경전 말씀처럼 물질적으로도 평등한 보시를 강조하셨습니다. 이러한 평등과 화합을 바탕으로 승가 공동체가 발전하여 오늘날과 같은 복잡다단한 사회 속에서도 존재할 수 있는 것입니다.

또한 불교의 가르침은 처음부터 끝까지 인간의 갈등을 근본적으로 해결하고 고통에서 벗어나 행복해지는 법을 가르쳐 주는 것입니다. 구체적으로 개인의 내면에서 일어나는 탐진치 3독을 제거하여 그것이 야기하는 갈등과 번뇌를 수행을 통해 극복하라고 가르치지요.

불교의 근본 교리는 잘 아시다시피 연기법입니다. 연기법은 인연(因緣: 내적 원인과 외적 원인)하여 일어난다(生起)는 것입니다. 이 세상의 모든 것은 독자적으로 존재하는 것도 아니고 고정불변의 것도 아닌, 여러 가지 내적·외적 원인과 조건, 환경에 의존하여 이루어지는 것입니다. 연기법, 이 세상 모든 것이 서로 서로 인연하여 이루어졌다는 것, 우리 모두 독자적 존재가 아닌 관계의 존재인 것만 제대로 인식해도 갈등을 근본적으로 해결할 수 있을 것입니다. 물론 갈등 해소나 축소에 대한 불교적 해법은 매우 이상적인 방법이지만, 그것은 불교의 가르침을 체득해야 제대로 이룰 수 있는 길이기에 쉽지는 않을 것입니다.

세대 갈등, 활발한 소통으로 극복해야

기성세대는 자신의 사고에 너무 집착하지 말아야 하고
젊은 세대는 기성세대에 대한 이해가 필요해

기성세대와 젊은 세대가 소통할 때
공존의 시너지 효과가 일어나

세대 간 갈등은 연령에 따라 각자 살아온 시대적·사회적·문화적 배경이 다른 데서 오는 차이로 인해 생기는 갈등을 뜻합니다. 계층이나 직업에 관계없이 우리 모두가 겪는 갈등이지요. 지금의 젊은 세대는 기성세대에 비해 물질적으로 풍요한 시대를 살았습니다. 젊은 세대가 정치·경제·사회적으로 어려운 시대를 살았던 기성세대를 이해하기는 힘들 겁니다.

젊은 세대와 기성세대는 의식구조, 사고방식, 정치성향, 가치관, 생활방식 등에서 매우 다릅니다. 젊은 세대는 개성이 강하고 개인주의적인 성향이 강한 반면, 기성세대는 보수적이고 권위주의적이라 할 수 있지요. 정치적 성향에서도 대체로 젊은 세대는 진보적인 측면이 강하고, 기성세대는 보수적인 측면이 강한 경향을 보입니다.

세대 갈등의 원인에는 소통 부재도 있습니다. 서로 세대 차이를 이해하고 상대방을 이해하고자 하는 입장에서 대화하고 소통한다면 어느 정도 갈등의 폭을 좁힐 수 있을 것입니다. 누구나 다 세월이 가면 기성세대가 됩니다. 어느 한 쪽에 문제가 있다고 생각하기보다는 각자 살아온 시대적·사회적 배경이 다른 데서 온 것이라는 점을 이해한다면 세대 갈등은 완화될 수 있을 것입니다.

기성세대는 대부분 자신이 알고 있는 지식이나 경험을 매우 중시합니다. 그런데 시대가 급변함에 따라 오늘날 그 지식이나 경험들이 맞지 않는 것들이 많습니다. 아날로그의 대명사라고 할 수 있

는 농경 분야도 과거의 농사법이나 지식으로 지어서는 생산성이 떨어지고 품질도 떨어진다고 합니다. 특히 첨단 기술 분야에서는 과거의 기술이나 경험이 별로 도움이 되지 않습니다. 기술 혁신으로 인해 현재 알고 있는 기술이나 경험도 10년 후에는 쓸 수 없는 것들이 부지기수입니다. 아예 직업 자체가 없어지는 것도 많습니다.

그 밖에 의료분야는 물론 심지어 인문학 분야도 새로운 자료의 발견과 연구로 인해 정설이 바뀌어지고 있습니다. 과거의 지식이나 경험은 개인적으로는 가치가 있지만 공개적으로 내 놓을 만한 것이 못 된다는 것입니다. 과거에 머물러서는 앞서 갈 수도 없고 발전할 수도 없습니다.

따라서 기성세대는 자기가 알고 있는 지식이나 사고·경험 등에 대하여 고집하지 말고 변화를 인식하고 적극적으로 적응해야 합니다. 자기 생각에 집착하면 고집·아집이 되어 '자기'라는 벽을 만듭니다. 시대는 변했는데 사고는 30년 전에 머물러 있다면 그 생각은 현실에서 적용하기도 어렵고 소통이 안 되겠지요.

또 젊은 세대는 과거 부모세대나 기성세대에 대한 이해가 필요합니다. 스마트폰, 인터넷 등 첨단부문에서는 젊은 세대들이 월등히 앞서는 게 사실입니다. 하지만 삶을 관조하는 안목, 그리고 고전적·인문학적 식견은 기성세대를 따라가기 힘들지요. '고전적인 지식이나 가치가 오늘날 얼마나 필요할까?' 하는 의문이 있을 수도 있습니다. 그런데 현재 우리 사회 문제의 상당수는 고전적인 지식이나 가치를 도외시하고 너무 현실적인 것, 경제에 치중한 데서 비롯되지 않았나 싶습니다. 그 결과 공황장애, 소외감, 우울증 등 산업화의 후유증을 크게 겪고 있는 것이지요. 고전과 현대, 인문학과 과학문명의 공존이 절대적으로 필요하다고 생각합니다.

저는 매주 월요일마다 종무회의를 합니다. 종무회의에는 30대부터 70대까지 참석하는데, 다양한 세대가 함께 논의할 경우 생동감이 있고 발전적입니다. 그때마다 젊은 층만 있거나 기성세대만 있으면 발전적이지 못할 거라는 생각이 들었지요. 젊은 층은 활동력과 열정이 있고, 아이디어는 매우 신선하지만 경험 부족으로 멀리 보지 못한다는 단점이 있고, 기성세대는 신중하고 두루 고찰하는 장점은 있으나 신선한 아이디어가 부족합니다. 이러한 과정을 지켜보며 기성세대와 젊은 세대가 서로를 이해하고 함께 논의하며 소통할 때 시너지 효과를 일으킬 수 있다는 확신이 섰습니다.

> 부모 자식 간의 갈등은
> 마음을 비우고 대화하는 것이 최선
> 가능한 한 갈등 요소를 사전에 제거하고
> 효에 대한 가치관을 새롭게 정립해야…

부모와 자식 간도 마찬가지입니다. 부모는 대체로 부모의 입장에서 자식을 대하기 때문에 자식 입장에서 보면 매우 권위적이고 억압적으로 다가옵니다. 부모가 생각할 땐 자식을 위한 훈육일지라도 그것 때문에 자식은 상처를 받을 수 있고, 부모와 멀어지는 계기가 될 수 있습니다. 이런 과정에서 갈등의 골이 깊어져 결국 부모 자식 간에 불목하는 분들도 의외로 많습니다.

이런 갈등을 해결하기 위해서는 부모와 자식이 마음을 비우고 대화를 나누고 소통하는 것이 최선입니다. 그리고 가능한 한 갈등의 요소를 사전에 제거하는 것이 바람직하겠지요.

한편 부모 부양 문제로 인한 갈등도 큰 것 같습니다. 부모가 낳아서 양육해 준 은혜를 생각하면 당연히 모셔야 하는데, 요즘 젊은 세대들은 부모를 모시지 않는 것을 당연하게 여깁니다. 부모를 모시기 싫으면 재산도 상속받지 말아야 하는데, 재산은 상속받고 싶어 합니다. 젊은 세대의 이기심과 이율배반적인 생각을 변화시켜야 부모자식 간 세대 갈등이 완화될 것입니다.

10여 년 전에 중국에서 젊은 아들이 자전거에 80세의 노모를 태우고 중국 천하를 여행하는 것을 보았는데, 이런 모습은 효(孝)를 중시하는 중국문화, 가치관의 한 단면이라는 생각이 들었습니다. 개인의 행동이 사회에 영향을 주기도 하지만 그 사회의 흐름이 개인의 삶과 행동을 규정짓기 마련입니다. 효에 대한 가치관, 인간 중심의 가치관을 새롭게 회복하고 일상생활 속에 배어들게 하는 것이 관건이라는 생각이 듭니다.

노동구조로 인한 갈등-정규직과 비정규직 문제

한상권 아나운서

> 갈등에 대하여 좀 더 이야기를 해 보고자 합니다. 우리나라 노동시장은 중심부 일자리(정규직)와 주변부 일자리(비정규직)로 나

뉘어져 있습니다. 이로 인한 갈등도 매우 큽니다. 요즘은 국영 기업을 비롯하여 모든 기업의 비정규직 비율이 40% 정도가 됩니다. 정규직과 비정규직 자체가 마치 신분제처럼 되어 가고 있습니다.

월정사 주지 **정념 스님**

> 비정규직 임금은 정규직의 절반도 안 돼
> 노동의 문제도 인본주의적 차원에서 접근해야
> 안정된 사회를 만들기 위해서는 정규직 노동자가 많아야
> 공생(共生)의 기업, 노사·노노 윤리 절실

그렇습니다. 비정규직은 신자유주의 경제구조가 낳은 폐단이라고 할 수 있는데, 정규직과 비정규직으로 나뉘어져 있는 노동시장의 이중구조도 사회갈등의 큰 원인 가운데 하나입니다.

지난 해 인터넷에서 '비정규직의 눈물'이라는 제목의 기사를 봤는데, 우선 제목이 마음을 '찡'하게 했습니다. 내용은 비정규직의 실태를 조사한 것이었는데, 한국의 비정규직 종사자들이 받는 임금은 약 150만 원 정도로 정규직 임금의 50%에도 못 미친다고 합니다. 이것 가지고는 '기본적인 생활비를 충당하기도 어려워 빚을 진다'는 기사 내용을 보고 마음이 아팠습니다. 그 정도의 월급으로는 맞벌이를 하기 전에는 자식 교육도 어렵고, 문화생활도 불가능하다고 할 수 있겠지요.

게다가 비정규직은 불안정한 고용 환경에서 언제 해고될지 모르는 불안한 상태에서 지내고 있습니다. 비정규직이 정규직으로 전환되는 경우는 거의 없기 때문에 '영원한 비정규직', '비정규직 고착화'로 삶의 의욕을 상실하는 경우도 있는 것 같습니다. 아무리 일을 해도 가난을 벗어나기 어려운 비정규직 노동자의 현실은 사회갈등의 큰 요인이 될 수밖에 없지요. 이런 노동시장의 구조로 어떻게 안정된 삶을 유지할 수가 있겠습니까? 이런 제도는 인본주의 차원에서도 속히 개선되어야 한다고 봅니다.

　안정된 사회를 만들기 위해서는 정규직 노동자가 많아야 합니다. 지금 우리나라 비정규직은 전체 노동자 중 약 40% 정도인데, 기업에 따라서는 60%, 심지어는 80%인 곳도 있다고 합니다. 비정규직과 취업을 못해서 궁여지책으로 선택한 자영업자가 많으면 사회가 불안정할 수밖에 없습니다. 오늘날 한국사회가 뭔지 모르게 '붕' 떠 있는 듯한 불안한 느낌을 주고 있는 것은 이런 점들을 비롯한 갖가지 갈등 때문이라고 생각합니다.

　지난해에 출범한 문재인 정부는 비정규직 규모를 줄이겠다고 공약했습니다. 그 방법의 하나로 공공부문부터 비정규직을 줄여 나가겠다고 했는데, 매우 바람직한 조치입니다. 물론 비정규직을 정규직으로 전환할 경우 회사 측에서는 상당한 추가비용이 발생하게 되어 부담은 되겠지만, 노사 간에 잘 합의해서 점차 비정규직을 줄여 나가는 방향으로 가야 할 것입니다. 또 기업에서 비정규직을 상시로 채용하고 있다면 그것은 곧 필요한 인력이므로 당연히 정규직으로 전환시켜야 한다고 봅니다. 기업의 역할로 많은 사람들이 편안하고 행복한 삶을 살아간다고 생각한다면 개선할 가치가 있지 않겠습니까? 함께 살아가는, 공생(共生)의 기업 윤리적 차원에서 생각한다면 충분히 가능할 것입니다.

> 우리 사회의 갈등 양상은 '극과 극'
> 서로 불신하고 대화하지 않아
> 극과 극은 남북 분단으로 인한
> 대립 문화가 낳은 유산

우리 사회의 갈등 양상은 '극과 극'을 달리면서 서로 불신하고 대화를 하지 않아서 더욱 크게 불거진 감이 있습니다. 이런 풍토의 근원에는 남북 분단으로 인한 극한 대립의 문화가 있다고 생각합니다. 그런 문화가 우리 사회 전반에 영향을 미친 것이 아닌가 싶습니다. 우리나라의 이념 갈등, 보수와 진보의 갈등도 남북 분단으로 인한 것이라고 할 수 있습니다. 정치적으로 이런 갈등이 조장되고, 70년 넘게 악용되어 왔다고 생각합니다.

개인이든 가정이든 국가든 갈등이 심해지면 대립과 반목이 생기고 서로를 믿지 않는 불신이 만연하게 됩니다. 이런 불신 풍조가 불안을 조장하고, 각박하고 험악한 사회를 만드는 동력이 되지요. 갈등의 가장 큰 원인이 되는 불공정하고 불평등한 문화와 제도, 그리고 빈부와 소득의 양극화가 해소되어야 갈등을 해결할 수 있습니다. 정치·경제·사회과학적 접근과 함께 인문학적 접근을 바탕으로 갈등과 분열, 대립과 반목을 넘어 상생의 길을 모색해야 합니다.

이재열 서울대 사회학과 교수는 "갈등 해소를 위해서는 사회통합의 원리와 철학이 분명해야 하는데, 현 단계에서 가장 근본적인 문제는 사회통합의 토대가 되는 규범적 합의가 없는 것"이라고 지적하기도 했는데 의미 있는 분석이라고 생각합니다.

신자유주의와 한국사회

한상권 아나운서

앞에서 계층 간 갈등은 신자유주의 경제체제의 영향이 크다고 말씀하셨는데, 이야기가 나온 김에 이 문제에 대해서 좀 더 심도 깊은 질문을 해 보고자 합니다. 잘 아시는 바와 같이 신자유주의 경제체제는 IMF의 구제금융의 조건부로 도입되었습니다. 그 취지는 경제 부문의 모든 것은 정부의 개입을 줄이고 시장에 맡긴다는 것입니다. 그런데 미국의 대형은행인 리먼 브라더스의 파산 사태가 불러온 세계 금융 위기를 계기로 세계의 경제학자들은 '신자유주의 경제체제가 한계점에 왔다'고 논의하게 되었습니다. 신자유주의 경제체제를 도입한 우리나라에도 많은 문제점들이 노출되고 있습니다. 스님은 여기에 대해 어떻게 생각하시는지 궁금합니다.

> 신자유주의 경제 질서는
> 강자에게 유리하고, 약자에게는 불리한 제도
> 결국 금융과 경제에서
> 약육강식의 사회를 고착화시켜

말씀하신 바와 같이 신자유주의는 자본주의와 자유주의 정치체제 아래 경제적인 활동에 있어 정부의 규제나 지원은 최소화하고, 기업의 경제활동 등의 모든 것은 자율적인 시장경제, 즉 경쟁에 맡긴다는 것이죠. 또한 자본과 상품의 국가 간 이동에 장벽을 없애고 기업과 국가의 경쟁력 강화를 위해서 시장을 개방하여 무역을 자유화하고, 모든 경제를 시장 메커니즘에 맡기면 정부가 시장을 규제했을 때보다 경제가 훨씬 효율적으로 잘 굴러간다는 논리입니다. 세계무역기구인 WTO에서는 세계 각국의 경제 정책을 신자유주의 질서로 재편성하는 것을 목표로 삼고 있습니다. 탈규제, 공기업 민영화, 노동시장 유연화(기업의 구조 조정을 위해 정리 해고 자유 등) 등도 신자유주의적 정책에 속하는 것입니다.

신자유주의자들은 경제를 시장의 자율에 맡기면 기업과 개인이 선의의 경쟁을 하고, 이를 통하여 상품의 질도 향상된다고 주장하는데, 얼핏 신선해 보이고, 취지도 좋은 것 같습니다. 하지만 실제로는 경제 대국이나 대기업 등 자본력이 있는 강자에게는 매우 유리한 반면, 경제 후발국이나 기술력과 자본력이 약한 중소기업 등 약자에게는 매우 불리한 것이 바로 신자유주의 정책입니다. 약자는 도태되고 강자만 살아남게 되는 경제구조를 만들어 내고 공고화한다고 할 수 있습니다.

오늘날 한국을 보면, 마트도 큰 곳만 되고 작은 곳은 모두 문을 닫고, 기업도 대기업은 해마다 영업이익이 증가하지만 중소기업은 갈수록 어렵다고 합니다. 이것 또한 신자유주의 경제 질서의 단면입니다. 신자유주의 체제에서는 기술력을 갖추고 있는 강대국이나 대기업에 모든 자본과 인재들이 모여들게 되어 있습니다.

이는 대기업과 중소기업의 양극화, 빈부 격차, 소득 격차를 심화시켜 갖가지 문제를 일으킵니다. 얼마 전 OECD에서 한국은 IMF 이후 빈부 격차가 심해졌고, 특히 2000년대 이후 기업과 개인 모두 빈익빈 부익부의 양극화가 더욱 심화되었다는 보고서를 냈는데, 이것은 신자유주의 문제점이 수치로 드러난 사례라고 할 수 있습니다.

또한 미국, 영국 등 강대국이 주도하고 있는 신자유주의가 탄탄한 경제구조를 만들었는지 살펴보면 결코 그렇지 않습니다. 앞에서 한 아나운서님이 말씀한 바와 같이, 2008년 미국의 거대 은행인 리먼브라더스 파산 사태로 인해 전 세계적 금융위기가 발생하자 환율이 폭등해 우리 기업들의 도산도 줄을 이었습니다.

리먼 사태는 '부(富)의 창출 시스템'으로 숭앙했던 미국형 자유방임적 금융자본주의의 결함이 노출된 사건이라고 할 수 있습니다. 리먼 사태 이후 20세기 중반을 풍미했던 케인스주의 경제학이 다시 주목되고 있기도 합니다. 결국 금융과 경제에서 약육강식의 사회를 고착시키는 제도가 신자유주의라고 할 수 있습니다.

> 휴머니즘이 사라지고,
> 인격이 무시되는 삭막한 신자유주의 사회…
> 성장 제일주의 정책 대신
> 삶의 질을 높이는 정책을 펴야

　오늘날 우리 사회에서 휴머니즘을 찾기 어려워진 데는 무엇보다도 신자유주의의 영향이 큽니다. 휴머니즘은 나 자신을 비롯해 인간 존재 전체를 존중하는 태도라고 할 수 있습니다. 사람은 누구나 인격을 존중 받으면서 주체적으로 일할 수 있는 권리를 가져야 합니다. 그런데 신자유주의 경제체제 속에서 인간은 그저 생산을 위한 도구나 기계, 임금의 노예로 전락하고 있습니다. 세상은 무한경쟁의 싸움터처럼 되었고, 각박하고 삭막해졌습니다. 인간과 인간 사이의 유대, 연대를 찾기 힘들어졌지요. 더불어 사는 공동체가 점점 자취를 감추고, 이웃사촌이라는 말은 그야말로 고어(古語)가 되어 버렸습니다.
　인간을 기계화·도구화하는 신자유주의의 폐단을 극소화하기 위해서는 지나친 성장 제일주의, 경제 제일주의를 수정해서 사람들의 삶의 질을 높이는 데 힘쓰는 경제정책을 펴야 합니다. 경제적으로는 성장했는데 오히려 삶의 질이 떨어지고 행복하지 않다면 무슨 의미가 있겠습니까? 앞으로의 경제는 의료·생태·환경·여행·출판·관광·명상·교육·복지 등 삶의 질을 향상시키는 데서 신(新)성장 동력을 찾아야 할 것입니다.

한국은 우울증 1위, 자살률 1위

한상권 아나운서

우리나라는 OECD 국가 가운데 자살률 1위, 우울증 1위라는
불명예스러운 타이틀을 두 개나 가지고 있습니다. 그 밖에도
한국은 세계 최장 노동 시간, 빈부 격차 최상위권, 행복 지수
하위권, 노인 빈곤율 49.6% 등 좋지 못한 기록들은 모두 보유
하고 있습니다. 자살률이 높다는 것은 사회적으로 정말 큰 문
제라고 봅니다. 생활고를 비관하다가 일가족이 자살했다는 보
도를 접할 때마다 정말 가슴이 아픕니다. 이런 불행한 일을 방
지할 수 있는 방법, 자살률을 최소화할 수 있는 방법은 없겠
습니까?

월정사 주지 **정념 스님**

> 우울증·자살률 세계 1위인 우리나라
> 무한 경쟁 사회에서 극단으로 내몰린 사람들
> 정신적 스트레스와 불투명한 미래,
> 사회적 관계망의 붕괴로 자살 택하는 사람들…

한 아나운서님 말씀과 같이 우리나라는 OECD 국가 중 우울증도 1위이고, 자살률도 1위입니다. 2003년부터 2015년까지 13년 동안 줄곧 두 부문 모두 1위를 차지하고 있습니다. 끔찍한 일이지요. 자살률과 우울증은 모두 신자유주의 정책 이후 증가했습니다. 결국 삶이 힘들고, 미래가 불투명하고, 전망이 어둡기 때문에 삶을 포기하는 것 아니겠습니까?

특히 노인과 청소년들의 자살률이 높은데, 노인들은 고독과 경제적인 어려움 때문에, 청소년들은 학업 스트레스로 인한 자살이 많습니다. 그 밖에 실직(失職), 경제적 실패, 빈부 격차에서 오는 열등감, 장기 실업자들의 소외감, 절망감 등 무한 경쟁에 내몰린 사람들이 더 이상 삶의 무게를 견디지 못하고 자살이라는 극단적인 선택을 하는 것으로 보입니다.

생명은 살고자 하는 게 본능인데 왜 자살을 하겠습니까? 미래에 대한 희망이 없기 때문입니다. 당장 힘들어도 희망이 있으면 어려움을 감내하고 살아갈 수 있지만, 희망이 없다고 생각되면 자살을 택하게 되는 것입니다. 무엇보다 지나친 경쟁문화, 불공정하고 불공평한 법과 정책을 개선해야 합니다. 정책적으로 소외된 계층에 대한 정부 차원의 적극적인 대책도 있어야 합니다. 또 누구나 노력하면 잘 살 수 있다는 희망의 풍토가 조성되어야 할 것입니다.

오늘날 우리는 과학기술과 경제의 발전으로 인해 외적으로는 풍족하고 편리한 삶을 살고 있는 것처럼 보이지만, 경쟁의 심화와 그로 인한 스트레스로 인해 내적인 풍요를 얻기 힘든 사회를 살아가고 있습니다. 우울증과 자살률 1위라는 오명에서, 경제성장지수와 행복지수가 결코 비례하지 않다는 사실을 깊이 인식해야 할 것입니다.

금수저, 흙수저 등은
천민자본주의의 폐해 드러내
돈으로 인격을 평가하는 것은 무지의 산물
모든 사람은 평등하게 존중받아야…

요즘 '수저 계급론(階級論)'이라는 말이 있습니다. 이른바 부모의 재산에 따라 금수저를 갖고 태어난 사람 혹은 흙수저를 갖고 태어난 사람으로 계층을 나눠 부르는 신조어입니다. 개인의 노력보다 부모로부터 물려받은 재산으로 인간의 계급이 나뉘고 평생의 삶이 결정된다는 자조 섞인 이 말들 속에 천민자본주의적 폐해가 적나라하게 담겨 있습니다.

앞서 말했지만, 부처님이 생존해 계실 당시 인도 사회에는 사성계급 제도(카스트 제도)가 단단히 뿌리를 내리고 있었습니다. 이에 따르면 그 사회의 구성원들은 신성한 권위를 갖고 있는 성직자 계급인 브라흐만, 왕족 계급인 크샤트리아, 평민 계급인 바이샤, 노예 계급인 수드라, 그리고 '불가촉천민'이라는 최하위층까지 포함하면 크게 5종의 계급으로 나뉩니다. 그러나 부처님께서는 이런 고정된 계급을 부정하시며 사람의 귀천은 출생에 달려 있는 것이 아니고 인격과 품행, 지식과 수행에 따라 정해진다는 혁명적인 말씀을 하셨습니다.

> 존귀함은 태생적으로 결정되지 않아
> 품행과 인격을 갖추고,
> 남을 위해 선행(善行)하는 이가
> 진정 존귀한 사람

부처님께서는 "참으로 존귀한 사람은 태생에 의한 것도 아니고, 재산을 많이 소유한 사람도 아니다. 품행과 인격을 갖춘 반듯한 사람, 탐욕과 분노, 무지로부터 벗어난 사람, 그리고 수행을 완성한 사람이다."라고 하셨습니다. 이어서 "아만이 없는 사람, 보시와 희사, 자비를 실천하는 사람, 언행이 곧으며 남을 위해 선행(善行)을 하며, 분노와 탐욕이 없는 사람이 인격적인 사람"이라고 말씀하셨습니다.

부처님의 평등론은 인도의 브라만교(힌두교)와 기층사회로부터 크나큰 반발과 심한 비난을 받았습니다. 학자들은 부처님이 사성계급 제도를 부정한 것이 불교가 인도에서 사라지게 된 원인 가운데 하나라고 보았습니다.

　인도에는 지금도 여전히 사성계급 제도가 잔존하고 있습니다. 계급이 다른 사람과 결혼을 했다는 이유로 가족을 '명예 살인'하는 일까지 벌어지고 있다고 합니다. 부처님 당시 인도에서도 종종 있었던 일이니, 브라만교가 뿌리내려 놓은 사성계급 제도가 인도에 얼마나 큰 해악을 끼쳤는지, 또 불가촉천민도 제자로 받아들인 부처님의 절대 평등 정신이 당대에 얼마나 대단한 일이었는지 잘 알 수 있을 것입니다. 부처님께서 강조하신 절대 평등의 정신을 제대로 계승하여 실천할 때 천민자본주의의 폐해를 극복할 수 있으리라 봅니다.

젊은이들의 현실과 미래

— N포 세대, 헬조선 시대 —

한상권 아나운서

우리나라 젊은이들이 스스로를 '3포(연애/결혼/출산 포기) 세대', '5포(3포/집/인간관계 포기) 세대', '7포(5포/꿈/희망 포기) 세대'라고 칭하더니 급기야 요즘엔 'N포 세대'라고까지 말합니다. 'N포'란 '모든 것을 포기했다'는 뜻의 신조어입니다. 이 말에 담긴 의미가 굉장히 많은 것 같습니다. 이 말을 접할 때마다 저는 착잡하고, 미안한 마음이 듭니다. 어쩌다 우리의 미래인 젊은이들에게 모든 것을 포기하게 만들었는지…… 이에 대한 대안을 강구하지 않으면 정말 미래에 희망이 없을 것 같아 큰 걱정입니다. 그런데 이것은 비단 젊은이들만의 문제가 아닌 우리 사회 전체의 문제라는 생각이 듭니다.

한국사회와 불교
그 미래를 조망하다

월정사 주지 정념 스님

인생을 포기하는 것은
미래에 대한 비전이 없기 때문
심각한 취업난, 비정규직, 집값 상승,
높은 교육비, 육아 비용이 문제

젊은이들이 인생의 모든 것을 포기한 채 살아간다는 것은 정말 슬픈 일입니다. 우리나라는 OECD에 가입된 경제 선진국에 속합니다. 세계 경제 규모 13위~15위를 자랑하는 나라에서 많은 젊은이들이 'N포', 즉 모든 것을 포기하고 살아간다니 얼마나 큰 모순인지 모르겠습니다.

미래가 불투명하고 막막한 것은 젊은이들 모두의 문제이지만, 특히 서민층, 저소득층의 젊은이들에겐 넘어야 할 산이 너무나 많아서 더 힘들 것입니다. 얼마나 살아가기 힘들면 다 포기한다는 말이 유행처럼 번지게 되었겠습니까?

요즘 젊은이들은 어렵게 겨우 들어간 대학을 졸업하면 곧바로 심각한 취업난으로 인해 좌절을 맛보게 된다고 합니다. 양질의 일자리가 부족해 비정규직으로 일하는 경우가 많다 보니 결혼은 꿈도 꿀 수 없다는 것입니다. 신도님들의 자제분들 중에도 결혼하지 않은 싱글이 매우 많습니다. 그래서 물어보니 대부분 비싼 집값·양육비·교육비 등을 생각하면 답답하기만 하고, 차라리 혼자 사는 것이 마음

편하기 때문에 결혼을 하지 않는다고 하더군요.

열심히 스펙을 쌓으며 노력해도 현실의 벽 앞에서 좌절하게 되고, 허탈감으로 의욕을 상실한 채, 인생의 상당 부분을 포기하게 된다는 것이지요. 게다가 소득의 양극화, 특권층과 금수저층이 권력을 동원하여 좋은 직장을 선점하는 등 불공정 행위가 심한 데서 오는 절망감도 큰 원인이 되었다고 생각합니다. 문제는 N포 세대의 불행이 '가난의 대물림'이라는 말처럼 다음 세대로 이어질 가능성이 크다는 점, 열심히 살아도 N포를 면하기 어렵다는 부정적 인식이 확산되고 있는 데 있습니다.

젊은이들의 절망감은 우리나라의 미래를 암울하게 하는 단초가 되기 때문에 젊은이들이 새로운 희망을 찾을 수 있도록 제도적인 개선과 아울러 삶에 대한 인식을 바꿀 수 있도록 노력해야 할 것입니다. 최저생계비는 보장해야겠지만, 지금까지처럼 경제 일변도의 삶의 방식이 아닌 정신적 가치를 지향함으로써 물질이 다소 부족해도 행복하게 살아갈 수 있는 문화 풍토를 조성하는 등 다양한 대안을 마련해야 할 것입니다.

한상권 아나운서

'헬조선'이라는 신조어도 있습니다. 'Hell(지옥)'과 '조선'을 합한 말입니다. 2년 전(2016년) 1월 미국 워싱턴포스트지는 "한국 청년들은 자신의 나라를 '지옥'이라 부르고 탈출구를 찾는다"는 제목의 기사를 통해 한국의 '헬조선 현상'을 소개했습니다.

"한국은 '금수저'를 입에 물고 태어난 사람은 최고의 대학에 들어가 최고의 직장을 얻지만, '흙수저'를 물고 태어난 사람들은 저임금으로 장시간 노동을 하며 산다." 또 "이것은 봉건제도인 조선 왕조를 연상하게 한다."고 덧붙였습니다.

스님은 헬조선 현상을 어떻게 보십니까? 앞에서 말한 5포, N포도 절망적인 말인데, 살기가 지옥 같아서 자신이 태어난 고국을 떠나고 싶다[헬조선]는 것은 더 큰 문제인 것 같습니다.

월정사 주지 **정념 스님**

아무리 노력해도 벗어날 수 없는
지옥 같은 삶을 가리키는 말, '헬조선'
삶에 지쳐 자포자기한 젊은이들이 희망을 되찾을 때
우리나라의 미래가 밝아질 것

젊은 시절에는 희망을 가져야 하는데, 우리나라가 지옥 같아서 '헬조선'을 이야기한다니, 기성세대의 한 사람으로서 참으로 미안해집니다. 헬조선 현상에 대하여 워싱턴포스트지는 "극심한 노동 강도, 저소득, 불안정한 고용에 시달리면서도 이전 세대가 누린 고성장의 혜택은 전혀 받지 못한 청년층을 중심으로 '헬조선'이라는 자조 섞인 말이 유행한다."고 분석하고 있더군요.

또한 워싱턴포스트지의 보도를 정리하면, 한국사회에서는 금수저가 아닌 흙수저를 물고 태어난 젊은이들은 아무리 노력해도 시간

제 노동(알바), 비정규직에서 벗어날 수 없고, 게다가 고위층이나 정치권의 부조리, 탈법, 편법, 불공정 등으로 미래에 희망이 없다고 보고 있기 때문에 헬조선 현상이 나타났다고 보도한 것으로 기억하고 있습니다.

'헬조선 현상' 역시 신자유주의 경제체제와 관련이 깊습니다. 우리 사회에 신자유주의 경제체제가 자리 잡으면서 정규직과 비정규직의 노동구조는 새로운 신분 사회를 만들어 버렸습니다. 경제력에 의하여 계층이 나누어지는 이른바 계층 고착화 현상이 강화되었지요. 능력에 따라 개천에서 용이 날 수도 있어야 사회가 생동감이 있고, 새로운 희망을 불어 넣을 수 있는데, 사회의 시스템이 약육강식의 정글 법칙처럼 돌아가고 있으니 점점 더 절망적인 상황이 벌어지는 것입니다.

최근에 30대 젊은이들과 대화를 나눈 적이 있습니다. 엄살도 좀 있겠지만, 삶에 지쳐서 자포자기 상태인 것 같았습니다. '졸업이 곧 실업'일 정도로 고용 시장이 열악하고, 비정규직의 슬픔, 고물가, 팍팍한 현실, 저임금, 집값 폭등 등이 그들로 하여금 '지옥 같은 한국'을 만든 것이 아닐까 생각합니다.

실제로 신문 기사를 보니, 1년 미만 단기 일자리가 36% 가량 되고, 저임금 일자리가 26%에 달한다고 합니다. 아르바이트, 계약직, 비정규직은 퇴직금은커녕 의료보험, 국민연금 등 사회보험의 혜택을 거의 받지 못하고, 임금도 생계를 유지하기 힘들 정도로 적습니다. 이런 노동자가 전 국민의 3분의 1이나 된다고 합니다. 그러니 지옥 같은 삶에서 벗어나고 싶어 하는 이들이 늘어나게 되고, 사회가 불안정해지는 것이 당연하지요.

한국은 OECD 국가 가운데 노동시간이 가장 길다고 합니다. 보통 저녁 8시~9시까지 일하고 어떤 게임 업체는 새벽 2~3시까지 일하는 경우도 많다고 합니다. 그 업체는 저녁 10시가 조기 퇴근에 속한다고 하니 상상이 가지 않습니다.

제가 아는 신도의 딸은 방송제작 관련 기업에 근무하는데, 보통 밤 10시까지 일하고, 간혹 12시까지도 일한다고 합니다. 저녁 식사비는 나오지만 야근수당은 없다고 하더군요. 노동자의 권익은 생각하지 않고 기업의 이익만 도모하는 이러한 비도덕적인 기업 환경은 반드시 개선되어야 합니다.

앞으로 정부는 혁신적인 정책과 제도개선으로 젊은 세대에게 희망을 주어야 합니다. 적어도 공정한 기회만 주어져도 희망을 가질 수 있습니다. 그런데 지금 우리나라는 어떻습니까? 곳곳이 비리 투성이입니다. 얼마 전 국민은행 등 은행 다섯 곳의 특혜 채용 의혹이나 강원랜드 부정 특혜 채용(226명) 등에서도 잘 나타나지 않았습니까?

최근(2018년 3월 15일) 문재인 대통령은 강원랜드 부정합격자 226명에 대하여 전원 직권 면직 처리를 했는데, 매우 훌륭한 조처라고 생각합니다. 우리 사회의 문제점을 최대한 빨리 개선하기 위해서는 긴급한 사안은 대통령의 직권도 필요하다고 봅니다.

청와대에서는 기업의 노동시간을 주 68시간에서 주 52시간으로 줄이는 근로기준법을 개정해서 '저녁이 있는 삶'을 만들겠다고 했습니다. 우리나라가 OECD 회원국 가운데 최장 노동 시간을 가진 국가라는 오명을 쓰고 있는데, 이것도 벗겠다고 했습니다. 국회 환경노동위원회에서 근로기준법 개정안을 논의 중인 것으로 알고 있습니다. 매우 바람직한 일입니다. 이렇게 하나 둘씩 제도를 개선하고 문제점을 해결할 때 'N포 세대'니 '헬조선'이니 하는 말이 사어(死語)가 되고, 젊은이들이 희망을 되찾고, 나아가 우리나라의 미래가 밝아질 것입니다.

한상권 아나운서

신자유주의 경제체제의 문제도 있지만, 한편으로는 요즘 젊은이들이 부모님 세대보다 훨씬 더 풍요롭게 성장하면서 나약해졌다고나 할까요? 젊은이들 개개인의 삶의 태도가 달라져야 하는 점도 있을 것 같습니다.

월정사 주지 **정념 스님**

네, 그런 측면도 있지요. 다 그런 것은 아니지만 요즘 젊은이들을 보면, 성실성·열성·노력이 부족해 보이는 경우도 있습니다. 캥거루족이라 해서 나이가 들어서도 부모님한테 얹혀 사는 젊은이들도 많은 것 같습니다. 또 세상을 비난하고 한탄하면서 정작 자신은 아무 일도 하지 않고 살아가는 이들도 종종 보았습니다. 공자는 『논어』에서 "남이 나를 알아주기를 바라지 말고, 알아줄 만한 것을 갖추어야 한다[不患莫己知 求爲可知也]."고 말했습니다. 또한 선어록(禪語

錄)의 최고봉으로 알려진 『벽암록』에서는 "묻는 그곳에 답이 있고, 답은 물음 속에 있다[問在答處 答在問處]."고 했습니다. 그와 같이 문제를 자기 자신에게서 찾는 사람은 향상할 수 있지만, 타인이나 바깥에서 찾는 사람은 향상하기 힘듭니다. 자신의 내부에서 문제를 찾는 사람은 그것을 개선하기 위해 노력하지만, 바깥이나 타인에게서 문제를 찾는 사람은 남탓만 하고 노력하지 않기 때문입니다.

하지만 이러한 오늘날 젊은이들이 갖게 된 좌절의 원인을 비단 개인에게만 돌릴 수는 없습니다. 신자유주의라는 경제체제가 더 큰 원인이 되고 있기 때문입니다.

몇 년 전 JTBC 뉴스를 보다가 무릎을 치면서 탄식한 일이 있었습니다. 요즘 청소년들이 가장 원하는 장래 희망이 '건물주'라는 기사의 내용 때문이었습니다. '조물주 위에 건물주'라는 말이 있을 정도로 요즘 우리나라 청년들에게 건물주는 선망의 대상입니다. 이는 지금 우리의 힘든 현실을 반영하는 것이겠지요. 무한한 가능성에 도전해야 할 젊은이들이 임대료 수익으로 편하게 먹고 살기를 꿈꾸는 현실이 참으로 안타까웠습니다. 얼마나 먹고 살기 힘들면 그런 꿈을 꾸겠습니까?

또 얼마 전 엘리베이터를 탔는데, 30대 중반쯤으로 보이는 여성이 타고 있었습니다. 엘리베이터가 좁다 보니 그 여성이 친구와 통화하는 내용을 본의 아니게 듣게 되었습니다. 그녀는 "요즘은 정말 10만원이 아쉽다. 아끼고 아껴도 늘 생활비가 모자라. 10만원 벌기가 너무 힘들어."라고 했습니다. 저는 이 말을 들으면서 참으로 마음이 아팠습니다. 그동안 수행을 하고 중생구제를 한답시고 여러 가지 활동을 열심히 하긴 했는데, 종교인으로서 저의 한계를 절감하고 제 자신을 돌아보는 계기가 되었습니다. 평소에 돈이 있으면 가장 살기 좋은 나라가 한국이라는 말을 들을 때마다 무척 부끄러워지더군요. 마치 직무유기 같은, 종교인으로서의 직분을 제대로 하지 못해 세상이 더 혼탁해지고 어려워진 것 같은 느낌이 들어서 부끄러웠던 겁니다.

> 어디를 가든 주체적 삶을 산다면
> 바로 지금 그 자리가 참된 진리의 세계
> 개인은 수처작주 입처개진의 삶을 살아가고
> 국가는 공정한 시스템과 사회안전망을 구축해야

앞에서도 이야기했듯, 중국의 임제 선사는 '수처작주(隨處作主) 입처개진(立處皆眞)'이라고 하여, 어디를 가든 주체적 삶을 산다면 바로 지금 그 자리가 참된 진리의 세계가 된다고 했습니다. 오늘날과 같은 물질 만능의 사회에서 인간 중심의 사회로 구조를 바꿀 수 있도록 노력하면서 동시에 능동적으로 주체적인 삶을 살아갈 수 있도록 노력해야 합니다. 항상 긍정적인 사고를 가지고 적극적으로 현실에 대처하되, 너무 조급하게 결과를 바라지도 말고, 시간을 낭비하지도 않는다면 성공 여부와 관계없이 가치 있는 삶을 살 수 있습니다. 사회 구조가 개선되는 것만을 기다려서는 아무 것도 이룰 수 없습니다.

위대한 삶은 취향 혹은 기호에 따르는 소비자의 삶이 아니라, 주체적으로 창조할 줄 아는 생산자의 삶임을 인식해야 합니다. 그것이야말로 바로 '수처작주 입처개진'의 가르침에 입각한 삶이라고 할 수 있습니다.

예전에 비하면 지금 우리나라는 세간이나 출세간이나 물질적으로 풍요로워졌습니다. 절대적 빈곤에서는 벗어났지만 상대적 빈곤감이 예전과는 비교할 수 없을 정도로 커진 데서 문제가 더욱더 불거지는 것입니다. 신자유주의 체제 속에서 양극화가 심화되는 불평등한 사회구조, 무한경쟁의 스트레스 속에서 젊은이들의 분노지수가 높아지고 패배의식이 개개인의 삶뿐만 아니라 우리 사회 전반을 피폐하게 만듭니다.

따라서 공정한 사회를 만들고, 사회안전망을 구축하는 게 선행되어야 한다고 봅니다. 더 나아가 삶의 가치관을 새롭게 정립하는 것도 중요하다는 생각이 듭니다. 물질만능의 삶을 부끄러워하고, 소욕지족의 삶을 중시하는 사람들이 늘어날 때 우리 사는 사회가 좀 더 평화롭고 아름다워지지 않을까요? 한 사람 한 사람이 다른 사람을 배려하고 나와 남이 둘이 아니라는 불교의 연기적 세계관을 인식하고, 모든 사람들이 편안하고 행복하기를 발원한다면 좀 더 나아질 수 있다는 생각에 저도 조석으로 발원하고 있습니다.

다원사회 시민운동의 시작, 경청(傾聽)

한상권 아나운서

스님은 '함께하는 경청(傾聽)' 출범식 인사말에서 "함께하는 경청은 우리 사회의 병리현상을 치유하는 시민운동의 시작"이라고 말씀하셨습니다. '다른 사람의 말을 귀담아 듣고 그 의견을 존중한다'는 것은 곧 상대방을 존중하는 것으로, 매우 바람직한 시민운동이라고 봅니다. 이런 운동을 하게 되신 계기가 있으신지요?

월정사 주지 **정념 스님**

> 경청 운동은 우리 사회의 병리현상을 치유하고
> 평화로운 세상을 만들기 위한 것
> 우월감과 아만을 버리고
> 상대를 존중하는 문화 만들어야…

　우리 사회의 병리현상을 치유하고 평화로운 세상을 만들기 위해서는 먼저 상대방의 말을 경청해야 한다는 생각에서 '함께하는 경청' 운동에 참여하게 된 것입니다.

　불교교단을 '승가(僧伽)'라고 합니다. 승가는 '화합된 단체[和合衆]'를 뜻하는데, 화합을 이루는 전제조건이 상대방을 존중하는 것입니다. 그러기 위해서는 내가 남보다 낫다는 생각, 즉 아만을 버려야 합니다. 우월감과 아만은 독단적인 사고방식과 행동을 불러오고 결국 불화와 반목을 가져옵니다.

　"목소리 큰 사람이 이긴다."라는 말이 있는데, 목소리가 크다는 것은 곧 자기주장이 강하다는 것입니다. 강한 자기주장은 곧 '자신의 생각이 옳다'는 생각, '지나친 에고(ego)'에서 비롯된 것입니다. 자기주장이 강한 사람은 대부분 배타적이고 고집이 세며, 남을 배려하는 마음이 부족합니다. 그래서 소모적인 갈등과 다툼을 불러일으키는 경우가 많습니다. 이해관계에 얽힌 이기심에서 생긴 대립과 마찰은 결국 우리 사회 구성원 전체의 삶의 질을 떨어뜨립니다.

공자는 『논어』 「위정편」에서 이렇게 회고했습니다.

"나는 나이 열다섯에 학문에 뜻을 두었고, 서른 살에 뜻이 확고하게 섰으며, 마흔에는 미혹되지 않았고, 쉰에는 하늘의 명을 깨달아 알게 됐으며, 예순에는 남의 말을 듣기만 해도 곧 이치를 깨달아 이해하게 됐고, 일흔이 되어서는 무엇이든 하고 싶은 대로 해도 법도에 어긋나지 않았다."

공자는 예순의 나이를 '이순(耳順)'이라고 표현했습니다. 이순을 글자 그대로 풀이하면 '귀가 순해졌다'는 뜻인데, 이는 이치를 깨닫고 이해하게 되어 귀에 거슬리는 것이 없어진 상태를 의미합니다. 이런 이순과 가장 잘 어울리는 말이 경청이라 할 수 있습니다. '남의 말을 귀 기울여 주의 깊게 듣는다'는 뜻의 경청을 통해 귀가 순해지는 경지가 되어야 비로소 인격적으로 성숙해졌다고 할 수 있을 것입니다.

남의 의견을 경청하지 않고 존중하지 않으면 개인이든 기업이든 발전할 수 없습니다. 자기가 알고 있는 지식이나 생각은 협소하고, 한계가 있고, 부정확할 수도 있기 때문에 언제나 겸허한 태도로 다른 사람의 말을 경청해야 하는 것이지요.

역사상 문명이 가장 화려하게 꽃피었던 시기와 지역을 생각해 보십시오. 서로 다른 문명이 적극적으로 교류할 때 문명은 급속도로 발전했습니다. 흔히 서구문화의 두 기둥으로 '그리스 로마 문화'와 '히브리 문화'를 거론하는데, 이 두 문화 역시 서로 다른 두 문화가 만나서 새로운 문화를 탄생시켰고, 그럼으로써 서구문화가 꽃필 수 있었습니다.

'불교문화의 꽃'이라 불리는 간다라 문화 역시 서양의 헬레니즘과 인도의 동양문화가 융합되어 발전한 것입니다. 문명의 교류가 있어

야 발전하듯이 우리의 정신세계도 서로 대화하고 생각을 나누어야 발전합니다. 경청이야말로 한 사람의 인생뿐만 아니라 문명을 변화시킬 수 있는 중요한 덕목입니다.

> 다원사회의 소중한 덕목, 경청
> 타인의 의견을 존중하고 수용할 때
> 성공과 발전의 에너지가 축적되고
> 독단적 사고에서 벗어날 수 있어

특히 오늘날과 같은 다원사회에서는 경청만큼 소중한 덕목도 없습니다. '경청'을 통해 타인의 의견을 받아들이고 존중할 때 성공과 발전의 에너지가 축적됩니다. 경청은 온몸으로 타인을 인정한다는 것을 보여 줍니다. 타인을 인정하지 않으면 자기 자신도 타인에게 인정받을 수 없습니다.

한국 리서치 조사에 의하면, '다른 사람이 내 이야기를 경청한다'고 생각하는 사람은 7%밖에 안 된다고 합니다. 즉 93%는 타인의 이야기를 경청하지 않는다는 말인데, 이것은 자신의 이야기를 들어주는 사람이 없어서 괴로워하면서도 결국은 자신의 이야기만 하고 있다는 뜻이기도 합니다. 달리 말하면 다른 사람을 존중하는 것보다 자기애에 빠진 독단적인 사람들이 그만큼 많다는 것이지요. 독단적인 사고방식과 행동은 인간관계를 악화시키고 더 나아가서는 그 스스로를 고독하게 만드는 요인이 됩니다. 타인의 마음을 열고 인간관계를 좋게 하려면 먼저 상대방의 말을 경청하면 됩니다.

대승불교의 정수를 담아 놓은 『법화경』에는 '상불경보살(常不輕菩薩)'
이라는 분이 나옵니다. '항상 타인을 가볍게 여기지 않는다.'는 뜻으
로, 바꾸어 말하면 항상 타인을 존중한다는 의미입니다. 이런 의미를
가진 이름만 봐도 상불경보살의 뜻이 어디에 있는지 알 수 있습니다.

타인은 나와는 다릅니다. 타인에게 나보다 좋은 점이 있고, 배울
것이 있다는 점을 인정하고 존중해야 합니다. 타인을 존중하지 않고
서로가 서로를 헐뜯고 반목한다면 험악하고 각박한 사회가 될 것입
니다. 또한 그 어떤 사안을 가지고 논의할지라도 '합의'가 쉽지 않고
'화해'가 쉽지 않아 끊임없는 불협화음으로 큰 혼란에 빠질 것입니다.
우리 사회가 화합하고 소통할 수 있는 분위기를 만들기 위해서는 경
청을 통해 서로를 이해하고 배려하는 문화가 뿌리 내려야 합니다.

> 원효 스님의 화쟁(和諍) 사상은
> 화합과 상생(相生)의 가르침
> 매사 역지사지의 마음으로
> 자신의 생각과 주장만 옳다는 생각을 버려야…

신라의 원효 스님은 '화쟁(和諍)'을 주창했는데(화쟁사상), 화쟁의 논
리는 '개시개비(皆是皆非)'입니다. '모두 옳고 모두 그르다'라는 뜻인데,
다시 해석하면 '나에게 옳은 점이 있다면 타인에게도 옳은 점이 있
고(皆是), 타인에게 그른 점이 있다면 나에게도 그른 점이 있다(皆非)'
는 것입니다. 자신의 생각이나 주장이 절대적으로 옳다는 생각은
맞지 않으니 매사 역지사지(易地思之)할 수 있어야 한다는 것입니다.

원효 스님의 화쟁사상은 「원효의 화쟁(和諍) 사상을 통해 바라본 종교 간 대화」라는 제목의 논문에서도 엿볼 수 있듯, 오늘날과 같은 종교·인종·문화 다원주의 사회에서 화해와 조화의 새로운 지평을 열어 줄 수 있습니다. 갈등과 반목을 그치고, 온 인류의 염원인 화합과 상생(相生)으로 평화로운 세상을 구현시킬 수 있는 사상으로 떠오르고 있습니다.

또한 상생을 위해서는 다른 사람의 이야기를 잘 듣는 경청을 배워야 하는데, 먼저 허심(虛心)하게 들어야 합니다. 자기를 텅 비우고 들어야 한다는 것입니다. 자기 식으로 자기가 듣고 싶은 것만 들으면 안 된다는 말입니다. 자기를 비우고 무아의 입장에서 들을 때 제대로 경청할 수 있지요.

월정사 강당 건물 현판에 '설청구민(說聽俱泯)'이라는 말이 있습니다. 탄허 큰스님께서 쓰셨는데, "말하는 자나, 듣는 자나 모두 함께 없다." 즉, '무심(無心)의 빈 마음으로 돌아간다.'는 뜻입니다. 이렇게 되어야 비로소 참다운 경청이라고 할 수 있지요.

겉으로는 나와 남이 떨어져 있지만, 우리는 모두 인드라망[1]과 같이 중첩되어 뗄 수 없는 관계로 연결되어 있습니다. 우리 모두 '네가 있으므로 내가 있고 내가 있으므로 네가 있다'는 상의상존의 연기적 존재임을 인식할 때, 나와 남을 구별하는 어리석은 마음을 걷어내고 시비(是非) 다툼을 그칠 수 있을 것입니다.

---

1   제석천의 궁전을 장엄하고 있는 보배그물. 그 낱낱의 그물코마다 보배구슬을 달았고, 그 보배구슬의 한 개 한 개마다 각각 낱낱 보배구슬의 영상을 나타내어 거듭거듭 다함없이 일체 보배구슬이 나타남

이상사회의 실현

한상권 아나운서

인간을 행복하게 해 주는 세계에 대한 꿈은 어느 시대에나 있
었던 것 같습니다. 최근 중국의 유학자 강유위(康有爲)의 사상
을 담은 『대동서(大同書)』를 읽었는데, 놀랍고 엉뚱한 이야기도
있지만, 국가와 인종, 계급 등의 구분이 사라진 대동 세계의
이상을 실현시키고자 했던 그의 주장을 인상적으로 읽었습니
다. 또 토마스 모어의 『유토피아』라는 책도 있습니다. 토마스 모
어는 신분제가 폐지된 사회, 종교의 다양성을 인정하고, 합리
적 제도가 다스리는 유토피아를 그려내고 있습니다. 이런 유
토피아에 대한 이상과 실현은 책에서만 가능한 것인지도 모르
겠습니다. 스님, 현실세계에서 이런 유토피아를 건설하는 것이
가능할까요?

> 유토피아에 대한 갈망은
> 고달픈 현실의 삶 반영한 것
> 부정부패, 부조리, 빈부격차가 없는
> 이상적 사회 만들기 위해 노력해야…

동서양을 막론하고 인류는 오랫동안 유토피아를 꿈꿔 왔습니다. 고대 페르시아의 파라다이스(Paradise), 그리스의 아르카디아(Arcadia), 성경의 에덴동산, 도가(道家)의 무릉도원, 불교의 정토(미륵정토, 극락정토) 등은 모두 유토피아를 향한 염원의 소산입니다.

인간이 유토피아를 바라는 것은 현실의 삶이 매우 고달프기 때문이라고 할 수 있습니다. 현실에서 이뤄지기 힘든 것이기에 더욱더 갈구했는지도 모릅니다.

유토피아에 대한 희망은 현실에서 실험 정치로 나타나기도 했습니다. 조선시대 조광조의 개혁이나 마르크스와 엥겔스의 공산주의도 따지고 보면 유토피아, 곧 이상사회를 실현하려는 시도였다고 할 수 있습니다. 오늘날 서구 유럽에서 복지국가를 만들고자 하는 것도 유토피아적 관점이라고 할 수 있습니다.

강유위는 불교의 차별 없는 자비정신에 영향을 받아서 이상사회를 만들어 보고자 했던 것입니다. 그 외에도 많은 이들이 유토피아를 꿈꾸어 왔지만, 아직 현실에서 유토피아가 건설된 적은 없는 것 같습니다. 유토피아를 만들기 위해서는 우선 평등이 전제 조건이 되어야 합니다. 부정부패와 부조리가 없어야 하고, 빈부격차가 없어야 합니다. 욕망과 욕망이 부딪히는 물질의 세계에서 이런 유토피아를 구현하기는 쉽지 않을 것입니다.

그런데 『화엄경』에서는 '일체유심조(一切唯心造)'라고 하여, '모든 것은 마음이 만드는 것' 또는 '모든 것은 마음먹기에 달려 있다'고 했습니다. 마음먹기에 따라 고(苦)가 낙이 될 수도 있고, 낙이 고(苦)가 될 수도 있습니다. 각자의 욕망을 제어하고 더불어 사는 삶, 평등한 삶을 꿈꾸는 사람이 많아지면, 그 마음이 모여 지금과는 다른 어떤 현실세계를 만들어 낼 수도 있겠지요. 이와 함께 다양한 제도적 장치들을 마련하고 적극적으로 실시해야 할 것입니다. 평등한 정책, 구체적인 복지 정책을 만들어서 실시하고, 서로 존중하고 도우며 살아가는 사회 분위기를 조성한다면 완벽한 의미의 유토피아는 아니더라도 행복한 복지국가를 구현할 수 있지 않을까 싶습니다.

한상권 아나운서

행복한 복지국가를 함께 만들어 나가기 위해 함께 마음을 모으고 노력해야 할 때인 것 같습니다. 그렇게 할 때 유토피아의 꿈이 실현될 수도 있다는 말씀이신 것 같습니다. 좀 전에 일체유심조 즉, 모든 것은 마음에 달려 있다고 하셨는데, 그렇다면 이상사회, 유토피아도 마음에 달려 있다는 말씀이시겠죠?

과도한 욕망이 고통의 원인
사치·낭비·과소비를 줄이고
분수에 맞게 소욕지족하면
'마음의 유토피아'를 이룰 수 있어

불교에서는 우리가 살아가고 있는 이 세계를 '사바세계(娑婆世界)'라고 합니다. 사바세계는 고통을 참고 견딘다는 뜻을 가진 곳으로 고(苦)와 낙(樂)이 공존하고 있는 세계입니다. 좋은 일과 나쁜 일, 즐거운 일과 괴로운 일이 함께 있지만, 낙(樂)보다는 고(苦)가 훨씬 더 많아 고해(苦海), 괴로움의 바다라고도 합니다.

생로병사는 생명 있는 것은 누구나 다 맞이해야 하는 근본적인 고통입니다. 육체적인 고통은 질병 등에서 생기고 정신적인 고통은 욕망 등에서 생깁니다. 또 경제적인 고통도 있습니다.

경제적으로 고통 받는 사람들 중에 최저생계비도 벌지 못해 고통 받는 사람이 있는가 하면 수입이 많은데도 늘 돈 때문에 괴로워하는 사람들도 많습니다. 수입이 많으면 고통이 없어야 하는데 걱정이 더 많은 것은 결국 과도한 욕망 때문입니다. 그러므로 소욕지족(少慾知足) 한다면 행복할 수 있지만, 욕망이 지나치면 괴로움을 겪을 수밖에 없습니다.

어떤 이는 입버릇처럼 "나는 운이 없는 사람이야."라고 말하곤 합니다. 그는 늘 자신이 불행하다고 하소연합니다. 그런데 그와 거의 비슷한 환경에 놓여 있는 또 다른 사람은 늘 "다행이야. 나는 복이 많아. ~덕분에 고마워."라고 말하면서 늘 생글생글 미소를 짓고 다닙니다. '생각의 차이', '마음의 차이'로 이렇게 다른 모습을 볼 수 있는 것입니다.

날이면 날마다 주위 사람들과 세상을 원망하고 자신의 불우를 한탄하는 사람들은 마음속에 불만과 분노, 증오심도 커서 늘 고통스럽게 삽니다. 마음만 고쳐먹어도 상당 부분 달라질 텐데, 참으로 안타까운 일입니다.

우리가 하는 96%의 걱정은 쓸데없는 것
걱정도 습관에 불과해
지나친 걱정은 인생을 슬프게 해
웃음으로 번뇌를 격퇴해야

많은 사람들이 쓸데없는 걱정 속에서 하루하루를 살아갑니다. 심리학자 어니 젤린스키는 사람들이 인생의 96%를 쓸데없는 걱정을 하며 산다고 분석했습니다. 그는 우리가 지금하고 있는 근심 걱정 가운데 40%는 절대 현실에서 일어나지 않을 걱정이고, 30%는 이미 지나간 일에 대한 걱정(후회 등 과거사 회상)을 하고 있고, 22%는 너무 사소해서 하지 않아도 될 걱정이고, 그리고 걱정의 4%는 천재지변 등에 의한 것으로서 우리의 힘으로는 불가항력적인 것이라고 합니다. 결국 걱정하는 바의 4%만 우리 자신이 해결할 수 있다는 것입니다. 즉 우리가 실제로 해야 할 걱정은 4%에 불과하다는 것이지요.

어니 젤린스키의 분석과 같이 우리는 쓸데없는 걱정을 많이 합니다.

그러다 보면 삶이 온통 '걱정 투성이'가 되어 버립니다. 걱정하는 것도 습관인 것 같습니다. 어떤 사람은 만날 때마다 하늘이 무너질 듯이, 금방 무슨 일이라도 벌어질 듯이 한숨을 폭폭 쉬면서 걱정을 합니다. 이렇게 부정적인 사고를 가지고 걱정을 많이 하는 사람은 '날마다 우울한 날'입니다. 불필요한 걱정, 습관성 걱정은 빨리 버려야 합니다. 부정적인 마인드를 긍정적인 마인드로 바꾸어야 행복할 수 있습니다. '날마다 우울한 날'에서 '날마다 좋은 날'로 바꾸어 가야 합니다.

저도 월정사 주지를 맡고 있어서 이것저것 생각해야 할 일, 걱정해야 할 일이 적지 않습니다. 그러나 걱정해도 해결되지 않을 일들은 애초에 생각하지 않습니다. "걱정을 해서 걱정이 없어지면 걱정이 없겠네."라는 티베트 속담을 마음속 깊이 각인시켜 놓으면 근심 걱정에서 조금은 벗어날 수 있을 것입니다.

인간이 느끼는 정신적 고통의 상당 부분은 자신의 마음가짐에서 비롯되는 것입니다. 그러므로 사회의 불합리한 시스템을 개선하는 데 힘쓰는 동시에 자신의 마음도 잘 다스리도록 노력해야 합니다. 마음이 우울하면 일상이 우울합니다. 우울하면 더욱더 부정적 시각을 갖게 되고, 부정적인 시각은 부정적 에너지를 가져와 하는 일마다 잘 안 됩니다.

그와 반대로 마음을 밝게 가지면 하는 일도 밝아집니다. 설령 일이 잘 안 풀린다 해도 밝은 에너지를 갖고 대하면 금세 좋아집니다. 밝아집니다. 어둠이 어둠을 끌어당기고 밝음이 밝음을 끌어당기는 것은 자연의 이치입니다. 밝은 마음, 번민과 괴로움이 없는 마음의 평온, 그것이 곧 '마음의 유토피아' 아니겠습니까?

남북문제와 그 해법

한상권 아나운서

우리나라는 지구상에서 유일한 분단국가입니다. 남북으로 갈라진 지 벌써 70년이나 되다 보니 분단이 우리 사회에 미치는 영향도 적지 않습니다. 분단이 고착화됨에 따라 남북 간에 정서적인 괴리감도 커질 대로 커졌습니다.

또 그동안 '종북(從北)'이니 '좌파(左派)'니 하는 용어에서 볼 수 있듯, 보수정권에서 남북 관계를 정치적으로 악용하는 경우도 많았습니다. 그런데 요즈음 남북정상회담 이후 조만간 통일이 이루어질 것처럼 급물살을 타고 있습니다. 남북관계는 어떻게 전개되어야 바람직하겠습니까?

월정사 주지 **정념 스님**

> 남북 분단은 이분법적·대립적 세계관을 양산하고
> 상대방을 인정하지 않는 풍토 만들어
> 사회 전반에 악영향을 끼쳐
> 남북통일로 평화 체제 구축해야…

2차 세계대전 이후 분단되었다가 아직까지 통일되지 않은 나라는 우리나라가 유일합니다. 분단으로 인해 남북한 모두 정치·경제·국방 등 여러 분야에서 적지 않은 리스크를 감수하고 있습니다.

남북 분단이 한국사회에 끼치는 가장 큰 악영향은 이분법적·대립적인 세계관을 양산한다는 점입니다. 서로 인정하지 않고 원색적으로 비난해 온 남과 북의 분단 역사로 인해 우리 사회에 상대방을 인정하지 않는 좋지 못한 풍토가 고질병처럼 생겨났습니다. 독선적이고 배타적인 사고가 팽배하게 된 것도 분단의 산물이라고 할 수 있습니다. 서로를 불신하는 사회, 대화와 합의가 잘 이뤄지지 않는 사회, 어쩌다 합의가 이뤄져도 그 약속을 잘 이행하지 않는 것도 남북 분단의 영향이라고 생각합니다. 경제에 미치는 영향도 아주 크지요. 우리나라 경제가 불안한 까닭도 분단으로 인한 지정학적 리스크 때문입니다.

최근 몇 년 사이에도 한반도를 둘러싼 강대국들의 이해관계가 첨예하게 대립했습니다. 미국과 중국, 그리고 일본과 중국은 남중국

해를 둘러싸고 신경전을 벌이고 있습니다. 남북한 문제에 대해서도 드러내지는 않지만 입장이 다릅니다. 이와 같이 우리나라는 늘 강대국의 이해관계에 얽혀서 이러지도 저러지도 못하는 실정인데, 남북이 하나가 된다면 이런 어려움은 없을 것입니다.

요즘은 남북한 문제가 긍정적으로 전개되고 있어서 다행입니다만, 만일 남북한 관계가 악화되어서 외국 투자들이 셀 코리아를 할 경우 우리 경제는 어려운 국면에 부딪히게 됩니다. 주식이 폭락하고, 달러화가 폭등하는 등 또다시 IMF 위기 때와 비슷한 상황을 맞을 수도 있습니다.

남북한이 하루 속히 통일되어야 한다는 데는 모두 이의가 없을 것입니다. 단기간에 통일은 어렵더라도 경제협력과 관광교류 등 평화체제가 구축되어야 합니다. 그렇게만 되어도 남북한이 비약적인 경제발전을 이룩할 수 있을 겁니다. 국방비로 쓰는 예산을 경제나 복지 분야에 사용한다면 행복한 나라를 만들 수도 있고 국가 경쟁력이 월등히 높아질 수 있겠지요.

평화 통일은 불변의 원칙
남북이 서로의 체제를 인정하고
비정치적 분야의 교류를 통해
서로를 인정하고 신뢰를 쌓는 것이 최선의 방법

남북통일은 당연히 해야 하는 것이지만 체제와 이념, 정치현실이 다르고 강대국들의 이해가 엇갈려서 실현되기까지는 많은 시간이 필요할 것입니다. 정치적인 통일 논의보다는 먼저 비정치적인 분야인 경제와 문화, 종교 분야에서 적극적으로 교류하면서 신뢰를 쌓는 것이 무엇보다도 중요합니다.

휴전협정 이후 통일문제를 다루기 위해 남북한이 7·4남북공동성명, 6·15남북공동선언 등 수없이 많은 회담을 가졌습니다. 또한 북핵 문제를 해결하기 위해서 한반도의 이해 당사자인 남한, 북한, 미국, 일본, 중국, 러시아 등 6개 국가가 모여서 6자회담을 갖기도 했습니다. 그러나 늘 제자리걸음이었습니다.

통일을 위해서는 양쪽 모두 평화적인 상태에서 자신들의 기득권을 내려놓아야 하고, 상대방의 체제를 인정해야 합니다. 부정하면 대화가 불가능하기 때문입니다.

북한과 같은 세습독재체제에서는 외부와 차단된 상태에서 독자적인 국가를 형성하려고 합니다. 최근 북한이 미국을 상대로 초지일관 체제 보장에 대한 확답을 요구하는 것도 그와 같은 선상일 것입니다.

평화란 대화가 기본입니다. 최근 남북 정상(문재인 대통령, 김정은 위원장)이 판문점에서 평화회담을 가졌고 또 싱가포르에서 북미 정상회담도 열렸습니다. 과거와는 다른 새로운 양상이라서 매우 기대가 큽니다. 종전을 선언하고 평화체제로 갈 가능성이 높습니다. 그렇게 된다면 남북 모두 비약적인 발전을 할 수 있을 것으로 봅니다.

지난 겨울 평창동계올림픽에서 여자 아이스하키는 남북 단일팀을 구성, 25일 동안 합숙 훈련을 하고 출전했습니다. 비록 성적은 저조했지만, 폐막식 후 헤어질 때 서로 부둥켜안고 눈물을 흘리며정(情)을 나누는 모습에서 통일의 가능성을 발견할 수 있었습니다.

신뢰가 형성되지 않으면 통일 논의는 사실상 무의미하다고 할 수 있습니다. 아무리 좋은 통일 방안이라도 신뢰가 바탕이 되지 않으면 통일은 머나먼 얘기가 될 수밖에 없습니다.

사실 독일의 통일 역시 누구도 예측하지 못한 것이었습니다. 처음부터 구체적인 방안을 가지고 통일을 논의한 것이 아니었다고 해요. 1989년 11월 동독이 국경을 조금씩 개방하기 시작하였는데, 동독 국민이 대거 서독으로 탈출하자 결국 베를린 장벽이 무너진 것입니다. 서독이 유럽의 맹주 자리에 있었으며, 미국이나 러시아가 독일 통일 문제에 개입할 수 없었던 점도 작용했다고 할 수 있지요. 하지만 지정학적으로 우리나라는 강대국의 이해관계가 얽혀 있는 위치에 있기 때문에 쉬운 문제가 아닙니다. 독일과는 상황이 다릅니다. 그렇기 때문에 더더욱 신뢰를 형성하면서 조심스럽게 다가가야 한다고 봅니다.

한상권 아나운서

통일을 하기 위해서는 그 어떤 방법이든 우리나라(남한)의 경제적인 부담이 클 수밖에 없는데요. 이 문제는 어떻게 하는 것이 좋을까요? 한쪽에서는 '지금 남한은 풍요로운 편인데, 통일을 하게 된다면 경제적으로 어려워지는 것이 아닌가. 그것은 싫다.'고 생각하는 사람들도 많은 것 같습니다.

> 일본은 한국을 강점했던 나라,
> 구소련과 미국은 양극체제를 구축하기 위해
> 남북을 분단시킨 책임이 있으니
> 통일비용은 일본, 러시아, 미국이 분담해야

　남북정상회담과 북미회담이 이루어진 올해 정국을 보면 북미 간 핵문제가 긍정적으로 해결될 가능성이 높습니다.

　그런데 한편에선 북한의 비핵화에 대한 대가로 지불해야 할 천문학적인 비용을 누가 낼 것인지에 대해 논란이 많습니다. 미국의 유력한 경제전문지에 의하면 그 비용을 약 2조 달러(독일 통일 비용은 1조 2천억 달러), 우리나라 돈으로 약 2,100조 원으로 추산했습니다. 우리나라 한 해 예산이 400조원인 것을 감안하면 5년 예산에 육박하는 어마어마한 비용을 "한국, 미국, 중국과 일본 등이 짊어질 가능성이 높다."고 보도했습니다. 그런데 트럼프 대통령은 한국, 중국, 일본이 낼 것이라고 밝히면서 미국은 민간 투자 유치를 언급했습니다.

　하지만 통일 비용은 일본과 러시아(구소련), 미국이 분담해야 한다고 생각합니다. 독일의 경우는 제2차 세계대전을 일으킨 국가이니 분단의 책임이 자신들에게 있습니다. 그러나 우리나라는 일본의 침탈로 인한 강제 합병과 해방, 그리고 미소(美蘇) 강대국의 이해관계, 구소련과 미국이 양극체제를 구축하기 위해서 남북을 분단시키고 고착화한 책임이 있기 때문입니다.

최근 남북정상회담, 북미정상회담 등 급변하는 한반도 상황을 매우 고무적으로 지켜보고 있습니다.

미국과 북한을 놓고 본다면 북한은 약자입니다. 약자는 강자가 체제를 보장해 주지 않는다면 성문(城門)을 열 수가 없습니다. 북한이 개방할 수 있는 여건을 만들어 주어야 합니다. 상대방 체제를 100% 국가로 인정하고, 남북이 종전을 선언하고, 군비를 축소하고, 경제·문화예술·체육 등 비정치적인 분야에서 교류하고 협력하다 보면 자연스레 통일의 여건이 형성될 것입니다. 통일문제는 그때 논의하는 것이 더 효과적이라고 생각합니다.

제3장

명상·마음·힐링을
이야기하다

마음과 힐링, 삶과 힐링

한상권 아나운서

힐링(Healing)이 단기간에 새로운 패러다임으로 정착했습니다. 이제 '힐링'은 개인적인 심신(心身)의 치유를 넘어 우리 사회의 문제점을 치유하는 문화가 되었습니다. 그만큼 우리 사회에 치유해야 할 부분이 많다는 증거이기도 합니다. 왜 힐링이 우리 사회에서 이렇게 각광을 받고 있는지 궁금합니다. 스님은 이러한 현상을 어떻게 보시는지요?

월정사 주지 **정념 스님**

소외·우울증·정신적 공황 등은
급속한 산업화·도시화의 부작용
힐링은 상처 난 마음을 회복시키고
정신적 병리 현상을 치유하는 새로운 패러다임

'힐링(Healing)'이란 '몸과 마음의 치유'를 뜻합니다. 마음의 상처
나 스트레스 등으로 지친 심신(心身)을 편안하게 본래의 모습으로 회
복하는 것이라 할 수 있지요. 급속한 경제발전과 산업화로 인해 공
동체가 해체된 후 따라온 소외감, 우울증, 정신적 공황 등, 현대인
들의 정신 건강과 정신적인 병리 현상을 치유하고자 하는 목적에서
다양한 힐링법이 개발되었다고 할 수 있습니다.

요즘 힐링 캠프, 힐링 투어, 힐링 파크, 힐링 스쿨, 힐링 카페, 힐
링 푸드 등 힐링을 토대로 한 갖가지 힐링 산업이 번창하고 있고,
새로운 패러다임으로 정착하고 있는 게 사실입니다. 힐링 문화가 이
렇게 단기간에 정착될 수 있다는 것은 그만큼 우리 사회, 우리의 삶
이 팍팍하다는 것을 증명해 주는 것이기도 합니다.

요즘 10대와 20대는 갖가지 시험과 취업 문제로, 30대는 직장과
결혼 문제, 40대는 주거 문제, 50~60대는 자녀 결혼과 노후자금
문제 등으로 고민하는 통에 행복할 날이 없습니다.

어느 시대든지 삶에 대한 고뇌는 늘 해 왔지만, 우리나라 사람들

은 IMF 외환위기 때 도입된 무한경쟁의 신자유주의 경제체제 하에서 더욱더 큰 번민과 스트레스에 시달리고 있습니다. 기업이든 개인이든 "1등만이 살아남을 수 있다." 또는 "경쟁에서 살아남지 못하면 퇴출된다."는 말은 듣기만 해도 섬뜩해집니다. 그 말 한마디에 엄청난 스트레스, 공포, 불안감 등에 시달리게 되지요.

특히 IMF 이후 해고가 쉬워지면서 급여생활자들은 언제 회사에서 퇴출될지 모르는 상황이고, 비정규직 또한 노동자의 인권을 무시한 고용환경에서 언제 해고될지 모르는 불안한 구조 속에 노출되어 있습니다. 뿐만 아니라 생계형 소규모 영세 자영업자들도 언제 문을 닫게 될지 모르는 상황 속에서 불안하게 살아가고 있습니다.

물질만능주의, 부익부 빈익빈의 경제 불균형, 소득과 소비의 양극화, 정치권의 부정부패, 부조리, 편법 등은 많은 사람들의 마음에 상처와 절망을 안겨 주고 있습니다. 이러한 요소들이 복합적으로 작용해서 겉으로는 멀쩡해 보이지만, 내면적으로는 상처를 가지고 살아가는 사람들이 많아졌습니다. 상처가 큰 만큼 마음 치유가 필요해졌고, 마침내 힐링 문화라는 새로운 패러다임이 만들어지게 된 것입니다.

요즘 저는 현재의 우리나라를 '매우 불안정한 사회'라고 진단합니다. 최근 대화모드로 가고 있는 한반도 상황에 큰 기대를 걸고 있습니다만, 내일을 예측할 수는 없습니다. 과거처럼 대화가 언제 중단될지도 모르고, 군사분계선을 두고 여전히 대치하고 있고, 대외적으로 강대국들 사이에 낀 국민들의 무기력함과 불안감, 심적 피로가 매우 심각합니다. 대내적으로 여야가 정치적으로 늘 대치하고 있

고, 전직 대통령 두 명이 비리로 구속되어 있습니다. 정치인들의 막말은 더욱더 가치관을 혼란케 하고 그 또한 국민들의 정신적 피로를 가중시키고 있습니다. 이렇다 보니 국민 모두 심신(心·身)이 지쳐 있고, '번아웃 증후군' 즉 '탈진상태'에 있다고 할 수 있지요. 오늘날 '번아웃 증후군'과 '힐링'은 경제지상주의와 남북 대치 상황, 부정부패가 만들어 낸 우리들의 자화상입니다.

물론 우리나라만 그런 것은 아닙니다. 힐링 문화는 세계적인 추세입니다. 특히 미국, 유럽 등 일찍이 산업화의 길을 걸었던 나라들, 이른바 경제 선진국의 사람들 상당수가 정신적 공허와 정신 질환 등에 시달리고 있습니다. 심지어 행복지수 1위라고 했던 부탄 같은 나라도 10년 전에 비하여 도시화·산업화의 문제점에 부딪히고 있다고 합니다.

서양은 힐링 문화가 우리나라보다 훨씬 발달해 있는데, 대부분 불교의 명상을 바탕으로 이루어진 것입니다. 미국과 서구 유럽의 명상 전문가, 힐링 전문가들은 대부분 불교명상을 전공한 사람들이지요. 『승려와 철학자』의 저자인 프랑스의 마티외 리카르 스님, 미국의 스트레스 완화 프로그램(MBSR) 창시자 존 카밧진(Zon Kabat-Zinn) 박사, 『마인드풀니스』의 저자 조셉 골드스타인, 또 샤론 샐즈버그와 담마수카명상센터를 이끄는 위말라람시 스님 등 명상 전문가들은 모두 오랫동안 불교 수행을 한 명상·힐링 전문가들입니다.

사람들이 힐링 문화에 대해 주목하면서 불교의 위빠사나, 참선 등 명상 수행에 대한 관심 또한 높아졌습니다. 불교의 참선과 명상 수행은 일시적인 힐링을 위한 것이 아니고 삼매와 정신통일을 통해

의식의 확장·전환을, 그리고 존재에 대한 올바른 인식과 통찰을 통해서 마음의 평화를 얻는 방법입니다. 더 나아가서는 깨달음과 연결되지요. 이런 점이 큰 매력이라고 할 수 있습니다.

또 불교의 수행법인 참선이나 명상·위빠사나·염불·독경·사경(寫經, 경전 쓰기), 마음 다스리기도 힐링의 방법이고, 그 밖에 영성 개발, 정신분석학과 뇌과학, 다도(茶道), 숲길 걷기, 클래식 듣기, 명화(名畵) 감상, 수필이나 시 감상 등 독서와 자신이 가고 싶었던 곳을 여행하는 것도 일시적이지만 힐링 문화의 하나라고 할 수 있습니다.

한상권 아나운서

스님께서는 방금 불교의 명상 수행은 일시적인 힐링을 위한 것이 아니고 의식의 확장과 전환, 그리고 존재에 대한 올바른 인식을 통해서 마음의 평화를 얻는 방법이라고 말씀하셨습니다. 그런데 이런 불교식 수행법이 미국, 프랑스 등 서구에서는 스트레스 완화를 위한 방법 중 하나로, 그러니까 단순한 힐링 문화의 하나로 받아들여지고 있는 것 같습니다. 이에 대해서는 어떻게 생각하시는지 궁금합니다.

월정사 주지 정념 스님

2000년대 들어와서 유럽, 특히 프랑스·독일·영국·미국 등에서 불교 열풍이 불고 있습니다. 기후 변화, 환경 파괴, 정신적 공동

화 현상 등 오늘날 물질문명 사회가 양산한 폐해를 돌아보고 물질
주의 너머의 새로운 패러다임을 찾으려고 노력하던 중 그것을 불교
에서 찾은 것입니다.

> 유럽과 미국에서 불고 있는 불교 열풍은
> 종교보다는 명상과 선, 불교 사상과 관련된 것
> 문명의 위기상황에 봉착한 서구 사회에서
> 불교가 인류의 대안적 사상으로 등장한 것

프랑스·독일·영국 등의 유럽과 미국에서 불교에 대한 관심이 고
조되고 있는 것은 기독교와 이슬람교 등 유일신교에 대한 회의에서
비롯된 측면도 있습니다. 하지만 그것보다는 불교의 명상법인 위빠
사나와 선, 그리고 불교 사상에서 인류의 새로운 가치를 찾아보려
는 움직임이라는 생각이 듭니다. 부처님의 가르침이 문명의 위기 상
황에서 위안이 되고, 현대사회의 대안적 사상으로 주목받고 있는
것입니다.

그런데 서구에서는 불교가 종교로서보다는 하나의 생활철학이나
정신건강, 즉 힐링 차원에서 관심을 끄는 것 같습니다. 심지어 개신
교나 가톨릭 신자들도 부처님을 모신 법당에서 참선을 하기도 하
고, 경전 공부를 하기도 하는데, 이들은 결코 '두 신을 섬긴다'고 생
각하지는 않는다는 것입니다.

영국불교협회의 브라이언 부회장은 "영국에서 불교는 종교라기보
다는 학문으로 생각하는 경향이 강하다. 새로운 세계관이자 생활

철학으로 간주되고 있다."고 했고, 독일 베를린불교협회 회장인 라이너 노악 박사는 "일상생활이나 인간관계에서 쌓인 긴장과 스트레스를 해소하는 게 독일 불교인들의 첫 번째 목표"라고 말했습니다. 불교를 종교로 받아들이기보다는 마음 치유의 한 방법으로 받아들이고 있는 서구인들의 생각을 엿볼 수 있는 말입니다.

불교는 명상 수행을 통해 스스로 깨달음에 이르고 다른 사람들을 깨달음에 이르도록 돕는 것이 목적인 종교입니다. 그래서 초기불교의 위빠사나에서 티베트불교, 중국 선불교의 참선에 이르기까지 여러 가지 다양한 수행법이 발달되어 있지요. 이런 불교의 다양한 수행법과 힐링 열풍이 만나 새로운 문화가 만들어지고 있는 것입니다.

또한 불교 교리는 과학이 발달할수록 모순이 드러나는 유일신교와는 달리, 매우 과학적이고 합리적이어서 서구인들이 현대사회의 대안 사상으로 주목하고 있다고 생각합니다.

불교와 힐링, 명상

한상권 아나운서

우리나라는 오히려 서양보다 명상에 대한 관심이 덜한 것 같습니다. 불교 수행은 너무 어렵게만 느껴져서 다가가기 힘든 게 사실입니다. 그래서 그런지 서양에서 명상을 역수입해 오는 상황인 듯해 안타까울 때가 있습니다. 불교 사상에 입각하면서도 일반인들이 실천할 수 있는 명상 프로그램을 개발해서 적극적으로 홍보한다면 불교적인 힐링 문화가 정착할 수 있지 않을까요?

월정사 주지 **정념 스님**

> 1,600년 역사의 불교 수행 전통 있어도
> 서양에서 명상을 수입해 오는 실정
> 서양에서 명상은 마음산업의 일종
> 인간의 욕망을 부추기는 부정적 측면도 있어

네, 아주 좋은 지적입니다. 불교는 마음의 종교이고, 한국불교는 1,600년 역사의 전통을 갖고 있는데, 요즘 명상 관련 서적을 보면 태반이 번역서이고, 아바타(Avatar), 초월명상, MBSR[Mindfulness Based Stress Reduction program] 등 서양에서 수입해 온 명상이 국내에서도 각광을 받고 있습니다.

사실 서양에서 수입해 온 명상은 일종의 마음산업이라 할 수 있습니다. 실제로 미국의 마음산업은 21세기 들어 해마다 10% 이상씩 성장하는 추세에 있다고 합니다. 미국에서는 사띠 수행을 마인드풀니스(Mindfulness)라는 용어로 번역하여 정착시키면서, '최고의 휴식법', '세계 최고 인재들의 집중력 호흡법'이라는 번역서 제목에서 엿볼 수 있듯, 명상의 실용성을 강조하면서 힐링과 성공의 비결로 내세웠습니다.

앞서 말씀드렸다시피, 서양인들은 최첨단 물질문명, 무한경쟁의 사회 속에서 스트레스 질환이 심각할 정도로 많아졌다고 합니다. 환자의 80%가 만성질환을 앓고 있는데, 약물로는 치료가 불가능한 상황에 처하면서 동양에서 온 명상에 눈을 돌리게 된 것입니다.

다만 궁극의 깨달음보다는 지엽적인 실용성, 곧 인간의 욕망을 부추기는 측면이 있는 것 같아 아쉽긴 합니다. 불교 사상에 입각해 볼 때, 나라는 존재뿐만 아니라 내 것이라는 소유물이 영구적일 것이라고 생각하여 탐내고 집착하는 것은 매우 어리석은 일이기 때문입니다.

불교의 가장 기본적인 사상은 연기법입니다. 연기법은 세상의 모든 것이 서로서로 조건으로 인연하여 존재한다는 것입니다. 이러한 연기사상을 체계화한 것이 바로 3법인(三法印)입니다.

3법인은 제행무상(諸行無常)·제법무아(諸法無我)·열반적정(涅槃寂靜)으로 보기도 하는데, 남방불교에서는 대체로 제행무상·일체개고·제법무아로 봅니다. 일반적으로 알기 쉽게 무상(無常)·고(苦)·무아(無我)를 묶어서 설명하기도 합니다. 그리고 제행무상·제법무아·열반적정·일체개고를 합쳐 4법인(四法印)이라고도 합니다.

제행무상(諸行無常)은 세상의 모든 것이 변한다는 뜻입니다. 제법무아(諸法無我)는 모든 변하는 것에는 자아의 실체(實體)가 없다는 가르침입니다. 일체개고(一切皆苦)는 사람이 무상(無常)·무아(無我)를 깨닫지 못하고 영생(永生)에 집착하면 온갖 고통이 온다는 가르침입니다. 간단히 말해, 이 세상에 변하지 않는 것은 없다는 것을 깨달으라는 뜻이지요.

> 나라고 할 것도, 내 것이라 할 것도 없다는
> 인식의 전환이 우선되어야
> 고통에서 벗어날 수 있어

일시적 힐링으로는 궁극적 평안 얻을 수 없어

따라서 나라고 할 것도, 내 것이라 할 것도 없다는 인식의 전환이 우선되어야 할 것입니다. 무아가 되어야 프로이트의 정신분석학에서 말한 에고(Ego), 불교의 유식학에서 강조한 식(識)에 따른 욕망과 집착을 버리고 고통에서 벗어날 수 있습니다. 명상을 하는 동안에는 마음이 편안해지고 치유된 것 같은데, 명상을 하지 않으면 도로 불안해진다는 분들이 많습니다. 본질적인 인식의 전환 없이 욕망을 이루기 위해 명상을 하기 때문입니다.

먼저 불교 공부를 통해 바른 안목을 갖고 불교의 무아사상을 바탕으로 인식의 전환을 한 상태에서 수행을 하면 깨달음뿐만 아니라 치유와 성공이라는 부수적인 효과도 보게 됩니다. 참선, 위빠사나, 염불, 독경(讀經), 사경(寫經), 주력(呪力) 등 불교의 수행법은 다 정신 병리 현상을 치유할 수 있는 기능을 갖고 있습니다. 또 기복을 바라고 한 기도나 염불로도 정신 병리 현상을 치유할 수 있고, 독경과 사경도 치유에 탁월한 효과가 있다는 연구 결과가 있습니다.

설령 그 목적을 불교적인 이상향인 열반 혹은 깨달음에 두지 않는다고 해도 앞에서 예로 든 불교 수행법들은 마음을 치유하는 데 매우 효과적입니다.

우리 한국불교에서도 불자뿐만 아니라 일반인들도 쉽게 접할 수 있도록 수행프로그램을 새롭게 만들어서 보급해야 합니다. 스트레스, 우울증 등으로 고통 받는 사람들의 정신 병리를 치유하는 데 큰 효과를 볼 수 있을 뿐만 아니라 성공의 비결로도 활용할 수 있을 것입니다. 미국 마음산업의 성공은 우리에게 시사하는 바가 큽니다. 최근 불자 수가 급격하게 줄어든 한국불교의 현실에서 현대인에게 맞는 수행프로그램의 개발과 보급에 한국불교의 희망이 있다 해도 과언이 아닙니다.

한상권 아나운서

한국불교의 희망이 수행프로그램의 개발과 보급에 있다는 스님의 말씀에 깊이 공감합니다. 제 지인 중에서도 외국에서 들어온 명상프로그램을 하다가 불교에 입문하게 되었다는 분이 있습니다. 전통적인 불교 수행법도 좋겠지만, 요즘 사람들에게 맞는 새로운 수행프로그램의 개발이 시급한 것 같습니다.

월정사 주지 정념 스님

아집과 고집으로 뭉쳐진
에고에서 벗어나기 위한 불교 수행법은
인식의 전환을 통한 힐링으로
우리를 이끌어 준다

그렇습니다. 사실 새로운 것은 아닙니다. 이미 서양에서 선(禪)·위빠사나·자비명상·염불·진언·사경·독경 등 불교의 다양한 수행법들을 심리학·인지과학·뇌과학 등과 접목한 수행 프로그램을 만들어서 마음산업으로까지 발전시켰기 때문입니다.

　그런데 저는 단순한 힐링이나 성공의 비결로서의 명상이 아닌, '힐링=수행'이라는 개념을 도입해서 근원적인 힐링을 할 수 있도록 도와야 한다고 생각합니다. '체계적이고 근원적인 힐링'을 위해서는 '환경적인 힐링' 외에, '인식의 전환을 통한 힐링', '가치관의 변화를 통한 힐링'을 할 수 있도록 교육을 통해 불교사상의 토대를 굳건하게 마련해 줘야 할 것입니다.

　우리는 대부분 '에고(ego, 自我)'에 사로잡혀 있습니다. 마음에 상처를 주는 최악의 적은 아집과 고집으로 뭉쳐진 에고입니다. 에고가 강하면 남보다 뛰어나야 한다는 강박관념과 타인으로부터 인정받고자 하는 마음이 강렬해지고, 인정을 받지 못하면 큰 상처를 받습니다. 자만심과 열등감은 같은 선상에 있는 것입니다. 출세욕, 사치, 허영 등도 마찬가지입니다. 이렇게 건전하지 못한 가치관에 사로잡혀 있는 이들은 별 것 아닌 것에 분노하고 괴로워합니다.

　그렇기 때문에 불교 사상을 바탕으로 '인식의 전환을 통한 힐링'이 될 수 있도록 이끌어 줘야 합니다. '인식의 전환을 통한 힐링'이란 존재에 대한 올바른 인식을 뜻합니다. 즉 자기 자신에 대한 지나친 에고에서 벗어나는 것을 말합니다. 불교가 추구하는 힐링은 무상(無常)과 무아를 통한 힐링이고, 탐진치를 극복한 힐링이며, 고통에서 벗어나 마음의 안락을 지향하는 이고득락(離苦得樂)의 힐링이라고 할 수 있습니다. 이렇듯 '가치관의 변화'를 통해 삶의 질적인 변화를 이루고 환골탈태할 수 있도록 이끌어 줄 때 비로소 '불교 힐링'이라고 할 수 있다고 봅니다.

힐링의 최적소 산사(山寺)

한상권 아나운서

힐링 문화가 불교의 명상에서 발전한 것이로군요. 사실 저는
불교신자는 아니지만, 동국대 출신이다보니 불교적 정서를 많
이 가지고 있습니다. 그리고 산사(山寺)를 참배하는 것만으로도
마음이 편안해지고 힐링이 되기도 합니다.

숲은 나무, 바위, 풀 등 다양한 것들이
조화를 이루며 공존하는 곳
황폐해진 삶을 치유하기 위해서는
풍요로운 자연과의 교감력 회복이 중요

네, 많은 분들이 그렇게 말합니다. 실제로 힐링 열풍이 불면서 더욱더 많은 사람들이 산사를 찾고 있습니다. 숲 속에 둘러싸인 산사에 앉아 있는 것만으로도 힐링이 될 것입니다. 산사는 힐링을 할 수 있는 최적의 장소입니다.

저 숲의 나무, 바위, 풀들을 보면 종류도 다양하지만 크기나 모양도 제각각이지요. 그러나 큰 것이 작은 것을, 많은 것이 소수를 짓밟아 뭉개지 않습니다. 작은 것들은 작은 대로, 큰 것들은 큰 대로 조화를 이루면서 공존하고 있습니다. 또 꽃들도 제각각 아무렇게나 피어 있지만 서로가 서로를 간섭하지 않습니다. 다양함 속의 이런 조화는 인간의 손으로는 도저히 만들 수 없는 것들입니다.

대승불교의 대표적인 경전 가운데 『화엄경』이 있습니다. '화엄(華嚴)'이란 여러 가지 꽃들이 어우러져 조화를 이루고 있는 '꽃밭'이라는 뜻입니다. 꽃들은 서로를 방해하지 않으면서 공존합니다. '꽃들의 공존'이라고 할까요. 우리가 살고 있는 세계도 이와 같습니다. 다양한 것들이 공존하는 삶이야말로 더 풍요로운 삶이라고 할 수 있을 것입니다.

자연의 조화와 다양성이 '도시'라는 이름, '현대화'라는 이름으로 단일화되고 획일화되는 것이 오늘날 인간의 육체와 정신을 병들게 하는 원인이라고 할 수 있습니다. 그러므로 황폐해진 우리의 정신과 육체를 회복하기 위해서는 다시 자연으로 되돌아가서 잃어버린 자연과의 교감력을 회복해야 합니다. 그 최적의 조건을 갖춘 곳이 바로 산사(山寺)입니다. 이런 장점을 잘 살린다면 산사는 몸과 마음을 치유하는 좋은 장소가 될 것입니다.

> 불교는 숲의 종교
> 숲은 상생하는 삶, 공존의 정신을 일깨워 줘
> 숲에 자리한 사찰은 깨달음의 도량이자
> 힐링 장소, 행복으로 가는 지름길

문명이 발달하기 전 인류는 자연의 일원으로서 아주 오랫동안 숲 속에서 살았습니다. 그래서인지 맑은 공기와 푸른 숲은 생각하는 것만으로도 편안해집니다. 대부분의 사람들이 숲에 깃들면 숨을 크게 들이쉽니다. 맑은 공기를 마시는 것만으로도 힐링이 되기 때문입니다. 또한 숲을 이루고 있는 녹색은 긴장을 풀어주고 마음에 여유를 줍니다.

종교학자들은 '불교는 숲(산림)의 종교'이고, '기독교는 사막의 종교'라고 이야기합니다. 종교가 발생한 장소의 지리적 조건을 가지고 논한 것일 수도 있겠지만, 두 종교의 특성을 잘 드러내는 의미 있는 구분이라고 생각합니다.

실제로 불교는 인도의 히말라야 산(숲)에서 발생하여 중국·한국·일본, 또는 베트남·미얀마·스리랑카 등 동남아시아 지역에 널리 전파되었습니다. 반면에 기독교는 열악한 사막에서 발생해 유럽에 전해져 꽃을 피우게 된 것이지요.

우리나라는 조선시대 억불정책의 후유증으로 대부분의 사찰이 산속에 있습니다. 포교 측면에서는 도시와 멀어져서 좀 아쉬운 면이 많았지만, 앞으로는 도심포교당보다는 산사가 오히려 대중들에게 불교를 전하는 데 훨씬 더 나을 것 같다는 생각이 듭니다. 주말이면 힐링을 하기 위해 자연으로 떠나는 사람들이 늘어났습니다. 산에 자리 잡은 사찰은 최적의 '힐링' 장소라고 할 수 있습니다. 명상과 사색을 하기에 산사보다 더 좋은 환경은 없을 겁니다.

숲은 상생하는 삶과 공존의 관계론을 그대로 보여줍니다. 불교의 진리인 연기법은 곧 관계론입니다. "이것이 있으면 저것이 있다. 이것이 사라지면 저것도 사라진다."고 하는 연기법은 곧 공존과 상생을 의미하는 것입니다. 햇살, 바람, 나무, 풀, 꽃, 벌레, 날짐승, 길짐승 등이 어우러진 숲을 관찰하다 보면 각자 떨어진 것처럼 보이는 이 모든 것이 서로 도우며 함께 살아가는 자연의 이치를 깨닫게 됩니다.

수많은 수행자들이 숲에 들어가 수행한 까닭이 있습니다. 숲에 자리한 사찰은 최적의 깨달음의 도량이자 최적의 힐링 장소요, 행복으로 가는 지름길이라 할 수 있습니다.

맑은 바람과 시냇물 소리는 여유와 휴식을 주고 마음을 안정시

켜 줍니다. 산사는 숲을 끼고 있는데다 불교의 오랜 수행 전통인 명상과 힐링을 통해서 새로운 활력을 찾을 수 있도록 도와줄 것입니다. 저는 다른 데서는 도저히 이룰 수 없는 가치를 산사에서 창출해 낼 수 있다고 봅니다.

> 숲 속의 산사는 최적의 힐링 공간
> 산사에 오는 것만으로도 힐링이 돼
> 월정사의 '선재길 걷기' 등
> 오래 된 숲길을 걸으면서 얻는 평온

숲은 영혼의 고향입니다. 숲길 걷기가 상처 입은 마음을 치유하는 효과가 큰 것도 그러한 것과 무관하지 않을 것입니다. 그래서 오래된 숲길을 걷는 것도 힐링 문화의 하나로 자리 잡아가고 있는 것 같습니다. 월정사의 선재길, 제주의 올레길, 하동의 십리벚꽃길, 영덕의 블루로드 등이 그 예입니다. 푸른 숲 속을 걷는 것만으로도 우리의 육체와 정신과 마음이 평온해지는데, 월정사에서는 특히 걸으면서 동시에 걷기 명상을 지도해 주기 때문에 사람들의 호응이 더욱더 크다고 생각합니다.

한상권 아나운서

월정사의 '선재길 걷기'에 저도 참여해 보고 싶습니다. 인류에게 걷기가 얼마나 중요한지, 또 심신의 건강에 얼마나 유효한지 강조하는 다비드 르 브르통의『걷기 예찬』을 매우 인상적으로 읽었던 기억이 납니다. 그 책을 읽으며 느꼈던 감동을 구체화할 수 있는 프로그램이라는 생각이 듭니다.

월정사 주지 **정념 스님**

> 우리가 자연의 구성원임을 깨닫게 하고
> 대자연 속에서 살아 있음을 깨닫게 하는
> 행선(걷기 명상)은 곧 경행(經行)으로서
> 석가모니 부처님 당시부터 있었던 수행 전통

『걷기 예찬』은 저도 감명 깊게 읽은 책입니다. "보행은 가없이 넓은 도서관이다."라는 구절이 특히 인상적이었습니다. 걸으면서 인간은 삶을 음미하고 걷기 전에는 알지 못했던 많은 것들을 보고 듣고 느끼며 체험하지요. 그래서 걸은 후에는 걷기 전과 전혀 다른 존재가 됩니다. 이런 보행(步行)은 인류만의 특권입니다.

불교는 석가모니 부처님 당시부터 걸으면서 수행하는 오랜 전통이 있습니다. 석가모니 부처님께서는 일평생 맨발로 인도 전역을 걸어 다니시며 전법교화를 하셨습니다. 불교에서는 이리저리 세상 구석구석을 걸어 다니면서 수행하는 만행과 걸으면서 참선을 하는 행선(行禪)이 보편화되었는데, 최근에는 '걷기 명상'이라는 이름으로 일반인들에게도 알려져 있지요.

보행의 중요성은 말하지 않아도 잘 알 것입니다. 보행은 인간의 특징이기도 합니다. 걸을 수 있기에 양손으로 도구를 만들고 사냥을 하기도 하고 농사를 짓기도 하고, 문명을 발전시킬 수 있었던 것입니다. 산업혁명 이후 자동차가 발명되면서 문명은 자동차의 속도와 비례해서 질주하게 되었습니다. 모든 게 신속해진 반면 부작용도 많아졌지요.

속도가 빠른 만큼 탐욕(貪慾)과 스트레스도 커졌다는 생각이 듭니다. 그래서 요즘 느림에 대한 가치가 새롭게 주목받고 있습니다. 느림은 인욕(忍辱)에 정비례한다고 할 수 있습니다.

행선, 즉 걷기 명상의 목적은 우리가 자연의 구성원임을 깨닫고, 이 대자연 속에서 살아 있음을 깨닫는 데 있습니다. 실제로 오대산에서 단기출가를 지도하면서 지켜보니 참가자들이 매우 만족했던 프로그램 중 하나가 바로 숲길을 걷는 것이었습니다. 천년의 숲길에서 대자연의 공기를 마시는 것만으로도 힐링이 되는 참가자들을 보면서 본격적으로 숲길을 조성해서 선재길 걷기를 실시하게 된 것입니다.

오늘날 한국불교가 당면한 중요한 과제 중의 하나가 바로 산사를 관광명소가 아닌 시민들의 실질적인 힐링 공간이 될 수 있도록 새롭게 리모델링하는 것이라고 생각합니다. 산사를 힐링과 휴식의 공간으로 온전히 개방할 때 영혼의 도량으로 자리 잡게 되고, 시민들은 불교에 대하여 새로운 인식을 갖게 될 것입니다.

조계종단에서 '상구보리(上求菩提) 하화중생(下化衆生)', 즉 자신의 수행(상구보리)과 중생구제·사회구제(하화중생)가 대승불교의 기본 목적이라는 것을 인식하고 전국의 산사를 힐링 공간으로 개방할 수 있도록 정책적으로 지원하고 독려할 필요가 있습니다. 그렇게만 된다면 차차 불교에 관심을 갖는 이들이 증가하게 될 것이고, 저절로 포교가 되리라 봅니다.

더 나아가 현대인들에게 맞는 명상 프로그램과 선(禪) 수행 프로그램을 개발하고 제공함으로써 불교적인 힐링 문화가 정착될 수 있도록 적극적으로 노력해야 할 것입니다.

참선 수행과 힐링

한상권 아나운서

산사를 힐링의 공간으로 새롭게 리모델링하고, 현대인들에게
맞는 명상 프로그램을 개발해야 한다는 스님의 말씀에 공감합
니다. 앞서 말씀드렸듯이, 현대인들에게 맞는 프로그램들을 개
발하는 문제가 무엇보다 절실한 것 같습니다.

월정사 주지 **정념 스님**

> 기존의 신행문화는 점차 퇴보하는 상황
> 단순성[禪]으로 복잡성[人間]을 해체하는
> 선(禪)과 힐링을 접목한 프로그램으로
> 새로운 수행문화를 만들어 가야…

　이것은 불교 발전을 위해서도 꼭 필요한 일입니다. 불공·참배·기도 등 기존의 법당 중심의 기존 신행형태로는 더 이상 신도가 늘어나지 않을 뿐만 아니라 불자들을 불자로 지속시키는 것도 한계에 부딪치게 될 것입니다. 법당 중심의 신행 문화는 점차 퇴보하고 수행과 힐링을 접목한 새로운 신행문화가 정착될 것으로 보입니다.

한상권 아나운서

> 신문기사를 보고서 오대산 자연명상마을이 7월 28일 개원한 것을 알았습니다. 기사에는 사업비 295억 원을 들여 9만 9,000㎡ 부지에 21개 동의 목조 건물을 세운 오대산 자연명상마을은 한 번에 150명까지 수용할 수 있다고 소개돼 있더군요. 종교를 초월한 명상·힐링 프로그램이 운영될 계획이라고 들었습니다. 오대산 자연명상마을의 운영 방침에 대해 소개해 주십시오.

현대인의 마음 병 치유할
오대산 자연명상마을 개원
집중과 통찰이 명상수행의 두 축
삼매 지극하면 내외(內外)가 명철해져

　각종 스트레스에 시달리는 현대인에게 마음의 안식처가 필요하다는 생각에 이런 명상센터를 마련하게 되었습니다. 도시문명은 촌각을 다투며 광속으로 변하고 있습니다. 속도경쟁사회를 살아가고 있는 현대인은 물질적으로는 풍요로울지 몰라도 정신적으로는 대단히 피폐해져 있습니다. 치열한 경쟁 속에서 자기정체성을 잃어 가고 있는 것입니다. 과도한 욕망, 들끓는 화, 존재와 관계를 제대로 보지 못하는 어리석음, 즉 탐(貪)·진(瞋)·치(癡) 삼독(三毒)에 빠져 허우적거리는 사람이 많습니다. 우울증이니 공황장애니 하는 각종 정신질환들도 실은 마음의 병이라고 할 수 있지요. 마음의 병을 치료하고 진정한 깨달음으로 인도할 수 있는 공간이 절실히 필요한 상황입니다.

　자연명상마을은 이 시대의 마음의 병을 치료하고 더불어 살아가는 지혜를 배울 수 있는 공간으로 조성할 생각입니다. 명상에 대한 필요성이 점점 증가하는 시대 변화에 맞는 수행 혹은 명상 마을로 만들어갈 계획입니다.

한상권 아나운서

|　오대산 자연명상마을의 특성은 무엇인지, 다른 명상센터와 다른 점은 무엇입니까?

월정사 주지 정념 스님

|　세계적으로 유명한 명상센터를 보면 지도자의 수행법에 따르고 있어요. 틱낫한 스님이 지도하는 플럼빌리지(Plum Village)는 호흡명상과 걷기명상을 주로 하고 있지요. 미얀마의 마하시 명상센터나 파욱 명상센터도 미얀마의 전통수행법을 따르고 있습니다. 이 명상센터들은 입소는 쉬운 반면 규율이 엄격한 특징이 있어요. 이처럼 남방불교는 명상(meditation)이라는 트렌드를 세계화했습니다.

하지만 북방불교, 즉, 동북아불교는 선불교의 전통이 강한 까닭에 명상과 참선을 나눠서 보고 있습니다. 참선이 명상보다 더 수승한 수행법이라고 보는 것이지요. 남방불교의 명상은 수행의 단계가 있다고 보기 때문에 계단을 오르듯 그 수준에 맞게 점진적으로 수행법을 가르치는 반면, 북방불교의 참선은 돈오(頓悟), 즉, 단번에 깨닫는다는 관점에서 자신의 내면에 지닌 불성(佛性)을 깨닫게 하는 데 초점이 맞춰져 있습니다. 자연명상마을에서는 명상뿐만 아니라 조사선 중심의 참선 수행법도 함께 지도할 계획입니다.

한상권 아나운서

> 자연명상마을에서는 인문학을 통한 명상 혹은 힐링 프로그램
> 을 운영한다고 해서 흥미로웠습니다. 인문학은 불교에만 국한
> 된 게 아닌데 불교 이외의 인문학 관련 프로그램도 운영할 계
> 획이신가요?

월정사 주지 **정념 스님**

> 자연명상마을의 특징 중 하나는 다양성입니다. 자연명상마을
> 에서는 불교적 의례와 수행만을 고집하지 않을 것입니다. 선과 명상
> 힐링, 다도와 명상 힐링, 요가와 명상 힐링, 걷기 명상 힐링, 숲과
> 명상 힐링 등 명상 프로그램을 다양하게 만들어서 시행할 계획입니
> 다. 특정 종교와 관계없이 누구나 명상과 힐링을 통하여 지친 몸과
> 마음을 치유할 수 있도록 구상하고 있습니다.
>
> 얼마 전 춘천 교구 주교님도 신부님들의 피정(避靜 : 가톨릭에서 행
> 하는 일정 기간의 수련생활)을 자연명상마을에서 했으면 좋겠다면서 일
> 정을 잡아보겠다고 했습니다. 월정사 조실을 지낸 탄허 스님께서는
> '천하무이도(天下無二道) 성인무양심(聖人無兩心)'이라는 구절을 좋아하
> 셔서 붓글씨로도 많이 쓰셨어요. 천하에는 두 가지 도가 없으며, 성
> 인에게는 두 마음이 없다는 뜻입니다. 인류의 고등종교라면 마땅히
> 그 가르침이 서로 통할 수밖에 없어요.
>
> 명상마을의 선원 이름을 동림선원(東林禪院)이라고 지은 까닭이

있습니다. 중국 루산에 가면 정토종의 발원지인 동림사(東林寺)가 있어요. 이 사찰에 주석하며 수행하던 혜원 선사는 종교를 가리지 않고 지성인들과 도(道)에 대해 토의하곤 했습니다. 호계삼소(虎溪三笑)는 혜원 선사의 일화에서 연유한 말입니다. 혜원 선사는 안거 결제 전에는 손님을 배웅할 때 동림사 앞으로 흐르는 호계라는 계곡을 넘지 않았어요. 그런데 하루는 도교의 육수정 도사, 유교의 도연명 시인과 함께 담소를 나누면서 두 사람을 배웅하다가 자신도 모르게 호계를 넘어간 것입니다. 나중에 이 사실을 깨닫고 세 사람이 동시에 크게 웃었다고 해요. 동림선원이 종교를 초월해 참된 깨달음, 참된 도를 탐구할 수 있는 도량이 되길 간절히 바랍니다.

한상권 아나운서

> 명상이 현대인에게 주는 효과가 무엇일까요? 명상을 통한 마음의 안정, 또는 자기 자신의 내면을 돌아보기 등이 아닐까 생각됩니다.

월정사 주지 **정념 스님**

> 사람들은 대부분 마음 밖에서 뭔가를 구하려고 합니다. 그러다 보니 자연스럽게 물적 대상에 집착하게 되지요. 그 물적 대상을 얻든 못 얻든 마음은 괴로울 수밖에 없어요. 얻고자 하는 것을 얻으면 더 큰 것을 얻고자 하는 집착이 생기고, 얻고자 하는 것을 못

얻으면 다시 그것을 얻으려고 하는 더 큰 집착이 생깁니다.

　그런데 명상은 자기 내면을 응시해서 생각이 일어나는 근원의 자리를 바르게 통찰하게 합니다. 다시 말해 명상은 외부의 물적 대상에 목적을 두지 않고 내부의 심적 대상에 목적을 두는 것입니다.

　명상의 두 축은 집중과 통찰입니다. 집중은 애오라지 하나의 화두나 호흡 등에 몰두하는 것이고, 통찰은 마음에서 일어나는 변화를 놓치지 않고 통괄적으로 바라보는 것입니다. 집중과 통찰에 익숙해지면 설령 만 가지 생각이 일어도 결국은 하나의 고요한 마음자리에 비롯된 것임을 알게 됩니다. 그 고요한 자리를 바르게 응시해서 외부의 대상과 내부의 마음이 하나가 될 수 있도록 해야 합니다. 그것이 바로 삼매(三昧)입니다. 명상도 궁극적으로는 삼매를 추구하는 것입니다.

　명상은 항상 깨어서 바르게 생각하고 바라볼 수 있는 힘을 기르는 것입니다. 삼매가 지극해지면 외부의 대상도 내부의 마음도 일시에 모두 몰록 놓아 버리는 완전한 방하착(放下着)을 할 수 있습니다. 이를 가리켜 스님들은 크게 한 번 쉬어버린다고 하고, 내외(內外)가 명철해진다고 말합니다. 경계의 벽, 안팎이 사라지면 항상 거울 같은 마음으로 모든 것을 다 비춰볼 수 있습니다. 이를 일컬어 무분별지(無分別智)라고 합니다. 이런 마음의 자리를 만드는 게 바로 명상이고 수행입니다.

한상권 아나운서

명상을 하면 마음뿐만 아니라 몸도 좋아진다는 의학 조사결과
가 나왔는데요. 사회병리 현상에도 명상이 큰 도움이 될 것으
로 보입니다.

월정사 주지 정념 스님

우리는 4차 산업혁명 시대를 살고 있습니다. 그런데 이 4차 산
업혁명이 양산한 초연결사회, 초지능사회가 과연 인류에게 행복만
을 가져왔는지 의구심을 가져봐야 합니다. 4차 산업혁명 사회가 도
래했지만 탐·진·치의 문제가 해결되지 않으면 계급차별은 여전할
것이고 분노의 사회는 지속될 수밖에 없습니다. 따라서 해결책은
결국 마음으로 귀결될 수밖에 없습니다.

명상이 사회를 평화롭게 하고 상생공동체를 구현하는 데 매우
중요한 역할을 할 수 있다고 봅니다. 기실, 자신에 대한 집착을 비
워 버리면 깨달은 상태인 것입니다.

괴로움으로부터 자유를 얻기 위한 구체적인 수행 방법으로 3학
(三學)이 있습니다. 계율·선정·지혜가 바로 3학입니다. 몸과 마음의
잘못을 저지르지 않는 게 계율이고, 바른 집중과 통찰을 통해 진리
를 깨닫는 게 선정이고, 인식의 전환을 통해 존재와 관계에 대해 명
확하게 바로 볼 수 있는 게 지혜입니다. 나와 세계는 인연에 의해서
형성돼 있을 뿐 근본적으로 공한 것임을 여실히 아는 것이 바로 지

혜입니다.

한상권 아나운서

명상마을 앞에 '자연'이라는 글자가 붙어 있는데, 특별한 이유라도 있습니까? 무언가 일반적인 명상마을이 아니고, 오대산의 자연과 하나가 된 명상마을이라는 느낌도 듭니다. 저도 며칠 간 자연명상마을에서 묵으면서 비밀의 정원에서 월정사 전나무 숲을 거쳐 선재길 종점인 상원사까지 바람이 만들어 내는 자연의 빛깔을 몸으로 느끼면서 '걷기 명상'을 해 보도록 하겠습니다.

월정사 주지 정념 스님

현재 우리가 당면한 가장 큰 문제가 자연의 회복, 생태계를 살리는 데 있다는 생각으로 넣은 것입니다. 지구온난화에 대처하기 위해 종교인이 함께 해야 한다는 얘기가 많습니다. 환경문제의 해답은 소욕지족의 마음을 갖는 것입니다. 지구온난화, 난개발, 대량생산 대량소비 대량폐기 등 환경문제들은 결국 인간중심 사고에서 비롯된 것입니다. 인간과 자연이 둘이 아니라는 사고가 필요합니다. 명상을 통해서 자신과 이웃, 인간과 자연이 하나로 연결돼 있다는 사실을 깨닫는다면 세상은 평화로워질 것입니다. 명상마을 앞에 '자연'이라는 단어를 붙인 데 대한 설명이 되었는지 모르겠네요.

한 아나운서님이 자연명상마을에 묵게 되면 제가 직접 명상수행을 지도해 드리겠습니다.

한상권 아나운서

선과 접목한 명상프로그램을 많이 개발하게 될 것으로 보이는데, 스님께서도 잘 아시겠지만, 미국 애플사의 창업자 스티브 잡스는 사업적으로 매우 복잡할 때에는 회사를 떠나 선 센터나 선원에 들어가서 참선을 했다고 합니다.

월정사 주지 **정념 스님**

맞습니다. 스티브 잡스는 참선 수행을 많이 했다고 합니다. 선의 특징은 복잡성을 떠난 '단순성', '단순 구조'입니다. 치열한 경쟁구조 속에서 인간의 삶은 참으로 복잡다단합니다. 선의 단순성은 복잡성을 차단하는 역할을 합니다.

스티브 잡스는 이런 선의 단순성을 제품에 적용시킨 기업가 중의 대표적인 사람입니다. 그가 수행한 곳은 일본 조동종 미국 선 센터입니다. 조동종은 묵조선을 수행하는데 그 방법이 지극히 단순한 '지관타좌(只管打坐)'입니다. '지관타좌'란 '오로지 좌선만 한다'는 뜻으로, 좌선하고 있는 그것이 바로 '깨달은 부처'라는 것입니다. '오로지 좌선'할 뿐 간화선처럼 화두는 들지 않습니다.

좌선은 자기 자신의 일을 규명하는 것입니다. 일체의 분별심, 분석적인 사고를 모두 버리고 오직 좌선으로 직관적 사유만 합니다. 그 자체가 힐링이라고 할 수 있습니다.

스티브 잡스는 좌선, 명상 수행 경험을 '내 인생에서 가장 중요한 사건'이라고 말했다고 합니다. 한때 출가수행도 꿈꾸었던 스티브 잡스는 제품을 만들 때마다 자신의 수행 체험을 적용해서 단순한 디자인으로 큰 히트를 쳤습니다.

더불어 선의 특징에 대해 좀 더 언급하자면, 간소(簡素)·탈속(脫俗)·자연(自然, 인위가 아닌 자연)·유현(幽玄, 그윽함)·고고(枯高)·정적(靜寂)·변화(變化)입니다. 이것을 '선의 일곱 가지 정신'이라고 합니다. 이런 선의 정신은 복잡성을 탈피하고, 하나의 생각에 집착하지 않도록 해 정신적 혁신을 가능케 합니다.

산사에서 수행하는 선승의 하루 일과도 지극히 단조롭습니다. 이런 단조로움이야말로 힐링이고, 정신의 휴식이며, 우리가 우리 자신을 되돌아볼 수 있는 내면적 여행입니다. 바쁘게 정신없이 돌아가는 도시의 삶이 아주 느리게 가고 있는 산사의 생활을 통해 힐링이 되고, 잃어버렸던 몸과 마음을 본래의 궤도로 되돌아오게 하는 것이지요. 선과 힐링의 접목은 앞으로 산중불교에 새로운 활력소가 될 것이라고 생각합니다.

단조로움이야말로 힐링이고,
정신의 휴식이며,
우리가 우리 자신을 되돌아볼 수 있는

내면적 여행이다

우리는 평소 여러 가지 대상에게 자기를 빼앗긴 생활을 하고 있지요. 끊임없이 자기 밖에 있는 어떤 대상을 쫓아가고 있습니다. 일상 생활에서도 마찬가지입니다. 스마트폰을 쫓아가고 텔레비전을 쫓아가고 인터넷을 쫓아갑니다. 일하는 시간을 제외한 나머지 대부분의 시간을 스마트폰과 인터넷, 텔레비전에 정신을 빼앗긴 채 보내고 있습니다. 이렇게 외물(外物)에 노출된 시간이 많을수록 밤에도 역시 갖가지 꿈을 꾸면서 보내게 됩니다. 그야말로 정신이 쉴 틈이 없습니다. 대부분의 현대인들이 낮에는 갖가지 대상과 투쟁하고 밤에는 꿈에서 투쟁하고, 주야로 정신이 외물을 향하여 내달리고 있는 것입니다.

참선이나 좌선은 외물에 빠져서 잃어버린 줄도 모르는 자기를 돌아보게 합니다. 그것을 선에서는 '조고각하(照顧脚下, 발 아래를 보라)'라고 하는데, '너, 혹은 자기 자신을 돌아보라'는 뜻입니다. 곧 실존에 관한, 존재에 대한 고찰이라고 할 수 있습니다.

선의 단순성은 선예술, 선화(禪畵, 선미술) 등에서도 잘 나타나 있습니다. 선미술의 경우 색채는 칼라가 아닌 '묵(墨)' 하나이며, 구도도 지극히 단순하고 추상적입니다. 단순·추상을 통하여 구상화된다고나 할까요.

단순하면 마음이 평온하고 복잡하면 머리가 아프기 마련입니다. 스티브 잡스의 아이폰, 아이패드는 기능과 디자인 면에서 선(禪)의 단순성을 적용하여 사람들의 마음을 사로잡은 대표적 예라고 할 수 있습니다.

마음 치유와 해탈

한상권 아나운서

불교에는 위빠사나, 참선 등 마음을 치유하는 다양한 수행 방
법이 있는 것 같습니다. 그런데 스님의 말씀을 들어보면 불교
수행의 궁극적 목표는 깨달음인 것 같습니다. 깨달음은 마음
치유와 같은 의미가 아닐까 싶습니다. 이렇게 이해해도 되겠습
니까?

월정사 주지 정념 스님

> 모든 수행의 공통 목표는
> 고통에서 벗어나 열반을 성취하는 것
> 마음이 완전히 치유된 것도 일종의 열반
> 종단 차원에서 마음 치유 프로그램을 많이 만들어야

불교는 부처님의 말씀을 담은 경전의 종수도 많고 내용도 방대합니다. 경전만큼 많지는 않지만 불교 수행법 또한 다양합니다. 석가모니 부처님이 교화하신 이래로 2,600여 년의 기나긴 불교사 속에서 다양한 수행법이 발전한 측면도 있습니다. 하지만 그보다는 기본적으로 불교는 병에 따라 적절한 처방약을 주듯이 사람들의 성품과 성향, 능력에 따라 알아듣기 쉽게 설해 주신 부처님의 대기설법(對機說法)처럼 수행법 또한 사람들의 근기에 맞게 다채롭게 발전해 왔습니다.

이렇게 다양한 수행법들이 있지만, 수행의 목표는 공통적으로 고통에서 벗어나 완전한 자유와 행복을 이루는 열반이라고 할 수 있습니다. '견성성불(見性成佛)'이니, '이고득락(離苦得樂)'이니 하는 말은 열반을 가리키는 다양한 표현들이지요.

평소 수행해 오신 분들은 잘 아시겠지만, 불교 수행을 통해 설령 불교적 이상향인 해탈이나 열반을 이루지 못한다고 해도, 모든 불교 수행법이 마음을 치유하는 데 매우 효과적이라는 것을 체험하셨을 것입니다.

따라서 불교계에서는, 특히 한국불교의 대표적인 종단인 조계종단 차원에서 정책적으로 다양한 수행법을 개발하여 이런저런 이유로 상처 입은 사람들이 마음을 치유하는 데 활용할 수 있도록 전국의 산사나 도심포교당에서는 마음 치유 프로그램을 상설해서 지도해야 할 것입니다.

사실 불교 교리에 입각해서 보면 마음이 치유된 상태가 '해탈' 혹은 '열반'입니다. 물론 여기에서 열반이나 해탈은 번뇌가 소멸된 상태, 번뇌로부터 완전히 벗어난 상태를 가리킵니다. 하지만 마음 치유하는 것도 곧 번뇌에 갇혀 있는 마음을 치유하는 것이므로 마음이 완전히 치유되었다면 곧 열반을 얻었다고 말할 수 있다고 봅니다.

불교의 다양한 수행법들을
심리학이나 인지과학,
뇌과학과 등과 접목시킨다면
마음 치유에 큰 효과를 볼 수 있어

참선·위빠사나·염불·독경(讀經)·사경(寫經)·주력(呪力) 등 불교의 다양한 수행법들을 현대 심리학이나 인지과학·뇌과학·생물학·물리학·의학 등과 접목하여 새롭게 프로그램으로 만든다면 마음을 치유하는 데 더욱 큰 효과를 볼 수 있을 것입니다.

실제로 템플스테이에 참석한 일반인을 대상으로 설문조사를 실시한 결과 불자가 아님에도 불구하고 독경과 사경이 마음의 평온을 찾는 데 큰 도움이 되는 것으로 밝혀졌습니다. 기도나 염불·독경·사경(寫經)을 통해서 마음의 상처를 치유하고 평온을 되찾은 사례는 매우 많습니다. 그것이 넓은 의미의 해탈이 아니겠습니까? 해탈과 열반을 너무 거창하게 생각하지는 않았으면 좋겠습니다.

불교 수행이나 명상의 목표를 견성성불이나 열반 등에 두고 있지만, 그보다는 그저 마음의 평안과 욕심 내려놓기, 자기에 대한 집착에서 벗어나기, 타인의 말에 상처 받지 않기, 경청하기, 타인과 비교하지 않기, 화 내지 않기 등등 생활 속에서 실천할 수 있는 구체적인 목표를 정하여 실천하시기를 바랍니다.

자아 내려놓고 치유하기

한상권 아나운서

영국의 철학자 줄리언 바지니는 『에고 트릭(Ego trcik)』이라는 저
서에서 자아(self)에 대해 심도 깊게 연구하면서 "우리가 세계
안의 어느 위치에 있느냐 하는 것이 우리 자신의 정체성을 규
정한다."고 주장했습니다. 변하지 않는 확고한 본질이란 없다
는 결론에 도달한 그의 견해는 불교사상과 일맥상통한 부분이
있다는 생각이 듭니다.

에고는 자아일 테고, 트릭은 속임수일 테니, 자아가 곧 속임수라는 의미이겠군요. 『에고 트릭』을 읽지는 않았지만, 무척 흥미진진한 철학서일 것 같습니다.

사실, 불교에서는 자아가 있다고 보지 않습니다. 가령 지금 영혼이 육체를 떠났다고 가정해 봅시다. 그러면 육체가 자기 자신입니까? 아니면 영혼이 자기 자신입니까? 어려운 질문이지요.

육체가 자기 자신일까?
영혼이 자기 자신일까?
못에 비친 나와 바라보는 나는 누구인가?
80년 전의 나, 지금의 나, 누가 나인가?

이와 비슷한 질문을 던진 스님이 있습니다. 오조법연(五祖法演) 스님이 한 승려에게 이렇게 물었습니다.

"천녀(倩女)의 혼이 떠났다는데, 어느 쪽이 진짜인가?"

이 얘기를 하기 전에 먼저 이 공안의 배경에 대해 말씀드려야겠군요. 송나라 때 선승의 공안(公案) 해설집인 『무문관(無門關)』에 나오는 '천녀리혼(倩女離魂)'에 대한 이야기인데, 그 내용을 간략하게 말씀드리겠습니다.

형량이라는 곳에 장감이라는 사람이 살았습니다. 그에게는 천녀

라는 딸이 있었는데 절세 미인이었습니다. 장감은 외조카인 왕주에게 천녀를 데리고 가라고 말하곤 했습니다.

그러던 어느 날 새로 부임한 현령이 마을을 지나다가 천녀를 보고 한눈에 반하였습니다. 현령이 천녀에게 청혼을 하니 장감은 왕주에게 했던 약속을 잊고 이를 승낙했습니다. 이에 상심한 왕주가 마을을 떠나려고 하는데, 천녀가 그의 뒤를 따라나섰습니다. 두 사람은 배를 타고 이웃나라로 가서 오순도순 몇 년 동안 행복하게 잘 살았습니다. 몰래 집을 떠난 것이 죄스럽고 부모님이 잘 사는지 걱정이 되어 두 사람은 고향으로 돌아가게 되었지요.

왕주는 장인에게 그간의 일들을 아뢰고 용서를 빌었습니다. 왕주의 이야기를 듣고 장감은 깜짝 놀랐습니다. 천녀는 지난 몇 년간 앓아 누워 있었기 때문입니다. 왕주는 아내를 데리고 오고, 장감은 방에 누워 있는 딸을 데리고 왔습니다. 동시에 두 천녀가 만나자 마자 한 사람의 천녀가 되었습니다. 천녀가 입을 뗐습니다.

"서방님이 한을 품고 떠나는 것을 차마 볼 수가 없어서 혼이라도 따라가고 싶다고 생각했더니 정말로 제 혼이 몸속에서 빠져나와 서방님 곁으로 갔던 것입니다."

그러니까, 오조법연 스님이 물은 것은 "누워 있는 천녀, 즉, 육체뿐인 천녀가 진짜냐, 아니면 왕주를 따라간 천녀, 즉, 영혼뿐인 천녀가 진짜냐?" 하는 것입니다.

'천녀의 혼이 진짜일까?' '천녀의 몸이 진짜일까?' '둘 다 진짜일까?' 아니면 '둘 다 가짜일까?' 하지만 이런 의문이 드는 순간 이미 오조 법연 스님의 덫에 걸려든 것입니다.

또한 고려 후기 진각혜심 스님의 선시(禪詩)와 서산 스님의 글도 시사하는 바가 큽니다.

고려 후기의 스님으로『선문염송』을 편찬한 진각혜심(眞覺慧心) 스님은 수면에 비친 자신의 모습을 보고서 이렇게 읊었습니다.

池邊獨自座　地底偶逢僧
默默笑相視　知君語不應

못가에 홀로 앉아,
우연히 물 밑의 나를 만났네.
묵묵히 웃음으로 서로 바라볼 뿐,
그대를 안다고 말하지 않았네.

묘향산 원적암에서 설법을 마친 뒤 서산 스님은 자신의 영정을 꺼내어 그 뒷면에 "80년 전에는 네가 나이더니[八十年前渠是我], 80년 후에는 내가 너로구나[八十年後我是渠]."라는 글을 남기고 입적했습니다.

진각혜심 스님은 연못가에 홀로 앉았다가 물비늘에 비친 자신의 모습을 봤습니다. 스님은 수면에 비친 자신을 보고 그저 묵묵히 웃을 뿐입니다. 서산 스님이 자신의 초상화에 부친 영찬과 마찬가지로 진각혜심 스님도 주객(主客)이라는 양변을 여의고 불이(不二)의 경계에 들었다는 것을 알 수 있습니다.

'나는 누구인가?' 하는 질문은 마치 거울에 비친 자신의 모습을 거울 밖의 자신이 바라보면서 '너는 누구인가?'라고 묻는 것과 같습니다. 흔히 불법을 우주 만물을 비추는 거울로 비유하곤 합니다.

이 거울은 안과 밖의 경계가 따로 있지 않을 것입니다. 우주 만물의 형상은 그 대상을 바라보는 주체의 마음 상태에 따라서 달라질 수밖에 없습니다. 분별심을 갖지 않는다면 나도 없고 너도 없는 경계에 들기 때문입니다.

부처님은 영원히 변치 않는 숭고한 본질인 브라만과 그 본질의 반영체인 아트만이 있다는 힌두교의 이분법적 사고를 부정했습니다. 그 대신 부처님은 이 세상 만물, 모든 존재가 독자적으로 존재하는 것이 아니라 수시로 변화하는 원인과 조건의 관계에 따라, 서로 의존하고 인연에 의하여 생긴다는 연기법(緣起法)을 말씀하셨습니다. 부처님은 '모닥불'의 비유를 들어서 "장작을 떠나서는 불이 있을 수 없다."라고 하셨습니다. 불과 장작이 만나서 서로 관계를 맺고 조건이 형성되어 장작불이 되듯, 인간의 자아라는 것도 이와 마찬가지라는 것입니다.

나니 너니 하면서 다투는데, 실로는 나라고 할 것도 너라고 할 것도 없는 것입니다. 이 세상 모든 존재가 서로 의존하고 관계가 맺어짐으로써 존재할 수 있다는 것을 안다면 에고에 집착해서 괴로워하고 다른 사람을 괴롭히는 일은 더 이상 하지 않겠지요. 바로 이러한 이치를 깨닫고 고통에서 벗어나 완전한 행복을 이루기 위해서 수행을 하는 것입니다.

나라는 존재에 대한 집착이 고통의 원인
자아를 포장한 것에 흠집이 생기면
분노와 원한을 갖게 되고

우울증과 슬픔에 빠지기도
자아에 대한 인식의 전환이 급선무

현대인을 힘들게 하는 심신의 피로와 마음의 상처는 산업사회의 후유증 등 환경적인 요인에 의한 것이기도 하지만, 그 원인을 잘 살펴보면 '나'라는 존재에 대한 집착에서 비롯된 것도 많습니다.

'독선'·'아집'·'편견'·'오만'·'자기중심적 사고'·'자만심'·'우월의식'·'아만(我慢)'[2] 등 사람의 행동이나 성품에 대한 부정적인 용어들을 가만히 살펴보십시오. '나'라는 존재에 집착하며 자아를 포장한 것들입니다.

그런데 만일 어떤 계기로 이 포장에 흠집이 생기면 노여움·증오·원망·원한을 갖기도 하고, 깊은 상처로 우울증과 슬픔에 빠지기도 합니다. 자아(에고)가 강할수록 타인의 말에 쉽게 상처 받고, 또 타인과 잘 화합하지 못하기 때문에 소외되기 쉽습니다. 에고(자아)가 오히려 자기 자신을 구속하는 족쇄가 되어 괴롭히는 것입니다. 그래서 불교에서는 고통을 일으키는 자아에 대한 집착에서 벗어나라고 무아(無我)[3] 사상을 강조한 것입니다.

힐링도 필요하지만 그에 앞서 자아에 대한 인식의 전환이 급선무입니다. 자아가 강할수록 괴로움도 큽니다. 에고는 아만과 빗나간 우월감을 불러 일으키는데, 이것을 버리지 않고는 고통에서 벗어날

---

2   我慢: 내가 더 낫다는 생각
3   無我: 아트만이나 영혼 같은 실체가 없다. 변치 않는 자아라고 할 만한 것은 없다

수 없습니다. 과도한 욕망 또한 강한 에고에서 기인합니다. 욕망이 크면 불만도 클 수밖에 없고, 불만은 분노를 유발합니다. 분노가 크면 그 분노에 가려서 사람은 점점 더 어리석어집니다.

또 자기중심적인 생각만 하게 됩니다. 사회가 불합리하고 불평등·부조리한 것도 큰 문제이지만, 그로 인한 지나친 불만과 분노는 악순환을 되풀이하는 동력이 됩니다. 불만과 분노를 잘 다스린다면 개인과 사회가 상생하는 발전적인 방향으로 나아갈 수 있을 것입니다.

분노의 사회에서 자비의 사회로

한상권 아나운서

> 분노를 잘 다스려야 한다는 스님의 말씀에 깊이 공감합니다.
> 요즘 대중매체를 뜨겁게 달구고 있는 것 가운데 하나가 '분노
> 조절 장애'인 것 같습니다. 보복 운전, 층간소음으로 인한 살
> 인 사건, 자신을 무시하는 것 같다는 막연한 이유로 이유로 자
> 행되는 '묻지마 폭행', 도를 넘은 모 재벌가의 갑질도 여러 차례
> 보도된 바 있습니다. 이런 끔찍한 사건의 상당수가 우발적으로
> 벌어지는데, 순간 욱하는 감정, 즉 분노를 조절하지 못해서 발
> 생한다고 합니다. 우리 사회 전체가 '분노 조절 장애'라는 집단
> 병리 현상을 겪고 있는 것 같습니다. 왜 이렇게 된 것일까요?

참으로 안타까운 일입니다. 한 아나운서님의 말씀처럼 우리나라에서도 분노가 사회적인 문제로 등장하고 있습니다. 얼마 전(지난 6월) 연합뉴스에서 "폭력 범죄의 40%가 분노로 인한 범죄"라고 보도했는데, 순간의 화를 참지 못해 흉기를 휘두르는 분노 조절 장애 범죄가 증가하고 있고, 그로 인한 범죄가 전체 사건의 40%로서 14만 건이나 된다고 분석했습니다. 폭력 범죄의 40%가 분노로 인한 것이라는 수치를 보고 큰 충격을 받았습니다.

요즘에는 분노 조절 장애 등으로 괴로워하거나 상담하러 오는 이들도 많다고 합니다. 현대인들의 상당수가 분노를 조절하는 것에 어려움을 느끼고, 분노를 다스리지 못해 가장 가까운 사람들에게 상처를 주고, 직장에서는 동료들과 반목하며 삽니다. 그것 때문에 후회와 자책에 시달리는 분도 많이 봤습니다.

> 분노는 인간의 가장 부정적인 감정
> 우리 모두가 극복해야 할 대상
> 분노를 극복하지 못하면
> 인격을 완성할 수가 없어…

로버트 서먼 교수가 쓴 『분노』라는 책에서는 감정 가운데 가장 무서운 것이 '분노'이고, 분노는 폭력이나 다름없다고 규정했습니다. 인

간의 감정 중 가장 통제하기 어려운 것이 분노입니다. 분노는 폭력과 같아서 후유증도 매우 큽니다. 그래서 불교에서는 분노를 3독(三毒) 가운데 하나로 탐욕(貪)·어리석음(痴, 무지)과 함께 극복해야 할 대상으로 봤습니다.

'분노 조절 장애'는 말 그대로 분노 조절 기능이 제대로 가동되지 못하는 것, 이성이 감정을 조절하지 못하는 데서 일어나는 정신적인 병리 현상이라고 할 수 있습니다. 분노를 통제하지 못하면 순간적·충동적으로 과격하고 폭력적인 행동을 하게 된다고 합니다.

사실 분노는 정도의 차이만 있을 뿐 누구에게나 다 있습니다. 다만 분노를 조절하지 못해서 심한 욕설이나 폭력 등 공격적인 행동으로 분출되어 자기 자신은 물론이고 타인에게 해를 입히게 되는 것이 문제입니다. 분노의 원인을 알고 해소하는 것이 관건이라고 할 수 있습니다.

분노 조절 장애의 원인에는 여러 가지가 있다고 합니다.

우선 분노 조절 장애를 외상 후 격분 장애라고도 합니다. 다시 말해 분노의 원인이 교통사고나 천재지변, 인재(人災), 각종 재해 등 외부적인 위협으로 인한 후유증이라 할 수 있습니다. 주된 증상은 분노하던 상황을 끊임없이 생각하고 증오하고 부당하다고 억울해하면서 분노를 지속시키다가 결국 충동을 조절하지 못해 다투거나 폭행, 기물파손 등을 유발하는 것입니다. 때로는 분노가 '묻지마 범죄'로 이어져서 불특정 다수가 다치기도 합니다.

분노 조절 장애는 신경생리학적인 측면도 있지만 대체적으로 환경적인 요인이 더 크다고 의학계에서는 말합니다. 어릴 적에 부모님과 주위사람들의 분노로 지속적인 스트레스를 받는 환경에 노출되는 경우 분노 조절 장애를 겪게 될 확률이 훨씬 더 크겠지요.

분노는 자기 자신은 물론이고 주변 사람들, 더 나아가 우리 사회를 불안하게 하고 험악하게 만드는 불행의 씨앗입니다. 자신의 분노로 인해 가족들도 공포 속에 불안하게 살아가게 되고, 그러한 환경 속에서 자란 자녀 또한 분노 조절 장애 환자가 되어 갖가지 사회 문제를 일으킬 수 있습니다. 그렇기 때문에 단순히 급하고 화를 잘 내는 다혈질의 성격 문제로 받아들이지 말고 반드시 고쳐야 할 정신질환으로 인식해야 할 것입니다.

또한 우리 사회의 모순, 즉 극심한 빈부 격차, 권력층의 부조리, 편법, 부정부패, 비정규직 차별, 천정부지로 오르는 집값 등 사회적인 불만도 분노를 유발시키는 요인이 됩니다.

간혹 분노가 필요할 때도 있습니다. '정의로운 분노'라고 해야 할까요? 정의가 불의에 의하여 파괴되거나 무너질 때, 또는 불의가 활개를 칠 때는 분노해야 합니다. 때론 파사현정(破邪顯正), 삿된 것을 깨뜨리고 바른 것을 드러내기 위해서 분노를 표명할 수도 있습니다. 그렇다고 해서 폭력을 정당화해서는 안 됩니다. 폭력적인 방법은 아무리 목적이 좋다고 해도 바람직하지 못하기 때문입니다. 간디의 '비폭력 무저항주의', 또는 2년 전 우리나라의 촛불 집회 같은 평화적인 방법이 그 좋은 본보기라고 할 수 있습니다.

분노는 폐해와 후유증이 아주 큽니다. 분노 조절 장애로 인한 거친 언어나 폭력적인 행동은 상대방에게 심한 상처를 주게 됩니다.

연쇄살인사건을 일으켰던 유영철의 경우 초등학교 때 선생님에게 받은 상처가 마음에 깊은 트라우마가 되어 불특정 다수를 향해 분노하고 '묻지마 살인'을 하게 된 동기로 작용했다고 합니다. 따라서 상대방이 실수를 하고 잘못을 했다 하더라도 순리적으로 잘 해결해야 합니다. 마구 나무라기보다는 이해하고 배려하면서 애정을 가지고 바로잡아 준다면 상대방의 분노를 조금씩 치유할 수 있을 것입니다.

한상권 아나운서

'분노를 어떤 방법으로 스스로 조절하고 통제하는가?' 하는 것이 중요한데, 어떤 이는 분노가 올라오는 것을 지켜보라고 하고, 어떤 이는 고향에 계신 어머니를 생각하라고 하고, 또 어떤 이는 무심하게 숫자를 세라고 합니다. 분노를 조절하는 좋은 방법에 무엇이 있을까요?

월정사 주지 **정념 스님**

분노는 급류와 같은 감정
분노를 객관화해서 바라보고
호흡으로 분노를 가라앉히는 것도 좋아
사람에 따라 분노 다스리는 법도 달라져야

말씀하신 방법도 좋은 방법입니다. 분노가 올라오는 것을 지켜보는 사이에, 또는 고향에 계신 어머니를 생각하는 사이에, 또는 숫자를 세거나 화두를 들거나 염불을 하다 보면 어느새 치솟던 분노가 조금씩 진정되면서 평정심을 되찾게 됩니다. 다만 사람에 따라 분노를 다스리는 법도 다를 수는 있을 겁니다.

앞에서도 말씀드렸듯이 유전적인 요인이나 외상 후유증으로 인해 전두엽이 파괴되어 생기는 심각한 분노 조절 장애 외에는 수행과 학습을 통해서 충분히 고칠 수 있습니다. 특히 전두엽을 활성화시켜 주는 명상은 분노 조절 장애를 치유하는 데 매우 효과적인 방법이라고 합니다.

분노는 급류와 같은 감정이에요. 불교 명상 수행인 위빠사나에서는 일어나는 감정(분노)을 지켜보라고 말합니다. 즉 자신의 감정을 이성적으로 관찰하는 것인데, 이성적으로 관찰해 보면 자신의 분노가 순간적인 감정에 의한 것임을 알 수 있습니다. 이것은 '분노를 객관화해서 보는 것' 또는 '분노와 나를 분리시키는 방법'인데, 관찰을 통해서 분노가 일시적인 감정에 지나지 않는다는 사실을 파악하게 되는 것입니다. 적어도 관찰하는 순간에는 분노에 끌려가거나 부화뇌동하지 않게 되는데, 이렇게 반복하다 보면 분노를 조절할 수 있게 됩니다.

호흡 명상도 효과가 좋습니다. 분노가 일어나면 숨을 평소보다 2~4배 길이로 길게 들이쉬고, 내쉬기를 10회 반복하면 됩니다. 숨을 들이쉬고 내쉬면서 마음으로는 분노가 나간다고 생각하면 더욱 빠르게 분노가 진정되는 것을 느낄 수 있을 것입니다.

위빠사나와 호흡명상 외에도 대부분의 불교 수행법은 분노 조절 장애에 큰 효과가 있습니다. 부처님을 생각하면서 명호를 부르는 칭명염불도 염불을 하는 동안 뇌파가 안정되고, 전두엽이 활성화되어 분노가 조절된다는 연구결과가 있고, 참선 수행도 마찬가지입니다.

일전에 불교신문에서 읽은 내용인데, 금강선원과 가천의과대학 뇌과학연구소가 금강선원 청소년기초참선 프로그램에 참가한 5명의 학생들을 대상으로 연구 실험한 결과, 참선 상태에서 집중·계획·통찰과 같은 높은 수준의 정신기능을 담당하는 뇌 영역인 전두엽이 활성화되었고, 수행이나 훈련을 통해서 그 특성이 더 커지는 것을 알 수 있었다고 합니다. 전두엽이 활성화되면 기억력과 집중력은 물론이고 자기 조절 능력, 즉 분노 조절 능력이 높아지는 것입니다.

분노가 일어날 때
1분 동안 자신을 관찰하며 참기
관찰을 통해서
분노와 나를 분리시키기

명상과 불교 수행 외에도 아주 쉽게 분노를 조절하고 극복할 수 있는 방법이 있습니다. 분노가 일어날 때 1분 동안 자신을 관찰하면서 참는 것입니다. 1분이 길다면 30초, 혹은 10초만이라도 참는다면 분노를 조절할 수 있습니다. 30초나 1분 후에 생각해 보면 자신의 행동이 순간적인 잘못된 감정에서 비롯되었으며, 이성적이지 못했다는 것을 알게 됩니다. 이렇게 분노가 일어날 때 '1분만 참자', '1분 후에 생각해 보자'는 습관을 가지면 어느 정도 조절되고, 익숙해지면 거의 조절됩니다.

한상권 아나운서

언론매체에서 우리 사회를 '분노의 사회'라고 부르는 것을 당연하게 받아들이는 것이 안타깝기만 합니다. 우리 사회의 분위기를 자비롭고 평화롭게 바꿀 수 있었으면 좋겠다는 생각을 한 적이 있습니다. '자비로운 사회'로 전환할 수 있는 방법은 무엇일까요?

월정사 주지 **정념 스님**

자비관을 하고 자비행을 실천하려고 노력하면
분노는 자연스럽게 다스려져
자비로써 분노를 다스릴 때
분노의 사회는 자비의 사회로 전환 돼

'분노의 사회'를 '자비의 사회'로 전환하는 방법이 있지요. 불교에서는 사람의 성격과 능력에 따라 수행방법도 다양하게 나뉘어져 있습니다. 경전에서는 분노가 많은 사람은 자비관을 하라고 합니다. 자비관으로 분노를 다스리라는 것이지요. 그런데 왜 분노가 많은 사람에게 자비관을 알려주었는지 먼저 생각해 봐야 합니다. 가만히 살펴보십시오.

성격이 급하고 머리가 좋은 사람은 성격이 느긋하고 영민하지 못한 사람을 보면 답답해서 분노가 치밀어 오르는 경우가 많습니다. 상대방에 대한 이해가 부족하고 자비심이 없을 때 분노가 생기는 것입니다. 5~6년 전 틱낫한 스님이 월정사에 오셔서 1주일 동안 명상 지도를 하신 적이 있습니다. 그때 스님께서는 숨쉴 때마다 부모님을 떠올리라고 했습니다. 그 이유에 대해 물어 보니, 자기의 존재를 각성시키기 위해서라고 합니다. 자신의 존재가 부모님에게서 비롯되었다는 것을 알면 우주에 펼쳐진 모든 관계에 대해서도 다시 생각하게 되기 때문입니다. 그러면 자연스럽게 분노보다는 측은지심, 연민이 들게 된다는 것이죠.

부처님의 원음이 가장 많이 남아 있는 『숫타니파타』에는 자비관에 관련된 내용이 많이 나옵니다.

> "살아 있는 모든 것은 다 행복하여라. 평안하여라. 안락하여라. 어떤 생물일지라도 (중략) 살아 있는 모든 것은 다 행복하여라. 평안하여라. 안락하여라.
> 남을 속여도, 경멸해서도 안 되며, 화를 내어 남에게 고통을 주어서도 안 된다. 마치 어머니가 목숨을 걸고 외아들을 지키듯이, 살아 있는 모든 것에 대해서 한량없는 자비심을 내어라. 온 세계에 대해서 무한한 자비를 행하여라."

위 내용 한 구절 한 구절이 마치 자비로운 부처님께서 중생들에게 직접 말씀하시는 것 같고, 우리에게 자비심을 보내주는 것 같은 느낌을 받게 됩니다. 『숫타니파타』의 내용과 같이 자비관은 아주 쉬운 수행입니다. 모든 존재들에게 마음속으로 "살아 있는 모든 것은 다 행복하여라. 평안하여라. 안락하여라."라는 마음을 보내는 것이 바로 자비관입니다. 이렇게 자비관을 하고 자비행을 실천하려고 노력하면 분노가 일어날 수가 없겠지요. 혹여 분노가 잠깐 일어난다 해도 통제가 되고, 폭력이나 폭설을 휘두를 일은 더더욱 없겠지요.

자비관 수행은 매우 쉽습니다. 먼저 자기 자신, 그리고 가까운 가족과 친척부터 시작해서 조금씩 먼 대상을 향해 자비관을 행하면 됩니다. 이를테면 가장 먼저 가족들을 향해 자비관을 하고, 다음에는 친구나 동료, 이웃 사람들을 향해, 그리고 더 나아가서는 미워하는 사람에게까지 확장시켜 자비관을 하는 것입니다. 실제 마음속으로 "행복하여라. 평안하여라. 안락하여라."라고 반복하며 자비관을 했을 때, 그동안 서운했던 감정들이 저절로 풀리는 것을 느낄 수 있을 것입니다.

자비관은 자기 자신과 이 세상의 모든 존재에게 자비의 밝은 빛을 확산시키는 수행입니다. 자비관은 바로 지금 이 순간에도 우리 모두에게 꼭 필요한 덕목이라 할 수 있지요. 특히 분노가 일상화된 우리 사회에 불교의 자비관은 분노를 치유하는 매우 좋은 방법이라고 봅니다.

제4장

종교를 이야기하다

과연 종교는 꼭 필요한가?

한상권 아나운서

'오늘날 종교는 과연 필요한가?' 이런 의문을 갖고 있는 사람
들이 많습니다. 종교 인구가 점점 줄어들고 있기 때문입니다.
2016년 12월 통계청이 발표한 '2015 종교 인구 조사'에 의하
면, 국민 가운데 종교를 믿지 않는 무종교인이 56.1%나 되었
습니다. 종교를 믿는 인구보다 믿지 않는 인구가 13%나 더 많
은 것입니다. 무종교인이 절반을 넘어서면서 우리나라도 본격
적으로 '탈종교사회'로 가고 있다고 할 수 있습니다. 탈종교화
의 이유가 뭐라고 생각하시는지 궁금합니다. 그리고 불교계에
서는, 또 스님은 어떤 대안을 갖고 계신지요?

월정사 주지 **정념 스님**

> 과학의 발달로 신비한 영역의 베일이 벗겨지고
> 의학의 발달로 종교의 치병적인 요소도 사라지고
> 국가적인 복지제도 확대로 인한 종교의 역할 축소로
> 종교의 필요성을 느끼지 못하는 사람들 많아져

　종교의 필요성에 대한 논란은 과학문명의 발달과 관련이 깊다고 봅니다. 과학문명이 눈부시게 발전하면서 그동안 미지의 영역에 가려져 있던 신비적인 문제들이 거의 다 파헤쳐졌습니다. 예를 들어 천동설과 지동설만 해도 지금은 과학적 탐구에 의하여 지동설이 확인되었지만, 300여 년 전만 해도 종교계(가톨릭)의 주장과 과학자의 주장이 달랐었습니다. 당시 지동설을 주장했던 갈릴레오는 천주교법에 따라 사형선고를 받지 않았습니까? 그러나 금세기에 들어와 첨단과학문명의 발달로 인해 '은하계의 끝', '내생' '사후 세계', '윤회' 등 몇 가지 정도를 제외하면 모두 그 베일이 벗겨졌습니다.

　과거에는 지진·폭풍우·홍수·쓰나미 등 자연의 불가항력적인 파괴력에 따른 두려움, 유한한 인간 삶에 대한 공포로 종교를 많이 믿었습니다. 하지만, 그 역시 과학문명의 발달로 많이 퇴색됐습니다.

　한편 예전에는 종교계에서 복지활동과 교육활동도 활발히 펼쳤는데, 국가적 차원의 사회복지제도가 확대되면서 과거 대비 종교의 역할이 축소되어 가고 있지요.

뿐만 아니라 의학의 발달로 인하여 종교의 치병적인 요소도 사실상 사라졌습니다. 50년 전에는 환갑만 넘어도 오래 살았다고 했으나 지금은 의학의 발달로 인하여 평균 수명이 80세이고, 100세 장수시대가 되었습니다. 과학과 의학이 발달하고 인류 역사상 가장 풍요로운 삶을 누리면서 종교의 필요성을 그다지 느끼지 못하게 된 것이지요. 또한 세속화된 기성 종교에 대한 부정적인 여론도 종교를 떠나게 하는 데 큰 작용을 했다고 봅니다.

> 오늘날 '탈종교화'는 세계적인 현상
> 종교의 세속화는 탈종교화를 가속시켜
> 앞으로 종교는 삶을 위한 종교,
> 시민과 더불어 함께하는 종교로 거듭나야

말씀하셨다시피, 현재 인류의 30%, 우리나라 사람들의 50% 이상이 종교를 갖고 있지 않습니다. 과학과 의학의 발달, 그리고 경제적인 뒷받침과 혜택으로 종교의 필요성이 점점 축소되어 가고 있는 것입니다. 특히 각자도생, 무한경쟁의 신자유주의 체제에서는 개인주의가 더 강해질 수밖에 없고, 사찰이나 성당, 교회를 나가기보다는 혼자 쉬면서 스트레스를 푸는 것을 더 중시하는 경향도 생긴 것 같습니다.

사회가 문명화될수록 자기 자신의 삶에 치중하는 개인주의적 가치관을 가진 사람들이 늘어나게 됩니다. 그것은 곧 특정 종교집단에 얽매이지 않으려는 사람들이 많아진다는 것이고, 자연스럽게 종교 인구의 감소로 나타날 것입니다. 설령 종교를 믿는다고 해도 어느 한 사찰이나 교회, 또는 성당을 고정적으로 다니기보다는 그때그때 편의에 따라서 다니게 되는 경향도 생겨날 것입니다.

"종교가 꼭 필요한가?"라고 질문했을 때 "그렇다"고 대답할 수는 없습니다. 인생을 살아가는 데 있어서 종교가 필요한 것은 사실이지만 종교를 믿지 않는다고 해서 살 수 없는 것도 아니고, 살아가는 데 크게 불편한 것도 아니기 때문입니다. '인생이란 무엇인가?' '왜 사는가?' '어떻게 살아야 하나?' 등 인생의 근원적인 문제에 봉착하지 않는다면 종교의 필요성을 느낄 수 없을 것입니다.

오늘날 탈종교적인 패러다임은 서구에서 시작되었습니다. 과학의 발달로 인한 초월적 종교에 대한 불신과 함께, 물질주의의 여파가 가져온 종교의 세속화는 탈종교화를 가속화시켰습니다. 하지만 그와 동시에 현대인들은 심각한 인간 소외, 고독, 온갖 스트레스 속에서 그 어느 때보다 마음 치유가 필요한 상황입니다.

이러한 상황에서 마음의 종교라 불리는 불교가 해야 할 역할은 점점 더 커진다고 할 수 있습니다. 경쟁사회에서 지친 이들의 마음을 위로해 주고, 마음을 치유해 주는 힐링, 마인드풀니스의 관점에서 시민들과 만나고, 마음으로 시민들을 안아 주고 치유의 길을 열어 주어야 한다고 봅니다.

탈종교 시대에 종교는 과거의 기복적이고 초월적이고 절대적인 차원의 종교가 아닌, 사람들의 삶을 위하여 마음을 치유하고 고통에서 벗어날 수 있도록 도와주는 종교로 거듭나야 합니다. 종교 시설을 시민들의 휴식처, 안식처로 활용할 수 있도록 하고, 종교인들은 명상을 지도해 주는 스승이자 의사, 상담사의 역할을 적극적으로 임해야 할 것입니다.

헌신 없는 종교는 사회악

한상권 아나운서

사람들의 삶의 질을 개선하는 데 종교가 앞장서야 하고, 시민들과 더불어 함께하는 종교로 거듭나지 않으면 안 된다는 스님의 말씀에 공감합니다. 간디는 헌신 없는 종교를 사회악의 하나로 규정했는데 종교인이신 스님은 여기에 대하여 어떻게 생각하십니까?

인도의 성자 마하트마 간디는 '인격 없는 지식', '노동 없는 부'
와 함께 '헌신 없는 종교'를 '사회악'[4]으로 규정했습니다. 만일 사람
들, 중생들을 위해 헌신하고자 하는 생각이 없다면 종교인의 옷을
벗어야 한다고 봅니다. 그런데 겉으로는 종교인의 옷을 입고 있으면
서 속으로는 전혀 종교인답지 않은 삶을 살아가고 있는 분들도 많
습니다. 그러한 종교인들로 인해 종교가 더욱 세속화되고 있습니다.
그것이 사람들로 하여금 종교에서 멀어지도록 한, 즉 탈종교화 현
상을 불러온 큰 원인 중의 하나라고 생각합니다.

> 사회적 역할에 힘쓰지 않으면
> 종교는 설 자리를 잃게 돼
> 어머니가 자식을 위해 헌신하듯
> 자비, 희사, 보시를 실천하는 종교가 되어야…

각 종교마다 표현의 차이는 있으나 모든 종교의 공통적인 가르침
과 목적은 선(善)이고, '구제·구원'입니다. 불교의 자비, 기독교의 사
랑과 박애도 종교의 목적을 실천하기 위한 덕목입니다. 고통 받고

---

4 마하트마 간디는 현대문명의 7대 사회악으로 1)철학 없는 정치, 2)도덕(道德)
없는 경제, 3)노동 없는 부(富), 4)인격(人格)이 없는 교육, 5)인간성(人間性) 없는
과학, 6)윤리 없는 쾌락, 7)헌신 없는 종교를 꼽았다.

있는 사람들을 위해 종교인들이 헌신적으로 자비와 사랑을 실천할 때 비로소 그 종교의 존재 의미가 있습니다. 헌신하지 않는 종교는 존속하기 힘들다는 사실을 명심해야 할 것입니다.

과거 역사를 살펴보면, 종교가 고통 받고 억압당하는 사람을 고통으로부터 벗어나게 해 주는 데 힘쓰기보다는 오히려 그들에게 공포심을 주어서 착취에 가까운 헌금을 강요한 적도 있습니다. 또한 성전(聖戰)이라는 이름으로 종교전쟁을 일으킨 적도 있습니다. 그래서 마르크스는 극단적인 표현이긴 하지만 '종교는 민중의 아편이다'라고까지 말했지요. 특히 사이비 종교의 해악은 이루 말할 수 없을 정도로 큽니다. 잘 아시다시피 인민사원 사건[5], 오대양 사건[6], 옴진리교 독가스 살포사건[7] 등 전 세계 사람들을 경악케 한 일들이 지금도 생생하게 기억납니다.

어느 종교든 맹신하게 되면 자기 자신은 물론이고 가족 친지와 이웃, 사회에 나쁜 영향을 미치게 됩니다. 종교가 믿음을 강조하다 보면 신도들을 어리석게 만들기 쉽습니다. 신도들로 하여금 맹신을 조장하는 것은 곧 신도들을 정신적·물적 착취의 도구로 활용하는 것과 마찬가지입니다. 따라서 맹신을 강요해서는 절대 안 되고, 종교

---

5 1978년, 미국 목사 '짐 존스'가 창시한 사이비 종교 '인민사원'의 신도들 900여 명이 집단 자살한 사건.

6 1987년, 한국의 개신교 계통의 사이비종교 교주 박순자가 설립한 오대양 회사에서 신도 32명이 집단 자살한 사건. 타살로 추정되기도 한다.

7 1995년, 일본 도쿄 시내 지하철 3개 노선의 차량 다섯 군데에 아사하라 쇼코가 창시한 옴진리교 신도들이 독가스를 살포하여 승객 13명이 숨지고 6천여 명이 부상을 입은 사건.

인들은 항상 어머니가 자식을 위해 헌신하듯 신도들을 위해 아낌없이 자비·희사·보시를 실천해야 할 것입니다.

오늘날 무한경쟁의 신자유주의 경제체제에서는 너 나 할 것 없이 육체적·심적(心的) 고통을 많이 겪습니다. 인간관계와 삶의 방식 등이 예전에 비하면 너무나도 복잡해졌고 온갖 스트레스에 노출되어 있는 게 사실입니다. 사람들이 고통에서 벗어나 행복해 질 수 있도록 잘 이끌어 주는 것이야말로 종교의 가장 큰 목적이라 할 수 있습니다.

불교의 궁극적 목적은 자기 자신은 물론이고 타인을 고통에서 벗어날 수 있도록 도와주는 것입니다. 팔만대장경이 상징하듯 수없이 많은 경전이 있는 것도 부처님께서 중생들의 성격과 능력에 맞게 고통으로부터 벗어나는 길을 제시하는 데 초점이 맞추어져 있기 때문입니다.

물론 그렇다고 해서 물리적으로 고통을 없애줄 수는 없습니다. 이를테면 죄를 짓고 감옥에 가 있는 사람을 직접 꺼내 줄 수는 없습니다. 감옥에 갇혀 괴로워하는 사람들의 마음에 위안을 주고, 괴로움을 덜어 주고, 개과천선하여 출옥 후에는 다시는 그런 죄를 짓지 않도록 이끌어 줄 수는 있습니다. 사람들의 마음을 선하게 하고, 선행을 실천하게 함으로써 세상 사람들이 서로 도우면서 행복하게 살아갈 수 있도록 돕는 것이야말로 종교의 사회적 역할이라 할 수 있습니다.

이번 종교 인구 조사 중 불교 신자의 감소폭이 가장 큰 것 역시 불교가 시대 변화에 잘 적응하지 못했고, 대중과의 소통이나 사회

참여, 교육, 나눔 봉사에 활발하지 못한 데다 불교계 내부의 부적절한 문제점들이 뉴스로 회자되어 불교에 대한 신뢰를 떨어뜨린 것도 한몫했을 것입니다. 종교인들이 솔선수범하여 헌신적 자비를 실천할 때, 종교의 사회적 역할을 제대로 수행할 수 있을 것입니다.

종교의 순기능과 역기능

한상권 아나운서

종교의 순기능과 역기능에 대하여 좀 더 구체적으로 이야기해
보고자 합니다. 종교가 마음에 평온을 가져다주고 우리의 인
성을 순화시키는 것은 종교의 순기능이라고 할 수 있습니다.
반대로 선(善)에 대한 강조가 체제에 순응하고 무비판적으로
수용하는 역할을 하게 되면 그것은 종교의 역기능이라고 할
수 있습니다. 또한 종교인들이 어려운 사람들을 도와주기도 하
지만, 사회악을 저지르는 경우도 적지 않습니다. 종교전쟁이라
는 것도 있지 않습니까. 이런 문제에 대하여 스님은 어떻게 생
각하십니까?

한국사회와 불교
그 미래를 조망하다

월정사 주지 **정념 스님**

> 종교의 순기능은 죽음에 대한 두려움 등
> 근원적 괴로움에서 벗어나게 해 주는 것이고,
> 지나친 헌금을 강요하고,
> 복종을 유도하는 것 등은 종교의 역기능

　세상의 모든 것이 그러하듯 종교 또한 순기능과 역기능이 있습니다. 종교의 순기능은 무엇보다 인간이 갖고 있는 원초적인 두려움, 죽음에 대한 공포, 그리고 현실의 고통을 극복할 수 있는 힘을 준다는 것입니다.

　인간은 나고 늙고 병들어서 죽는 괴로움을 안고 살아갑니다. 생로병사, 이 네 가지의 괴로움은 인간이면 누구나 겪을 수밖에 없는 것이어서 근본적인 괴로움이라고 합니다.

　부처님께서는 니르바나(열반)를 성취하면 죽음의 공포나 고통에서 벗어날 수 있다고 했습니다. 니르바나는 욕망이 사라지고 완전한 행복을 성취한 상태를 뜻합니다. 욕망이 많으면 그것을 지키기 위하여 애를 씁니다. 그리고 죽음을 비롯하여 모든 것이 두려운 것 투성이로 변합니다. 하지만 욕망이 없으면 두려울 것도 없고 괴로움도 소멸됩니다.

　또한 불교에서는 진리를 깨달으면 죽음의 공포로부터 벗어날 수 있다고 했습니다. 진리를 깨닫는다는 것은 무상(無常)·무아(無我)·연기의 법칙[緣起法]을 아는 것입니다. 즉 모든 존재는 변한다는 것[無常], 고정적인 실체·불변하는 실체로서의 '나'는 없다는 '무아(無我)'를 깨닫는 것입니다. 한편 연기의 법칙을 깨달으면 그대로 부처님처럼 성불(成佛)하게 됩니다. 누구나 연기(緣起)의 법칙에 따라 태어났다가 죽는다는 것을 안다면 두려워할 것이 없습니다. 인간뿐만 아니라 우주만유가 연기의 법칙에 따라 오고 가는 것이라는 사실을 깨닫는 다면 죽음뿐만 아니라 모든 것에 초연할 수 있지요.

이와 같이 종교는 우리의 삶을 안정시켜서 평온함을 가져다주고, 더 나아가 사회 분위기를 안정시키고, 정부에서 미처 돌보지 못한 소외된 계층을 보살펴 주는 등 사회의 안전망 역할을 하는 측면도 있습니다.

위와 같이 종교의 순기능도 많은 반면에 종교의 역기능, 즉 그 폐해도 적지 않습니다. 역기능의 대표적인 사례가 종교간 분쟁이고, 십자군 전쟁(11세기~13세기)을 첫손에 꼽을 수 있겠지요. 유럽의 기독교 연합군(crusaders)이 중동의 이슬람교를 상대로 전쟁을 벌였는데, 200년 동안 일곱 차례에 걸쳐 대규모 원정을 했으니 얼마나 많은 사람들이 죽었겠습니까?

또한 유럽에서 종교 개혁 이후 가톨릭과 프로테스탄트의 전쟁, 프랑스에서 일어난 위그노 전쟁(1562~98), 독일에서 일어난 30년 전쟁(1618~48) 등 서구 유럽에서 일어난 전쟁의 상당 부분은 종교전쟁이었습니다. 그 밖에도 영국-아일랜드(영국 국교vs가톨릭) 전쟁, 보스니아 내전, 코소보 내전(동방정교, 가톨릭, 이슬람), 인도-파키스탄(힌두교vs이슬람교) 전쟁 등, 중세 기독교의 십자군 전쟁에서부터 오늘날 아프가니스탄 등에서 벌어지고 있는 이슬람 분쟁에 이르기까지 종교전쟁은 끊이지 않습니다.

그런데 종교전쟁은 대부분 서구 유럽과 중동 지역에서 일어났고, 극동 지역인 중국, 한국, 일본에서는 찾아보기 어렵습니다. 이는 일찍이 서구에서 정착한 종교가 주로 사막에서 발생한 유일신교로 공격적이고 배타성이 강한 반면, 극동 지역의 종교는 불교, 유교, 도교 등 숲의 종교로서 공격적이지 않고 포용성이 강한 점과 관련이 깊다고 봅니다.

사이비 종교를 비롯해서 세속화된 기성종교에서 종교의 역기능적 사례가 허다합니다. 지나친 복종과 헌신적인 신앙 강요, 재산 헌납 등 금전 강요, 신도 성추행, 그리고 확성기를 크게 켜고 전도하면서 주변 사람들을 불편하게 만드는 것 등은 모두 다 종교의 역기능이라 할 수 있습니다.

사회와 인간을 위하여 종교가 존재하는 것이지, 종교를 위해서 인간과 사회가 존재하는 것은 아니라는 점을 인식하고 종교 본연의 역할에 충실해야 할 것입니다.

탈종교 시대 종교의 역할

한상권 아나운서

> "사회와 인간을 위하여 종교가 존재하는 것이지, 종교를 위해서 인간과 사회가 존재하는 것은 아니다"라는 스님 말씀이 참으로 인상적입니다. 종교의 역할이라고 하면 민중들의 고통을 덜어주는 것, 악을 선(善)으로 인도하는 것 등을 들 수 있습니다. 앞으로 종교는 보다 사회 속으로 들어와야 하지 않을까 하는 생각이 듭니다.

월정사 주지 **정념 스님**

인생의 근원적인 질문에 답을 주고,
영혼을 풍부하게 해 주는 종교
선악을 판단할 수 있는 기준을 제시해 주는
종교가 없다면 악이 만연할 수 있어

그렇지요. 인류 문명의 발전은 항상 종교와 그 궤를 같이 해 왔다 해도 과언이 아닙니다. 동서양의 모든 철학과 윤리 또한 종교에 뿌리를 두고 있지요. 정치 이념과 사회 제도도 종교 사상을 바탕으로 만들어진 경우가 많습니다. 종교는 인간의 삶과 정치, 사회에 많은 영향을 미쳤습니다. 종교가 때론 기층사회와 손을 잡은 경우도 있고 때론 기층사회의 제도나 모순을 개선하기 위해 적극적으로 변화를 꾀한 적도 많았습니다.

불교의 개조(開祖)인 석가모니 부처님께서는 당시 인도의 뿌리 깊은 사성계급제도를 타파하기 위해 매우 혁신적인 행보를 하셨습니다. 브라만교의 사성계급제도를 전면적으로 부정하면서 노예계급인 수드라는 물론이고 사성계급에도 들지 못하는 불가촉천민을 제자로 맞아들이셨지요. 초기 경전인 『숫타니파타』(136게송 등)에서 부처님께서는 다음과 같이 말씀하셨습니다.

"출생에 의해 천한 사람이 되는 것도 아니고, 출생에 의해 브

라흐만(바라문)이 되는 것도 아니다. 오직 행위에 의해 천한 사
람이 되고, 행위에 의해 브라흐만이 되는 것이다."

　사람의 계급은 정해져 있는 것이 아니라 그의 말과 행위에 의해
결정된다는 것입니다. 이 말은 인격적으로 훌륭한 행동을 하지 않으
면 언제든지 존재 가치가 추락할 수 있다는 뜻이기도 합니다. 요즘
식으로 바꾸어 말하면 "태어나면서부터 흙수저, 금수저가 있는 것이
아니다. 언행 등 오직 행위에 의해 흙수저도 되고 금수저도 된다."라
고 표현할 수 있겠지요. 부처님이 생존하셨던 2,600년 전 당시 인도
의 사성계급제도는 초헌법적인 제도라고 할 수 있는데, 그런 불평등
한 시대에 계급제도를 부정한 것이지요. 인도의 최하층민들에게 부
처님의 이 말씀은 그대로 유토피아였습니다.

　그런데 부처님이 아닌 일반인이 이렇게 말했다면 별로 파급 효과
가 없었을 것입니다. 부처님께서 말씀하셨기 때문에 인도사회에 영
향을 미쳤던 것이지요. 그렇기 때문에 종교와 종교 지도자의 역할
이 중요한 것입니다. 아무리 종교의 역할이 축소되었다고 해도 종교
가 없으면 사회악이 더욱 만연해질 것입니다.

　요즘 우리나라도 지능적인 범죄, 계획적인 범죄가 많이 발생하
고 있습니다. 지난 해 가을 경기도 용인에서 일어난 일가족 살해사
건은 범인이 사망자의 큰아들인데다가 치밀한 계획 아래 이루어졌
다는 점에서 더 큰 충격을 주었습니다. 이러한 존속살인 사건뿐만
아니라 어린아이를 강간해서 살해한 사건 등 흉악무도한 사건들을
살펴보면 폭력적이고 불우한 가정환경, 윤리의식과 종교심·죄의식

의 실종 등이 원인인 경우가 많습니다. 그런데 이런 문제들을 모두 법으로 다스리는 데에는 한계가 있습니다. 강력한 법을 제정해 놓으면 법망을 피할 묘책을 강구하기 위해 동분서주하는 게 실상입니다. 범죄 행각이 발각되지 않기 위해 더욱더 나쁜 방법으로 악행을 저지를 수도 있습니다.

범인들 중 상당수가 인격 형성에 있어 가장 중요한 시기라고 할 수 있는 유년기 시절에 폭력에 노출된 사람들이라는 것은 시사점이 아주 큽니다. 가정과 사회의 역할과 책임은 아무리 강조해도 지나치지 않다고 봅니다.

이런 점에서 오늘날 종교의 역할이 더욱더 커졌다고 할 수 있습니다. 종교 성직자들이 이러한 점을 인식하고 사회를 정화하는 데 힘써야 할 것입니다. 종교 지도자가 솔선수범해서 스스로 마음을 청정하게 하며 나쁜 짓을 하지 않고, 착한 일을 받들어 행하고 널리 널리 확산시킬 때 이 사회는 맑아지고 살 만한 세상이 될 것입니다.

> 지역사회에서 그 몫을 다하지 않는다면
> 종교는 설 자리를 잃어가게 될 것
> 빈부 격차와 계층 간 갈등에 대해
> 올바른 해법을 제시해 주는 것도 종교의 역할

이 시대 종교의 가장 중요한 역할 중 하나는 고통 받고 있는 사람들이 어려움을 극복할 수 있도록 이끌어 주는 것입니다. 이타행으로 시민들의 삶의 질을 높이고 진정한 행복을 누릴 수 있도록 제반 여건을 조성하는 데 힘써야 합니다.

　제가 주지를 맡고 있는 월정사에는 '월정사 복지재단'이 있습니다. 여기에 8개의 복지재단이 소속되어 있는데, 자원봉사단을 구성해서 적극적·조직적으로 지역사회 봉사에 참여하고 있습니다. 노인요양원에서는 자원봉사단이 독거노인에게 도시락을 배달해 주기도 하고, 빨래를 해 주기도 합니다. 또한 청향회를 조직해서 지역에 재난이 발생하면 발 빠르게 도움의 손길을 펼치고 있습니다. 종교가 지역사회 등 우리 사회에 바람직한 역할을 하지 않는다면 점점 더 설 자리를 잃게 됩니다. 이를 인식하고 바르게 실천해야 의미 있는 종교로 바로설 수 있습니다.

　또 변화하는 시대에 발맞춰 종교를 접하는 다양한 통로를 개발해야 합니다. 지난 연말에 한국기독교목회자협의회에서 '2017 한국인의 종교생활과 의식조사'를 발표했습니다. 관심을 갖고 살펴보았는데 정말 놀라운 내용이 담겨 있었습니다. 인터넷·케이블TV, 스마트폰을 통해 주일예배를 대신한 적이 있는 신자가 51.2%에 달했다고 합니다. 5년 전 같은 조사에서 16%였는데, 무려 37%가 증가한 것입니다. 교회에 가지 않고 인터넷·케이블텔레비전, 스마트폰을 통해 주일예배를 보는 신도가 늘어나는 것은 개신교만의 변화는 아닐 것입니다. 앞으로는 불교, 천주교 등 거의 모든 종교에서 이와 같은 현상이 일어날 것입니다. 일본과 중국에서는 인공지능 로봇 스님이 등장해서 간단한 법문과 천도재 등 의식을 집전하고 있다는 해외통신이 놀라우면서도 새로운 시대의 대안이 될 것 같다는 생각도 들었습니다.

시대가 변함에 따라 종교의 역할 또한 새롭게 설정해서 거듭나야할 것입니다. 하지만 시대가 달라져도 변치 않는 것은 사람을 위한, 사람의 행복과 안락을 위한 종교가 될 수 있도록 노력해야 한다는 점입니다.

사회악을 법으로 다스리는 것은 한계가 있습니다. 종교 교육을 통해서 범죄행위를 하지 않도록 일깨워 줘야 합니다. 그러기 위해서는 마음 깊이 다가가서 선과 악에 대한 인식, 인간답게 살아가는 법에 대해 각인시켜 주고 마음의 변화와 습관의 변화를 함께 이끌어주어야 할 것입니다.

유발 하라리의 예언

─ '데이터 종교(데이터敎)' ─

한상권 아나운서

최근 세계적으로 가장 주목 받고 있는 문명 비평가인 유발 하라리(Yuval Noah Harari)의 저서를 흥미롭게 읽고 있습니다. 그는 이스라엘 히브리대학교 교수인데, 인류의 과거를 다룬 『사피엔스』라는 책에서, 또 최근에는 인류의 미래를 예측한 『호모 데우스』에서 "인간이 첨단기술인 생명공학·유전공학·인공지능·나노기술 등을 어떻게 이용하느냐에 따라 인류에게 천국을 가져다 줄 수도 있고, 자칫 인류가 소멸하는 큰 재앙을 맞이할 수도 있다."고 말했습니다. 자신의 저서와 인터뷰 등에서 종교의 미래에 대해서도 깊이 있게 언급했는데, 향후 기술인본주의와 데이터가 결합한 '데이터 종교(데이터敎)'가 신흥 기술종교로 자리 잡게 될 것으로 예측한 내용이 매우 인상적이었습니다. 스님께서는 어떻게 생각하시는지요?

월정사 주지 **정념 스님**

> 스마트폰에 전적으로 의존하는 삶이
> 데이터에 지배당하는 사회 만들 수 있어
> 스마트폰·인터넷 등 모든 것을 끊고
> 명상 수행하는 시간 필요해…

네, 유발 하라리는 저 역시 최근에 가장 관심을 갖고 지켜보는 학자 중 한 분입니다. 그의 말에 의하면, 기존 종교는 불확실하고, 인간이 믿을 수 있는 확실한 종교로 인공지능기술과 인본주의, 빅데이터를 바탕으로 한 데이터교가 탄생하게 된다고 하더군요.

앞으로 데이터와 인본주의가 결합한 데이터교(敎)가 탄생하게 되면 사람들은 데이터교를 더 믿게 된다는 것입니다. '만물인터넷(Intenet-of-All-Thing)'의 데이터가 완성되면 자신의 미래나 운명·건강관리·수명·진로(進路) 등 삶의 중요한 문제도 데이터에 물어보면 되고, 또 '이번 대통령은 누구를 뽑는 것이 좋을까?' 하는 것도 구글의 알고리즘에 물어보면 예측과 해결방법이 정확하게 나올 수 있기 때문에 인간은 모두 데이터교를 믿을 수밖에 없다는 것이지요.

그는 『호모 데우스』라는 저서에서 "만물인터넷은 결국 지구에서부터 은하 전체를 아우르고 나아가 우주 전체로까지 확장될 것이다. 이런 우주적 규모의 데이터 처리 시스템은 마치 신(神)과 같을 것이다. 이런 시스템은 어디에나 존재하며 모든 것을 통제할 것이고 인간은 그 안으로 흡수될 것이다."라고 했습니다.

유발 하라리의 미래 전망이 그대로 이루어질지는 미지수이지만, 그런 관점에 대하여 미리 생각해 보는 것은 유의미하다고 봅니다. 워낙 불확실성이 심한 시대이므로 가능성은 열어 두자는 것입니다.

인간이 깊이 생각하고 판단하기보다는 무조건 데이터에 의지하는 데이터교는 순기능도 있겠지만 그 역기능은 상상만으로도 끔찍합니다. 만일 데이터에 지배당하는 사회에서 데이터를 조작할 수 있는 위치에 있는 사람이 비도덕적이고 비윤리적일 때 얼마나 불행한 사태가 생길지 예측할 수 없습니다. 데이터를 의도적으로 조작한다면 원하는 방향으로 사람들을 정신적 노예로 만들 수도 있는 것입니다. 마치 사람들이 사이비교주를 맹신하고 무지몽매해지는 것과 같은 현상, 아니 그보다 훨씬 더 심각한 현상이 나타날 겁니다. 온라인을 통해 급속도로 퍼져나갈 수 있기 때문입니다.

이미 대다수의 젊은이들은 스마트폰에 거의 전적으로 의존하고 있는 것 같아서 그의 예측이 허무맹랑해 보이지 않습니다. 미래뿐만 아니라 바로 지금 이 순간에도 깊이 생각하고, 올바르게 판단하고, 잘 선택하고, 자유의지를 가지고 행동할 수 있어야 합니다. 그렇지 않으면 데이터든 다른 사람이든 신이든 그들의 부림을 받으며 종속되어 살아갈 수밖에 없습니다.

유발 하라리는 "현대에 와서는 신적(神的)인 법을 믿는 종교들은 점점 퇴조하게 되고, 반면 자연법칙을 믿는 종교들은 힘을 얻어가고 있다. 후자는 앞으로 더욱 더 힘을 얻을 것이다."라고 역설했습니다. 아울러 "이슬람교와 기독교, 힌두교 같은 일부 종교들은 이런 초인간적인 법률이 신에 의해 만들어진 것이라고 믿는다. 불교나 공산주의, 나치즘 같은 것은 그런 법률이 자연적인 법칙이라고 믿는다."라고 하여, 미래의 종교는 신(神)을 믿는 종교가 쇠퇴하고 그 대신 자연법칙을 믿는 종교가 주류를 이룰 것이라고 강조했습니다. 또한 수행을 통한 내적 성찰을 중시하는 불교에 대해서는 좀 더 긍정적으로 전망하고 있는데, 이는 일찍이 천재 과학자인 아인슈타인이나 미래학자인 앨빈 토플러 등이 한 주장과 일맥상통합니다.

유발 하라리는 유태인입니다. 유태인은 유일신 신앙의 원류인 유태교를 만들었고, 이 유태교에서 기독교와 이슬람교가 나왔습니다. 유일신 문화의 심장부에서 태어난 사람이 이런 예측을 한 것이 매우 흥미로웠습니다. 신(神) 중심의 유일신교에서 이성적·합리적인 종교로의 이동은 인류의 대단한 의식혁명입니다. 머지않아 이 의식혁명의 물결이 우리에게도 밀어닥칠 것으로 보입니다.

해마다 30일에서 60일간 직접 위빠사나 명상 수행을 하는 유발 하라리의 말이기에 더욱 신뢰가 갑니다. 그는 이 기간 동안 스마트폰·인터넷 등 모든 것을 끊어버리고 외부와 자신을 완전히 격리한 채 스님들이 선원에서 안거를 하듯이 명상 수행을 한다고 합니다. 그의 명상 주제가 무엇인지 잘 알 수는 없지만, 아마도 명상 수행을 통해 미래를 조망하는 통찰력을 키우는 것이 아닐까 싶습니다. 유발 하라리의 수행에서도 볼 수 있듯이 미래 사회에 수행은 선택이 아니라 필수적인 일이 될 것 같지 않습니까? 그래서 더욱 일반인들에게 수행을 지도할 준비를 철저히 해야겠다는 생각이 듭니다.

종교의 공통점과 차이점

한상권 아나운서

인류의 모든 고등 종교는 황금률(黃金律)을 강조했습니다. '남에게 대접을 받고자 한다면 그와 같이 당신도 남을 대접하라'는 것입니다. 불교에서는 자비를 대단히 강조하고 있고, 대승불교 정신의 특성도 자비라고 알고 있습니다. 자비는 '이타적 사랑'이고, '이타적인 삶'은 지고의 선(善)이라고 생각합니다.

월정사 주지 **정념 스님**

네, 그렇습니다. 한 아나운서님이 말씀하신 것처럼 자비·사랑·인(仁) 등 이타적 실천, 황금률은 모든 종교가 지향하는 공통점입니다. 불교에서는 자비를, 기독교와 가톨릭에서는 사랑을, 공자는 인(仁)을 강조했습니다. 이 세 가지는 용어만 다를 뿐, 모두 다 '이타행', '이타적 사랑'을 가리킵니다.

> 불교의 자비, 기독교의 사랑, 공자의 인(仁)
> 모든 고등 종교는 이타적 사랑 강조
> 이타적 행위가 최고의 선(善)이고 '황금률'

특히 불교에서는 자비·자애(慈愛)·보시를 매우 강조합니다. 자비는 모든 경전에서 볼 수 있는 불교의 기본적인 가르침입니다. 『화엄경』에서는 "중생이 원한다면 무엇이든지 보시하라. 육체도 보시하라."고 했습니다. 또 『유마경』에서는 "중생이 아프기 때문에 나도 아프다."라고 합니다. 이 말씀은 곧 '그대가 아프면 내가 아프다', '자식이 아프면 부모도 아프다'라는 말과 같습니다. '중생과 내가 별개의 존재가 아니고 하나이므로 희로애락을 같이 느끼게 되고, 따라서 모든 이들에게 자기 몸처럼 자비를 베풀라'는 것이지요. 다시 말해 '인류에 대한 지고한 사랑인 자비'를 강조한 말씀이라고 할 수 있습니다.

성경에는 "남에게 대접을 받고자 하는 대로 너희도 남을 대접하라. 이것이 율법이요, 선지자니라."(신약성서 마태복음, 누가복음)라고 했습니다. 또한 공자는 제자인 자공이 "한마디의 말로 평생토록 실천할 만한 것이 무엇입니까?"라고 묻자 "자기가 하기 싫은 일을 남에게도 시키지 말라[己所不欲, 勿施於人]."고 하였습니다.

유대교 경전에도 "자신에게 해로운 일을 남에게 하지 말라. 그것이 율법의 전부이며 나머지는 주석에 불과하다."라는 구절이 있습니다.

불교의 자비, 기독교의 사랑, 유교의 인(仁)은 다 인간에 대한 차별 없는 사랑을 의미한다는 점에서 동일합니다. 이와 같이 모든 고등종교는 이타적인 사랑을 최고의 선(善)으로 삼고 있습니다.

한상권 아나운서

> 스님 말씀처럼 종교의 공통점은 자비, 사랑, 이타행 등입니다. 그런데 불교와 이웃 종교와 다른 점도 있지요? 가장 큰 차이점은 무엇인지 궁금합니다.

월정사 주지 정념 스님

> ## '니르바나(열반)', '깨달음[覺]', '무아사상'

불교와 이웃 종교의 가장 큰 차이점은, 저와 견해가 다른 분들도 있으시겠지만, 저는 '니르바나(열반)', '깨달음[覺]' 그리고 '무아사상'이라고 생각합니다. 이 세 가지 주제는 다른 종교에는 없고 오직 불교에만 있는 정신 영역이라고 할 수 있습니다.

> 불교의 특성은 '깨달음'과 무아사상
> 오직 불교에만 있는 존재론과 정신영역
> 자신의 문제는 스스로 해결해야…
> 신(神)에 의존하지 않는 자각(自覺) 강조

'니르바나(열반)'는 불교에서 도달해야 할 최고 목표입니다. '번뇌의 불을 끈다'는 뜻입니다. 즉 번뇌에서 완전히 벗어나 해탈한 상태를 말합니다. '깨달음'을 증득하면 괴로움(苦)에서 벗어나 해탈할 수 있으니 깨달음과 같은 맥락이라 할 수 있습니다.

인간의 욕망·탐욕·분노·증오·에고·명예 등은 모두 진실한 것도 아니고 영원한 것도 아닙니다. 그런 것들은 모두 자기 자신을 괴롭히는 허망한 것이라는 사실을 깨닫고, 나아가 자각(自覺)을 통해 욕망이나 증오·분노 등에서 벗어나 '번뇌가 없는 삶[열반적정]'을 실현하는 것이 불교의 목표입니다.

불교의 핵심 교리인 3법인을 체득하고, 연기법을 깨달으면 니르바나에 도달할 수 있습니다. 3법인의 첫 번째인 '제행무상'은 모든 현상은 잠시도 정지하지 않고 생멸 변화한다는 뜻입니다. '현상은 변하지 않는 것이 없다, 영원한 것은 없다'는 것이 '무상(無常)의 정의인데, 이는 곧 집착하지 말라는 뜻입니다. 자연 현상뿐만 아니라 우리의 삶·생명·권력도 마찬가지입니다.

물론 무상이 나쁘게 변하는 것만을 뜻하는 건 아니고, 좋게 변하는 것도 포함하고 있습니다. 정해져 있는 것도 없고, 늘 변화하는 것이기 때문에 슬픈 일을 즐거운 일로 바꿀 수도 있고, 불행을 행복으로, 불완전한 것을 완전한 것으로 바꿀 수도 있는 것입니다.

불교의 무아사상은
존재에 대한 집착과
아트만의 존재를 부정하는 논리

3법인의 두 번째는 제법무아(諸法無我)인데, 모든 존재에는 '자아(自我, 아트만, ātman)'라고 할 수 있는 것이 없다는 뜻입니다. 무아(無我)의 '아(我)'는 힌두교와 우파니샤드에서 말하는 영원불멸의 존재인 실체, 즉 아트만을 뜻합니다.

무아란 인도철학에서 말하는 '아트만(ātman)'[8] 같은 존재는 없다는 뜻입니다. 아트만, 범아일여를 부정하는 개념이지요. 앞에서 말한 '제행무상'은 다른 종교에도 언급할 수 있는 것이지만, 제법무아는 불교 이외의 종교에서는 논의된 적이 없는 불교 특유의 교설입니다.

부처님 당시 브라만교 등 인도종교 일반에서는 우주적 실체인 '범(梵, brahman)'이 있고, 개인적인 실체인 '아(我, ātman)'가 있다고 했으나, 불교에서는 아트만을 부정했습니다. 이런 불교의 무아사상은 영

---

8 아트만(ātman): 사후에도 계속 존속하고 다음 생으로 이어지는 영원성을 갖고 있는 자기

원성에 대한 부정이라고 할 수도 있습니다. 영원성에 대한 집착에서 벗어나야만 '고통'으로부터 해탈할 수 있기 때문입니다.

3법인의 세 번째 항목은 열반적정인데, '열반'은 산스끄리뜨어인 니르바나를 한자(漢字)로 음사(音寫)한 것으로 '불[火]을 끄다' 또는 '불이 꺼져 있는 상태'라는 뜻입니다. 여기서 말하는 '불'은 '탐욕과 증오와 분노와 어리석음' 등 세속적인 '번뇌'를 뜻합니다. 따라서 '번뇌의 불이 꺼진 상태'가 열반이고, 열반의 상태는 '적정(寂靜, 마음이 평온)하다'는 것으로 열반적정은 곧 불교의 이상(理想)이요, 최종 목표이기도 합니다.

> 불교는 자각의 종교
> 누구나 깨달음을 얻으면
> 부처님과 같은 존재가 될 수 있다고 말해…
> 이것이 다른 종교와 가장 큰 차이점

한두 가지를 더 추가할 수도 있고 표현을 조금씩 달리 할 수도 있습니다만, 인도에서 부처님 당시 초기불교의 깨달음은 '3법인'과 '4성제(고집멸도)', '연기의 법칙'을 깨닫는 것을 뜻합니다. 그 후 발전한 대승불교에서는 모든 존재는 본질적으로 '공(空)'하다는 공성(空性)의 이치를 깨닫고 보살행을 실천하는 것이었고, 중국 선(禪)에서는 공(空)에 바탕한 '반야지혜'와 '무집착'을 실현하는 것이었습니다.

불교는 누구나 수행을 하여 깨달음을 얻으면 부처님과 같은 지혜와 자비, 덕망 등 전인적인 인격을 소유한 성인(聖人)이 될 수 있다고 합니다. 실제로 스님들은 성불(成佛)을 목표로 수행하고 있습니다. 이 역시 불교의 가장 핵심적인 가르침인 동시에 불교의 목적인데, 다른 종교에서는 전혀 거론되지 않는 불교만의 특색입니다.

불교는 자신의 문제를 신(神)이나 타인에게 의존하지 않고 자기가 해결하고 수행해서 해탈하는 자각의 종교입니다. 이것이 이웃 종교와 가장 큰 차이점이라고 할 수 있지요.

불교의 궁극적인 목적은 자기의 힘으로 일체 모든 정신적인 고통과 압박에서 벗어나 대자유인, 즉 해탈을 얻는 데 있습니다.

붓다의 출현과 축의 시대

한상권 아나운서

기원전 1,500년부터 200년 사이를 '축의 시대'라고 합니다. 축의 시대는 종교와 철학이 비약적으로 발전하고 인간의 창조성이 가장 융성했던 경이로운 시대였습니다. 부처님 역시 이 시기에 출현했는데, 종교학적으로 그 의미는 무엇이라고 생각하십니까?

> 축의 시대는
> 부처, 소크라테스, 공자, 예레미야 등
> 인류 정신사의 자양분이 될
> 가장 위대한 인물들이 탄생한 경이로운 시기

　그렇습니다. 인류 역사상 가장 경이로운 시기가 바로 축의 시대가 아닌가 생각합니다. 이 시대는 인류 정신사의 획기적인 발생 시기였습니다. 동서양의 위대한 종교와 철학, 합리주의가 모두 이 시대에 탄생했고, 인류 정신사에서 가장 위대한 종교 철학적 인물들도 이 시대 사람들입니다.

　인도에서는 불교의 개조인 고따마 싯다르타와 자이나교의 창시자인 마하비라 등이, 중국에서는 공자·노자·맹자·묵자 등이, 이란에서는 조로아스터, 팔레스타인에서는 엘리야·예레미야·제2이사야, 그리스에서는 소포클레스·파르메니데스·헤라클레이토스·소크라테스·플라톤 등 종교 철학적인 사유를 가진 천재들이 등장했지요. 그분들이 남겨준 철학과 종교적 가르침은 향후 인류 정신사의 '축(軸)'이 되었고, 삶의 기준이 되었습니다. 뿐만 아니라, 사회제도, 도덕, 윤리, 의(義)와 불의(不義), 선과 악 등 모든 사회의 가치관과 기준도 처음으로 그분들에 의해서 형성되었다 해도 과언이 아닙니다.

부처의 출현은 '새로운 문명의 출현'
인간의 운명이나 미래는
신(神)이 결정하는 것이 아니고
자신의 의지와 노력에 의해 결정돼…

부처[覺者]가 된 고따마 싯다르타는 기원전 4~5세기에 출현했는데, 비교적 이른 시기라고 할 수 있습니다. 특히 부처님의 출현은 독일의 철학자 칼 야스퍼스(Karl Jaspers, 1883~1969)가 말한 바와 같이 '축의 시대(基軸時代, axial age)를 여는 서막'이라고 할 수 있습니다. 신(神) 중심의 세계관 시대에서 인간 중심의 세계관 시대로 전환됨을 예고한 사건이 바로 고따마 싯다르타의 깨달음입니다. 범아일여의 세계관, 신 중심의 세계관, 브라만교 중심의 사성계급제도, 아트만 등 비합리적 신비주의와 불평등한 제도가 만연했던 고대 인도에서 붓다는 처음으로 문제를 제기하고 합리적인 사고와 평등과 자유, 인간의 존엄성을 강조했습니다.

신(神), 유일신을 믿는 종교에서는 인간의 운명이나 미래는 모두 절대자(神)의 뜻에 의해서 결정된다고 합니다. 그러나 부처님은 운명을 비롯한 모든 것은 자신의 의지와 행동, 노력에 의하여 결정된다고 했습니다. 언어와 행동, 수행을 통해 인격이 결정된다는 것이지요. 죽은 후 좋은 곳에 태어나고 나쁜 곳에 태어나는 것 역시 자신이 지은 선악의 업에 의해 결정되는 것이지, 그 어떤 신(神)도 개인적인 문제를 결정할 수 없다는 것을 역설했습니다.

불교는 평등을 바탕으로 한 '인간 중심의 종교'라고 할 수 있습니다. 누구든지 수행과 학습을 통하여 훌륭한 인격을 완성할 수 있습니다. 또한 불교에서는 수행하고 깨달으면 고통스러운 삶을 벗어나 영원히 해탈한 삶을 살 수 있다고 합니다. 다만 인간이 갖고 있는 무지(無知)와 무명(無明), 어리석음, 탐욕 등 때문에 진리를 직시하지 못해 괴로워하는 것뿐입니다.

고통으로부터 벗어나는 것, '해탈'이란 먼 곳에 있는 것이 아니고 자신이 스스로 만들어 놓은 집착·애착·욕망·탐욕·아만·에고(ego) 등으로부터 벗어나는 것이 곧 해탈입니다. 누가 만들어 놓은 감옥이나 덫이 아니고 스스로 통속적인 기준에 의하여 만들어 놓은 감옥으로부터 벗어나서 평화롭고 행복한 주체적 삶을 살 수 있는 길을 제시해 놓은 것이 불교, 부처님의 가르침입니다. 그래서 저는 축의 시대에 부처님의 출현은 문명사적으로 봤을 때 '새로운 문명의 출현'이라고 이야기하는 것입니다.

오늘날 지구는 과학문명의 발달로 그 어느 시대보다도 물질적인 풍요 속에 살아가고 있습니다. 첨단 기술을 탑재한 각종 기기(機器), 자동차, 휴대폰, 지능형 로봇, 생명공학 등 의학의 발달로 인간은 역사 이래 가장 풍요로운 생활을 영위하고 있지만, 정작 정신과 영혼은 황폐해져 가고 있습니다. 자신의 공허와 불안을 달래 줄 도구들을 찾고 있지만 그럴수록 인간의 마음은 욕망과 탐닉으로 일정한 대상에 더 빠져드는 것 같습니다.

정신적 혼란, 가치관의 혼돈 속에서 저마다 추구하는 행복을 찾지 못하고 방황하고 있습니다. 우울증을 앓고 자살하는 사람이 갈수록 증가해서 우리나라가 현재 OECD 국가 중 자살률이 1위인 것도 그러한 정신적 방황의 반증일 것입니다. 이러한 시대에 부처님을 비롯한 축의 시대에 나타난 종교적 성인들과 철학자들이 가르침에서 새로운 정신적 모티브를 찾아야 한다고 봅니다.

제5장

불교와 수행을
이야기하다

불교란 무엇인가?

한상권 아나운서

제가 동국대 출신입니다. 교양과목에 불교학개론이 있었는데, 그때나 지금이나 불교는 매우 어렵다는 느낌이 듭니다. 아마도 불교 용어나 불교 경전들이 모두 한문으로 되어 있는데다 용어와 개념들이 매우 철학적이어서 더 어렵게 느껴지는 것 같았습니다. '불교란 무엇인가?'에 대해 간결하게 말씀해 주셨으면합니다.

월정사 주지 **정념 스님**

한 아나운서님의 말씀과 같이 많은 이들이 "불교는 어렵다"고 말합니다. 그것은 아마 불교 용어와 경전들이 대부분 한자로 되어 있고, 또 내용적으로도 단순히 믿음을 강조하는 것이 아니라 종교 철학적 체계를 다양하면서도 심도 깊게 갖추고 있기 때문일 것입니다.

언어가 통하지 않고
개념이 포착되지 않으면 이해도 불가능해
불교를 제대로 알리기 위해
한문으로 된 불교용어 우리말로 번역해야

일단 언어가 통하지 않고 개념이 잡히지 않으면 어렵게 느껴질 수밖에 없고, 어려우면 아무리 좋은 가르침이라도 멀리하게 됩니다. 이것이 한문으로 된 불교용어를 이해하기 쉽게 우리말로 번역하고 해설해 주는 작업이 시급한 이유입니다. 이미 많은 불교학자들, 번역자들, 글 쓰는 이들이 노력하고 있습니다만, 사람마다 풀어놓은 게 차이가 있어서 독자들로서는 오히려 혼동이 될 수도 있습니다.

물론 불교의 철학적 개념들을 우리말로 정리해 주는 작업이 결코 만만치는 않을 것입니다. 불교 용어는 단순하지 않기 때문입니다. 깨달음의 경지에 이른 사람이 표현한 용어를 보통사람이 풀어낸다는 것이 쉬울 수는 없겠지요. 그러므로 부단히 연구하고 노력해야 합니다. 역경(譯經, 경전 번역)과 인재 양성, 포교(불교 알리기) 등 어느 것 하나라도 소홀히 해선 안 될 것입니다.

불교는 고통으로부터 벗어난
행복한 삶을 제시하고 있는 종교

불교는 고통으로부터 벗어나 행복한 삶을 제시하고 있는 종교입니다. 여기에서 고통의 포인트는 '마음의 고통'에 있습니다. 고통은 대부분 구하는 것을 얻을 수 없고, 원하는 것을 이루지 못한 데서 [求不得苦] 발생합니다. 모든 존재는 '무상(無常)'하기 때문에, 다시 말해 영원하지 않기 때문에 우리는 원하는 것을 얻었다 해도 그것을 영원히 소유할 수 없습니다. 그런데도 사람이든 물건이든 영원히 변치 않길 바라지요. 이런 과욕이 우리를 고통스럽게 합니다. 욕망하는 것이 많으면 많을수록 괴로움도 커지기 때문에 불교에서는 소욕지족, 욕망으로부터 벗어나라고 합니다.

부처님께서는 '일체개고(一切皆苦)'라고 하여 '인간의 삶'을 '고(苦, 괴로움)'로 파악했습니다. 부처님께서 인간의 삶을 고(苦)로 파악한 것은 예지라고 할 수 있습니다. 물론 2,600년 전 부처님께서 살아가셨던 인도의 상황은 지금보다 훨씬 더 고통스러웠을 것입니다. 자연환경도 열악한데다 브라만교에 뿌리를 둔 사성계급제도가 철저했던 그 시대 사람들의 삶은 매우 고통스러웠을 것입니다. 하지만 자연환경도 고대 인도에 비하면 좋고, 평등한 인권과 자유를 보장하는 오늘날의 사회에서도 삶은 여전히 고통스럽습니다. 인간은 나고 늙고 병들어 죽는 근본적인 고통을 겪을 수밖에 없기 때문입니다. 삶의 근본적인 고통에서 벗어나는 것을 '해탈'이라고 합니다. '해방'과 같은 뜻으로 이해하면 됩니다.

또한 대부분의 사람들은 살아가면서 즐거운 일도 많지만 그보다는 괴로운 일이 더 많습니다. 어릴 때는 특별한 경우가 아니면 괴로움이라는 것을 잘 모르면서 성장하지만, 초등학교에 들어가면서부터 '공부 지옥', '성적 지옥'에 시달리게 되고, 고등학교 때에는 '입시 지옥', 대학을 졸업하면 '취직 지옥'에 시달려야 하지요. '결혼(비용) 지옥', '주택 지옥', '노후 지옥' 등 수많은 지옥에서 헤매며 살아가는 사람도 늘어나고 있습니다. 요즈음 'N포 세대'니, '헬조선'이니 하는 말들을 하는데, 이것도 지옥의 다른 표현에 지나지 않습니다. 불교가 목적하는 바는 이런 지옥으로부터 벗어나 행복한 삶을 살아가는 것입니다.

앞에서도 거듭 말씀드렸지만 각자도생, 무한경쟁, 성장 위주의 신자유주의체제를 개선해야 합니다. 종합적인 사회안전망을 확충하여 현실과 미래에 대한 불안을 없애 주고, 삶의 질을 높여 주는 데 불교계도 솔선수범해야 할 것입니다.

깨달음이란 무엇인가?

- 연기법과 공(空), 반야지혜 -

한상권 아나운서

연기법을 깨달으면 지혜와 자비를 두루 갖추게 되고 보살행을
실천하게 된다는 스님의 말씀이 가슴에 와 닿습니다. 불교에서
는 '깨닫는다', '깨달음을 얻었다'고 하고, 부처님을 '깨달은 분'
이라고 하는데 무엇을 깨달은 것인지 궁금합니다. '공(空)을 깨
닫는다'고도 하고, 선불교에서는 '깨달으면 자유인이 된다'고 하
는 등 깨달음에도 차이가 있는 것 같습니다. 단지 언어적인 차
이입니까?

이것이 있으므로 저것이 있고
이것이 생기므로 저것이 생긴다
이것이 사라지므로 저것도 사라지고
저것이 사라지므로 이것도 사라진다.

부처님께서 깨달으신 것은 '연기법', '4성제', '3법인', '중도'의 이치 등인데 그 가운데서도 '연기법(緣起法)'이 핵심이라고 할 수 있습니다. 부처님께서는 연기의 법칙에 대해 "이것이 있으므로 저것이 있고, 이것이 생기므로 저것이 생긴다. 이것이 사라지므로 저것이 사라지고, 저것이 사라지므로 이것이 사라진다."라는 말로 함축해서 말씀하셨습니다.

또 "연기를 보는 자는 법(法, 진리)을 보고, 법을 보는 자는 연기를 본다."라고 말씀하셨는데, 이런 '연기(緣起)의 법칙'은 곧 부처님께서 깨달으신 가장 핵심적인 내용이며, 동시에 이것이 '불교의 대표적인 진리'이기도 합니다.

부처님이 깨달으신 것은
연기법, 사성제, 삼법인, 중도의 이치
그중에서도 핵심은
연기의 법칙

연기법은 모든 존재와 현상, 그리고 번뇌가 발생·소멸하는 과정과 원인을 규명한 것입니다. 그 결과 모든 존재와 현상은 독립적으로 발생하지 않고, 상호 의존하여 생성·소멸하고, 인간의 고뇌와 번뇌 등 정신적인 영역도 서로 조건이 합하여 생성·소멸한다고 파악했습니다.

번뇌의 발생과정을 보면, 눈·귀·코·혀·육체(감각)가 그 대상인 색깔(色)·소리(聲)·냄새(香)·맛(味)·촉감(觸) 등을 만나면서 발생한다고 봅니다. 만일 우리가 눈으로 보지 못하고 귀로 듣지 못하고 육체(피부)로 촉감 등을 전혀 느끼지 못한다면, 번뇌니 괴로움이니 하는 것들이 발생할 수가 없겠지요. 마음이 외부와 접촉하지도 않고 또 아무 것도 느끼지 못하는데 어떻게 번뇌와 괴로움이 일어날 수 있겠습니까? 감정, 느낌이 있으므로 기쁜 일이 있을 때는 좋아하고 슬픈 일이 생기면 괴로워하는 등 희로애락이 생기는 것이겠지요.

이렇게 모든 현상과 존재는 '연기적인 존재'이고 '연기적인 구조' 속에서 생성(生成)·소멸한다는 사실을 인식할 때 비로소 집착과 자기애(自己愛)·에고(ego) 등에서 벗어나 '참된 자기 자신'을 발견할 수 있게 됩니다. 여기에서 말하는 '참된 자기 자신'이란 힌두교에서 말하는 아트만 같은 것이 아니고, 존재에 대한 '바른 인식' 즉 '연기적 존재인 자기 자신'을 말합니다.

그리고 '바른 인식'이란 모든 존재는 무상(無常)·무아(無我)이며, 공(空)임을 인식하는 것을 말합니다. '바른 인식' 이것이 바로 대승불교와 반야심경에서 강조하고 있는 반야지혜입니다. 따라서 붓다가 깨달은 연기법은 그릇된 자아를 버리고 참된 자기 자신을 찾는 방법입니다.

대승불교에서는 공(空)의 이치를
통달하는 것이 깨달음의 핵심
현상계는 실재하는 것이 아닌
가공적인 것에 불과해[空]

대승불교에서 깨달음은 공(空)의 이치를 체득하는 것이었습니다. '공'이란 '모든 존재는 자성(自性, 본성)이 공하다.'는 뜻으로 곧 고정된 실체가 없다는 뜻입니다. 존재의 본성은 공(空)하다는 것, 현상적인 것은 가공적인 것에 불과하다는 것입니다. 즉 진실한 실체가 없다는 뜻입니다. 따라서 나에 대한 집착이나 외부 세계나 현상, 물질에 대한 집착 등을 버리고, 공한 이치를 깨달아야 한다는 것입니다.

이와 같이 대승불교시대에는 모든 존재의 본질은 공(空)·공성(空性, 공한 성질)임을 통찰하는 것이 깨달음의 과제이고 목표였습니다.

'공(空)'·'연기(緣起)'·'무아(無我)'는 용어는 다르지만 모두 '진실한 실체'가 없다는 뜻이므로 그 내용은 같다고 할 수 있습니다. 실체가 없으므로 집착하지 말아야 한다는 것이지요. 현상을 영원한 것으로 보게 되면 애착과 집착을 일으키게 되고 그로부터 욕망이 생겨서 고(苦)가 발생하게 되는 것입니다.

반야심경에서는 "일체 모든 것은 다 공하다[一切皆空]." 또는 "오온 개공(五蘊皆空)"이라고 하여 인간을 구성하고 있는 색(色, 육체)·수(受, 감수 작용)·상(想, 인식 작용)·행(行, 의지)·식(識, 식별)의 다섯 가지 요소는 모두 실체가 없는 '공'한 것이라고 통찰했습니다. 본질적으로 객관세계는 물론 나 자신까지도 공하다는 것입니다[一切皆空, 五蘊皆空].

고(苦)의 생산 기지는 집착

욕망과 집착을 부추기는 사회에서

고통 받는 이들이 많아져

'무아'와 '공(空)'을 깨달으면 행복을 얻을 수 있어…

　우리 인간은 희로애락애오욕(喜怒哀樂愛惡慾), 즉 기쁨·노여움·슬픔·즐거움·사랑·미움·욕망의 감정이 시시때때로 교차되는 존재입니다. '돈', '이성', '명예', '자식', '물질' 등등에 집착하기 쉽고 감정에 휘둘리기 쉽습니다. 게다가 오늘날과 같은 사회는 욕망을 부추기고 온갖 감정에 집착하게 만드는 환경인지라, 대부분의 사람들이 욕망과 집착에 물들어 있습니다. 문제는 그 결과로 인해 괴로움이 발생한다는 사실입니다. 애착과 집착이 곧 괴로움의 생산기지인 것이지요.

　앞에서 '불교의 목적은 고(苦)로부터 벗어나 행복해지는 것'이라고 말했습니다. 불교의 대표적 가르침인 '무아(無我)'와 '공(空)'은 바로 고(苦)의 원인인 집착을 제거하고 행복해지는 길입니다. 모든 현상은 실재하지 않는 가설(假設)일 뿐입니다.

　마치 음악회를 위하여 야외에 임시로 만들어 놓은 시설물에 불과한 것이므로 집착하거나 애착하지 말라는 것입니다. 있다고 여기는 자기 자신, 자신의 육체도 마찬가지로 가설에 불과하다는 것을 알고 애착하지 않으면, 고통에서 해탈하여 궁극의 행복을 성취할 수 있습니다.

선불교의 깨달음은
중도연기와 반야지혜 체득하는 것
불성·반야·공사상을 바탕으로
집착 없는 대자유인, 대해탈인이 되는 것

선불교에서 깨달음은 중도연기와 반야지혜를 체득하는 것이었습니다. 중도(中道)연기란 부처님께서 깨달은 내용으로서 곧 공(空)의 실천적인 뜻입니다. 진정한 깨달음이란 자기 자신을 모두 비우는 것입니다. 이것이 시공간을 초월한 절대적인 열반의 세계입니다. 중도연기를 알면 고금내왕(古今來往)을 일광관(一光貫)하는, 즉 고금(古今)을 한 빛으로 꿰뚫는 지혜를 얻게 되고, 변견(邊見)이 사라지고 모든 생각과 사량분별이 끊어진 경지를 체득하게 됩니다.

그리고 반야지혜란 일체를 공(空)한 것으로 파악하는 지혜이고, 불성이란 부처의 본성과 동일한 오염되지 않은 청정한 마음을 뜻합니다. 사찰에서 아침저녁으로, 또는 각종 행사 때 『반야심경』을 독송하는 것도 '반야지혜를 이루겠다.'는 의미입니다.

선불교에서는 공·중도의 이치에 입각해서 무집착을 강조했고 고정관념을 부정했습니다. 그래서 심지어 '살불살조(殺佛殺祖)', 즉 부처를 죽이고 조사를 죽이라는 극단적인 표현까지 쓴 것입니다. 이 말씀은 부처님과 조사에 대해서도 집착하지 말라[空]는 뜻입니다. 그 대상이 무엇이든 '집착하면 깨달은 것이 아니다'라는 관점입니다. 통속적인 관념, 가치관·주의(主義)·철학·사상 등 모든 것으로부터 해탈한 자유인, 초탈한 인간상을 구현하는 것이 선불교의 이상이라 할 수 있습니다.

자비와 지혜 − 깨달음의 실천

한상권 아나운서

우리는 흔히 '깨달았다' 또는 '도통했다'고 하면 이 세상의 앞날을 훤히 내다보는 신통력 같은 것을 얻는다고 생각합니다. 그런데 지금까지 스님 말씀을 들어 보면 전혀 그런 것 같지 않습니다. 깨닫고 나면 무엇이 달라집니까?

월정사 주지 **정념 스님**

한 아나운서님이 말씀처럼 사람들은 흔히 '깨달았다', '도통했다'고 하면 '세상의 앞날을 훤히 내다보는 신통력 같은 것'을 얻는 것으로 생각합니다. 그러나 그것은 큰 오해이고 착각입니다. 그런 잘못된 생각 때문에 깨닫지 못하는 것입니다.

> 깨달았다 해서 불가사의한 신통력이나
> 경천동지하는 별세계가 나타나지는 않아
> 깨달음은 탐·진·치 등 번뇌가 사라진 상태,
> 무아·공·연기의 이치를 통찰한 상태,
> 반야지혜를 터득한 것이 깨달은 상태

앞에서도 누차 말씀 드렸지만, 번뇌(탐·진·치)가 사라지고, 중도연기와 반야지혜를 체득하는 것, 또 연기와 공의 이치를 터득하는 것이 깨달음의 내용이라고 할 수 있습니다. 이렇게 하여 번뇌 망상이 없고 정신이 맑고 예지가 있으므로 통찰력이나 예지력 등이 계발될 수는 있습니다.

깨닫기 전과 후의 가장 큰 차이점이라면 부처님과 같은 지혜와 자비가 있느냐, 없느냐에 달려 있다고 할 수 있을 듯합니다. 특히 자비심이 없다면 그는 아직 마음속에 '자기'가 자리 잡고 있는 것입니다. 에고·증오·자만심·갈등과 배타적인 사고 또한 '자기'라는 존재

가 있다는 착각에서 비롯된 것입니다. 자기를 놓아 버린다면 무엇이
든지 받아들일 수 있고 양보와 배려가 가능합니다. 동시에 분노나
욕망 등도 사라지게 됩니다.

『화엄경』「십회향품」에서는 "중생이 원한다면 무엇이든지 보시하
라."고 합니다. 심지어는 "육체도 보시하라."고 합니다. 만일 육체를
보시할 수 있다면 그 사람은 이미 깨달음을 성취하고 자비심을 체
화한 분입니다.

또『유마경』에서는 "중생이 아프면 나도 아프다."라고 말씀하십니
다. 이것은 곧 '중생과 내가 둘이 아닌 하나'라는 말씀인데, 지고한
'중생 사랑'이지요. '중생과 내가 하나'라면 '고락(苦樂)'도 같을 수밖
에 없는 것이고, 이러한 것이야말로 깨달은 이의 특성이라 할 수 있
습니다.

깨달음이란 무엇인가?
지혜로 세상을 바르게 이해하고
무한한 자비로 중생을 사랑하는 것,
지혜와 자비가 없는 깨달음은 관념에 불과해

'자비와 지혜'는 '깨달은 이[覺者], 즉 부처님[佛]의 특성이자 모든
불교도들이 갖추어야 할 가장 중요한 덕목입니다. 지혜는 있는데 자
비가 없거나, 자비는 있는데 지혜가 없다면 그것은 '미완의 깨달음',
'관념적 깨달음'이라고 할 수 있습니다. 지혜와 자비, 이 두 가지를
모두 갖추었을 때 비로소 '완전한 깨달음'이라고 말할 수 있는 것입

니다. 진리를 깨달아 부처님처럼 되면 지혜와 자비가 체득되어 일부러 애쓰지 않아도 모든 행이 부처행이 되기 때문에 수행자들의 구도열이 식지 않습니다.

하지만 설령 우리가 진리를 깨닫지 못했더라도 부처님의 말씀대로 생활 속에서 자비와 지혜를 실천한다면 그 순간만큼은 부처님의 화신이 되는 것입니다. 10분 동안 부처님과 같은 지혜롭고 자비로운 행을 하면 내가 10분 동안 부처가 되는 것이고, 하루 종일 부처행을 하면 하루 동안 부처가 되는 것이므로 부처님처럼 지혜 자비행을 실천하는 게 중요합니다.

저 역시 수행의 끈을 늘 쥐고 있고, 제 스스로도 보살행을 실천하기 위해 노력하며, 주위 사람들에게도 보살행을 실천하는 게 중요하다고 말하고 있습니다. 제가 이런 말을 하자 어떤 연세 드신 거사님이 한숨을 쉬면서 "몸도 아프고 돈도 없는데 보살행을 어떻게 해야 할지… 젊었을 때 불교를 알았다면 보살행을 했을 텐데."라며 아쉬워하셨습니다.

그런데 노년이야말로 정말 보살행을 하기 좋은 때라고 생각합니다. 젊은 사람들은 생업에 종사하느라 바빠서 정신적·육체적으로 보살행을 할 시간을 내기가 힘들지만, 시간적 여유가 있는 노년에는 마음껏 할 수 있기 때문이지요. 마음으로도 보살행을 할 수 있습니다.

특히 불교에서는 4무량심[四無量心: 네 가지 한량없는 자(慈)·비(悲)·희(喜)·사(捨)의 마음]을 중시합니다. 좀 더 설명하면, 일체 중생을 사랑하는 마음[慈], 가여워하는 마음[悲], 기쁨을 주고자 하는 마음[喜], 차별 없이 대하는 평정한 마음[捨]이 바로 4무량심입니다. 만나는 모든 사람들에게, 또 만나지 않은 세상의 모든 사람들에게 이 마음을 보내 주는 것이 바로 마음으로 행하는 보살행이지요.

부처님께서는 자비의 경전(자비경)에서 이 세상의 모든 존재가 행복하기를, 평화롭기를 바랐습니다. 우리가 마음으로라도 세상 사람들이 행복하고 평화롭기를 발원하는 것, 좋은 에너지를 널리 전하는 것도 보살행이 됩니다. 눈에 보이지는 않지만 그러한 좋은 에너지가 이 세상을 맑히는 데 큰 힘이 된다고 봅니다.

또한 부처님께서는 '무연자비(無緣慈悲: 연고 관계가 없는 자비)', 즉 차별이 없는 자비를 강조했습니다. 인연이 깊은 사람에게만 베푸는 자비는 편애, 차별적인 자비로서 진정한 자비라고 할 수 없습니다. 바로 지금 이 순간 세상의 수많은 사람들을 향해 행복과 평화를 발원할 때 내 안의 행복과 평화는 물론이고, 그 에너지가 민들레 홀씨처럼 퍼져서 행복과 평화로 충만한 세상이 될 것입니다.

세상과 함께 하는 불교

한상권 아나운서

세상과 떨어져 있는 산중불교의 이미지가 각인되어 있어서인지 몰라도 스님들은 세상 사람들의 삶에는 전혀 관심이 없고, 현실과도 괴리된 분들이라고 생각하게 됩니다. 그런데 스님과 말씀을 나누는 동안, 특히 보살행과 종교의 사회적 역할을 강조하시는 모습을 보면서 선입견을 수정할 필요가 있다는 생각이 들었습니다.

월정사 주지 **정념 스님**

> 은둔·산중불교의 이미지는
> 조선시대의 억불정책이 만들어 낸
> 선입견에 불과해
> 보살행을 통한 중생 제도가 대승불교의 목표

그렇습니다. 불교는 조금 세상과 떨어져 있는 느낌을 주지요. 사찰이 도시보다는 산속에 많다 보니 그런 이미지가 각인된 것 같습니다. 그런데 이것은 조선시대 억불정책의 영향으로 만들어진 불교에 대한 이미지일 뿐입니다.

대승불교는 '상구보리(上求菩提)[9] 하화중생(下化衆生)[10]'을 지향하고 있습니다. 자신의 수행(즉 깨달음)과 보살행을 통한 중생 제도가 대승불교의 목표라고 할 수 있습니다. 그러나 오늘날 한국불교는 중생제도(하화중생)보다는 자신의 깨달음(상구보리)에 더 많은 시간을 할애하는 편입니다. 깨달음도 이루지 못한 상태에서 중생을 제도한다는 것은 어불성설이라는 생각 때문인데, 그러다 보니 자기 자신의 수행(깨달음)에 더 몰두했던 것이 사실입니다.

---

9   상구보리(上求菩提): 정신적으로는 깨달음을 추구하는 것.
10   하화중생(下化衆生): 현실의 삶 속에서는 중생제도 실천하는 것.

또 번뇌로 가득 찬 허망한 세상을 초월해 보자는 것도 있고, 존재의 유한성에 대한 초극도 수행의 과제였습니다. 생자필멸(生者必滅)의 법칙은 물리적으로 극복할 수 없는 것이기에 깨달음을 이루기 위한 수행에 더 중점을 두었던 것입니다.

그러나 앞으로는 '중생 구제' 곧 '세상과 함께하는 불교'가 되어할 것입니다. 대승불교의 정신으로 돌아가서 적극적으로 중생 속으로 뛰어 들어가야 한다고 봅니다. 특히 사회적인 약자를 위한 보살행에 대한 연구를 보다 구체적이고 다각도로 연구해서 실천해야 할 것입니다.

아무리 진리를 깨달았다 해도 혼자서 경치 좋고 공기 좋은 산속에 안주해 있다면 그것은 진정한 깨달음이 아닌 은둔주의에 불과한 것입니다. 중국 선불교에 수행의 단계를 10장의 그림으로 나타낸 '10우도(十牛圖)'가 있습니다. 거기에 맨 마지막 그림, 즉 결론적인 그림의 제목이 '입전수수(入廛垂手)'입니다. '중생이 살고 있는 마을 속으로 들어가서[入廛] 구제의 손길을 내민다[垂手]'는 말입니다. 중생을 제도하기 위해서 속세로 들어가 구원해 준다는 뜻이지요.

> 사홍서원의 첫 번째는
> '중생을 다 건지오리다'
> 앞으로 불교는 보다 적극적으로
> '중생 돌보기' '약자 돌보기'에 나서야

사찰에서 각종 행사나 법회를 봉행할 때 식순의 첫 번째 순서가

'삼귀의'이고 마지막 순서가 '사홍서원(四弘誓願)'[11]입니다. 사홍서원의 첫 번째가 '중생을 다 건지오리다[衆生無邊誓願度]'입니다. 두 번째가 '번뇌를 다 끊으오리다[煩惱無盡誓願斷]'이고, 세 번째가 '법문(가르침)을 다 배우오리다[法門無量誓願學]'이고, 네 번째가 '불도(깨달음)를 다 이루오리다[佛道無上誓願成]'입니다.

상구보리, 즉 '불도(깨달음)를 이루겠다'는 것은 마지막에 들어가 있고, 하화중생인 '중생을 다 건지오리다'가 첫 번째로 들어가 있습니다. 이것만 보더라도 불교는 중생구제에 역점을 두고 있음을 알 수 있습니다.

사회적 모순을 극복하는 데
종교(불교)가 동참하지 않는다면
존재 가치를 상실하게 돼
종교의 사회적 역할을 확대해야

종교의 사회적 역할은 필수불가결한 것입니다. 다만 시대에 따라 대중들의 요구가 다르기 때문에, 그 시대에 필요한 역할을 해야 합니다. 그것이 진정한 의미의 자비 실천입니다. 시대와 무관한 종교는 존재할 필요도 없고, 존립하기도 어렵겠지요. 무엇보다 우리 사회가 지닌 모순과 부조리한 상황을 변화시키는 데 적극적으로 동참해야 합니다. 그러지 않으면 불교의 존재 의미는 점점 퇴색될 것입

---

11 사홍서원(四弘誓願): 네 가지 큰 맹세

니다.

우리는 모두 관계성 속에서 살아가고 있습니다. 그것을 불교에서는 '연기법(緣起法)'이라 하고 화엄사상에서는 '중중무진법계(重重無盡法界)'라고 합니다. 법계(法界)란 우리가 살아가고 있는 이 현상세계와 의식의 세계를 통칭하는 것이고, '중중무진(重重無盡)'이란 끝없이 거듭거듭 중첩되어 있다는 뜻입니다. 다시 말해 우리가 살아가고 있는 이 세계는 중층적으로 연결되어 있다는 것입니다.

우리는 모두 따로따로 떨어진 개별적인 존재가 아니라 서로서로 의지하면서 살아가고 있는 중중무진법계의 연기적(緣起的) 존재입니다. 우리는 모두 상호 관련성을 갖고 있는 '하나'로 연결된 존재이므로 상생은 보살이 마땅히 실천해야 할 삶의 태도입니다. 상생(相生)할 때 능동적인 삶으로 전환될 수가 있고, 좋은 인연을 만들어 갈 수 있는 것입니다.

대승불교에서 말하는 '보살의 삶', '너와 나는 우리'인 것처럼 우리 모두가 관계성 속에 있다는 것을 깨닫고, 이타행을 실천하는 보살의 삶을 살아야 합니다. 이것이야말로 오늘의 각박한 현실을 해결할 수 있는 길입니다.

우리는 모두 '인생'이라는 길을 함께 걸어가고 있는 동행자입니다. 모두가 연기적인 관계성 속에서 도움을 서로 주고받으며 살아가고 있는 것이지요. 좁게는 가족, 넓게는 친인척, 친구, 직장동료, 단체 등 직간접적인 관계성 속에서 살아가고 있습니다. 그러므로 연기적 존재임을 자각하고, 언제 어느 때나 상생과 공존의 관점에서 서로 양보하고 배려하며 나누면서 살아가야 합니다.

이러한 보살의 삶은 자신과 이 세상의 관계에 대한 바른 인식에서 비롯됩니다. 불교의 사회적 역할 가운데 가장 중요한 것은 사람들에게 바른 가치관·세계관을 정립할 수 있도록 교육하고, 올바른 견해를 가진 사람들이 지혜와 자비의 보살행을 적극 실천할 수 있도록 독려하는 것이라고 봅니다.

교육을 받고 거듭 태어난 불자(신자)들이 보살행자가 되어 욕망과 분노를 부추기는 불평등하고 부조리한 사회 시스템을 변화시키는 데 적극 참여하여 살기 좋은 세상이 된다면 불교의 사회적 역할을 잘 수행한 것이라고 할 수 있을 것입니다.

업보는 정말 있는가?

한상권 아나운서

평소 궁금했던 질문을 한 가지 드리겠습니다. 불교에서는 업보(業報)라는 말을 많이 사용합니다. 인과응보(因果應報), 선인선과(善因善果), 악인악과(惡因惡果) 등 불교에서 자주 쓰는 말 또한 업보와 관련된 것입니다. 스님, 업보는 정말 있는 것입니까?

업, 업보란 행위의 결과를 뜻합니다. 행위에는 선행과 악행이 있습니다. 선행은 선업(善業), 악행은 악업(惡業)이라고도 합니다. 나쁜 기업을 '악덕(惡德) 기업', 나쁜 기업가를 '악덕 업자(業者)'라고 하듯이 업은 대체로 '악업'을 지칭하는 경우가 많습니다.

업(행위)에는 몸으로 짓는 신업(身業)과 입으로 짓는 구업(口業), 마음(생각)으로 짓는 의업(意業)이 있는데, 이것을 3업(業)이라고 합니다. 인간은 몸과 입과 마음으로 나쁜 업도 짓고 착한 업도 짓습니다.

> 업이란 행위의 결과이고
> 업보는 행위의 결과로 받는 것
> 좋은 행동을 하면 좋은 결과를 초래하고
> 나쁜 행동을 하면 나쁜 결과를 초래해

한 아나운서님의 말씀과 같이 불교에서는 인과응보설을 많이 이야기합니다. "콩 심은 데 콩 나고, 팥 심은 데 팥 난다."는 속담은 '선인선과(善因善果), 악인악과(惡因惡果)'라는 말을 설명할 때 흔히 인용하는 것입니다. 나쁜 행동을 하면 나쁜 결과를 초래하고, 좋은 행동을 하면 좋은 결과를 초래하는 것은 당연한 이치입니다. 콩을 심었는데 팥이 솟아 나오는 경우는 없습니다. 이와 같이 불교의 인과응보설은 매우 논리적이고 합리적인 것입니다. 문제는 전생과 현생,

내생을 넘나들며 인과응보를 받는다고 하니, 믿기 어렵고 신비한 '전설의 고향'처럼 다가오는 것이지요.

한편 인과응보설은 악행을 방지하는 교육적인 역할도 합니다. 예전에는 어른들이 자식을 위해서 남의 가슴에 못 박는 일을 하지 않았습니다. 남을 정신적·경제적으로 괴롭히면 그 후환을 자식이 받게 된다는 생각 때문이었는데, 사람들의 심성에 인과응보설이 깊이 뿌리 내린 덕분에 그러한 생각을 하게 된 것입니다. 인과응보설을 과학적으로 입증할 수는 없다고 해도, 남에게 괴로움을 주거나 '악행'을 해서는 안 된다는 것은 '윤리 도덕의 법칙'으로서도 매우 유익하다고 봅니다. 그래서 부처님께서는 "제악막작 중선봉행(諸惡莫作衆善奉行)"을 강조하셨습니다. 비록 작은 악이라도 그 과보를 받아야 하므로 '악행을 하지 말아야 하고, 선행은 작더라도 실천하라'는 뜻입니다.

업보는 '행위에 따라서 받는 것'으로서, 내생에 받는 경우도 있고 금생에 받는 경우도 있습니다. 내생보다는 금생, 즉 자기 당대에 받는 경우가 훨씬 더 많습니다. 악행을 한 결과 구속되는 것, 악덕 기업이 국민의 불매운동으로 망하는 것, 음주가 지나쳐서 건강을 잃기도 하고 알코올 중독자가 되는 것, 심한 흡연으로 병에 걸리는 것 등은 모두 다 금생에 업보를 받는 것입니다.

옳지 못한 행위가 습관화되면 마음뿐만 아니라 건강에도 큰 영향을 줍니다. 15년 전 어느 날 40대 중반쯤으로 보이는 사람이 찾아왔습니다. 20대 때 여성들을 많이 괴롭혔는데, 지금 귀에 그들의 울음소리가 울려서[耳鳴] 너무 괴롭다며 치료방법을 알려달라는 것이었습니다. 저는 그 사람의 말을 듣고 '금생에 받는 업보로구나.' 하고 탄식한 적이 있습니다.

악행을 하면 20년 후에 마음은 물론이고 몸도 고통 받을 수 있습니다. 한편 적선지가(積善之家)에 필유여경(必有餘慶)이라는 말처럼 선행을 쌓으면 반드시 경사(慶事)가 있습니다. 좋은 일을 많이 하면 늘 마음이 흡족하고 즐겁고 근심 걱정도 사라집니다. 선행을 하는 순간 이미 그렇게 큰 복을 받는 것입니다.

> 행위(업)는 어떤 형태로든 결과를 초래해
> 악행을 하는 사람이 많으면
> 불안한 사회가 될 수밖에 없어

첨단 문명사회일수록 살인·폭력·사기 등 타인의 삶을 망치는 치명적인 사회악이 증가하기 쉽습니다. 요즘에는 가짜 뉴스가 큰 문제가 되고 있습니다. SNS와 영상 조합 등을 통한 근거 없는 비방 행위, 허위사실 유포 등은 아주 나쁜 악행에 속합니다. 그로 인해 수많은 사람들이 괴롭힘을 당하고 있습니다.

악행을 한 사람들이 겉보기에는 멀쩡해 보여도 속으로는 불안하고 초조할 것입니다. 간혹 악행을 한 사람이 경제적으로 더 풍요롭게 사는 경우가 있기도 한데, 전생에 은행잔고를 두둑하게 채워 놓은 덕분이라고 생각하시면 됩니다. 흥청망청 살다가 은행잔고가 떨어지면 빈털터리가 되어 비참하게 살아가는 것처럼 악행을 한 사람은 반드시 다음 생에라도 죗값을 받게 되어 있습니다.

행위는 어떤 형태로든 그 결과를 초래합니다. 악행을 하는 사람들이 많으면 불안한 사회가 될 수밖에 없고, 선량한 사람이 많으면 평화로운 사회가 되는 것은 당연한 일입니다. 좋은 일을 하면 좋은 결과, 나쁜 짓을 하면 나쁜 결과가 온다는 것은 아주 당연한 '우주 자연의 법칙'입니다. 인과응보를 신비로운 과거의 유산처럼 보지 말고 지극히 상식적인 차원에서 생각한다면 금방 이해가 될 것입니다.

> 지구의 온난화 현상, 기상 이변 등
> 심각한 환경문제는
> 환경을 오염시킨 우리들의 업보
> 산업사회의 이기심의 후유증

제2차 세계대전 이후 각 나라가 산업화되면서 전 세계적으로 이산화탄소 농도가 높아졌습니다. 그로 인해 지구의 온난화 현상이 심각한 환경문제로 대두되고 있습니다. 올해 여름처럼 기상 이변이 속출하고 있는데, 환경문제 역시 우리가 지은 업을 현생에서 받는 것, 즉 '업의 결과'입니다. 다만 이것은 개인의 별업(別業, 개인적인 업)이 아닌 인류 전체가 함께 만든 공업(共業, 모든 사람들이 함께 받는 업)의 결과라고 할 수 있습니다.

따라서 정치인들도 먼 미래를 내다보고 정책을 만들고 집행해야 할 것입니다. 일과성 정책을 펴면 그 과보를 빠르면 자기 세대의 국민 전체가 받게 되고, 늦어도 다음 세대(자식이나 손자)에는 받게 됩니다. 특히 오늘날 우리가 겪고 있는 환경문제 중에 잘못된 정책으로 인해 국민 모두가 심각한 피해를 보게 된 일이 아주 많습니다. 국민 중에는 자신의 아들딸과 손자도 포함되어 있다는 사실을 잊어서는 안 됩니다.

한상권 아나운서

> 업보는 반드시 받는다는 것을 깊이 인식하게 된다면 사람들이 악행을 덜 지을 것 같습니다. 그런데 여전히 교도소가 넘칠 정도로 범법자가 많다고 합니다. 어떻게 하면 사람들을 선(善)으로 이끌 수 있을까요?

월정사 주지 **정념 스님**

> 34년 동안 도토리나무 1만 그루를 심었더니
> 황무지는 떡갈나무 숲으로 바뀌었고
> 새가 사는 생명의 숲이 되었고
> 사람들도 만여 명이 함께 사는 낙원이 돼

장 지오노(Jean Giono)가 쓴 『나무를 심은 사람』이 떠오릅니다. 주인공 엘제아르 부피에(Elzéard Bouffier)는 혼자 황무지에 살면서 도토리나무(떡갈나무)를 심습니다. 도토리 10만 개를 심었는데, 나무로 자란 것은 10%인 1만 그루였습니다. 그렇게 매년 34년 동안 심었더니 황무지는 수십만 그루의 떡갈나무 숲으로 바뀌었고 개울이 흐르고 새가 모여드는 생명의 숲이 되었습니다. 사람들도 약 1만여 명이 함께 사는 마을이 되었습니다. 그리고 노인이 된 엘제아르 부피에는 요양원에서 편안하게 생을 마칩니다.

그의 이야기는 애니메이션으로도 만들어졌는데, 이 애니메이션을 본 캐나다 사람들이 무려 2억 7천만 그루의 나무를 심었다고 합니다. 캐나다 사람들뿐만 아니라 이 애니메이션을 본 세계의 수많은 사람들도 감동해서 나무를 심었다고 합니다. 이처럼 선업(善業)은 다른 사람들의 가슴에도 선업을 심고, 널리 확산시켜 세상을 아름답게 변화시키는 원동력이 됩니다.

어떻게 하면 사람들을 선(善)으로 이끌 수 있을까? 쉬운 문제는 아니지요. 종교도 과거보다 더 다양해졌고, 교육열도 과거에 비해 훨씬 높고, 교육기관이 헤아릴 수 없이 많은데도 불구하고 나쁜 짓을 하는 사람이 더 늘어나고, 세상이 각박해지는 것은 왜 그럴까 깊이 성찰해야 합니다.

이것은 단편적으로 말씀드릴 수 없는 문제이지만, 물질문명의 폐단, 무한경쟁의 신자유주의 체제 속에서 살아남기 위한 몸부림과도 같은 과도한 개인주의, 이기주의, 그리고 욕망을 부추기는 물신주의적(物神主義的)인 사회 분위기와 무관하지 않을 것입니다. 그래서 더더욱 올바른 가치관을 갖는 게 중요합니다.

불교의 연기론은 우리 모두 서로서로 연관된 존재라는 것을 강조함으로써 이타적인 삶이 곧 자기를 위한 삶이라는 것을 일깨워 줍니다. 연기론은 사람들을 선(善)으로 이끌어 주는 길이요, 상생과 공존의 길이라고 확신합니다.

선, 화두란 무엇인가?

한상권 아나운서

스님께서는 월정사 주지직을 맡고 있으면서도 선승들처럼 결제
철마다 안거에 들어 참선을 하는 것으로 알고 있습니다. 사찰
의 주지소임만 해도 일이 많을텐데 늘 수행을 위해 안거에 임
하는 이유가 궁금합니다. 업무에는 지장이 없으십니까?

  수행자의 본분은 수행입니다. 그러므로 여름 안거(하한거)나 겨울 안거(동안거)에 드는 것은 당연한 일이지요. 그런데 교구 본사 주지라는 소임이 책임도 막중하고 하는 일도 복잡하고 많습니다. 모든 것을 상식 이상으로는 알아야 합니다. 일에 따라서는 전문성도 상당히 요구됩니다.

  주지라는 소임은 한 사찰의 대표자로서 무엇보다도 가람(사원)을 잘 수호(관리)해야 하고, 시대에 맞게 포교도 해야 하고, 종무 행정도 관장해야 하고, 전체적인 역할과 지역적인 역할도 해야 합니다. 또 갖가지 사회 현상에 대해서도 무관심할 수 없습니다. 무관심해서는 민중들의 아픔을 공감할 수 없기 때문입니다.

  그래서 항상 바쁘게 움직이고 있습니다. 바쁘다고 해서 수행을 소홀히 할 수도 없습니다. 그래서 안거 때는 가능한 한 선원에서 좌선을 합니다. 시간을 잘 안배하면 가능합니다. 바쁘다고 업무나 일에만 매달리다 보면 수행자로서 본분을 망각하게 되고, 본분을 망각하면 아무래도 삿된 길, 잘못된 길로 가기 쉽겠지요.

  또 매우 복잡해서 판단하기 어려운 일이 있을 때는 모든 것을 방하착해 버립니다. 그리고는 선원에 들어가서 좌선을 합니다. 화두에 몰입하고 나면 문득 판단력과 집중력이 생기고, 머리가 명쾌해지는 때도 많습니다. 골몰한다고 해서 획기적인 묘안이 떠오르는 것은 아닙니다. 오히려 비웠을 때 좋은 생각이 떠오릅니다. 그래서 저는 사업을 하는 분들에게는 고요히 좌선을 해 보라고 권할 때가 많습니다.

한상권 아나운서

> 일반인들도 개성에 따라 전공 분야가 다르듯이 스님들께서도 좋아하는 공부 분야가 다를 것 같습니다. 월정사 주지 소임을 맡고 있으면서도 안거를 하시는 것을 보면 스님께서는 특히 참선 수행 체질이 아니신가 싶습니다. 입산할 때부터 참선 수행에 관심이 많으셨습니까?

월정사 주지 **정념 스님**

> 네, 그렇습니다. 저는 도인이 되고 싶다는 열망을 가지고 출가했기 때문에 행자 때부터 경전이나 염불보다는 참선에 관심이 많았습니다. 철저히 무능해지면 할 수 있는 것은 참선밖에 없을 거라는 내 나름의 출가수행론을 갖기도 했지요. 계를 받고 나서 참선을 하고 싶어서 해인사 선방에 가려고 은사스님(만화 희찬 스님)께 인사를 드리자 "경을 본 뒤에 선방에 가라."고 호통을 치셨습니다. 하지만 마음이 참선에만 있었기 때문에 은사스님 몰래 월정사를 떠나 속리산 복천암에 방부를 드리고 수행했습니다.
>
> 저는 당시 탄허 스님께 받은 '여사미거(驢事未去) 마사도래(馬事到來)' 화두를 참구했습니다. 중국 당나라 때 한 스님이 영운(靈雲) 선사를

찾아가 "불법의 대의는 무엇입니까(如何是 佛法大意)?"라고 묻자 영운 선사는 "여사미거 마사도래(驢事未去 馬事到來)."라고 답했습니다.

불법에 대해 물었는데, 여사미거 마사도래 즉 "당나귀의 일도 끝나지 않았는데 말의 일이 다가왔다."고 하니 짐짓 황당했겠지요? 경허 스님도 『전등록』을 보다가 아무리 생각해도 풀리지 않아서 이 화두를 들고 깨치셨다고 합니다. 입산하기 전부터 경허 스님을 존경했고, 출가하면서도 치열하게 10년 동안 수행해서 경허 스님처럼 대자유인이 되어야겠다고 생각했기 때문에 '여사미거 마사도래' 화두가 더욱 가슴에 와 닿았지요.

한상권 아나운서

수행에 대한 열망이 많았던 것만큼 수행하면서 특별한 체험도 많으셨을 것 같습니다. 체험에 대하여 이야기 좀 해 주시겠습니까?

월정사 주지 정념 스님

선방에서는 수행 체험에 대해 금기시하고 있어서 말씀드리기 곤란합니다만, 수행의 진수를 체험했기 때문에 지금까지도 수행에 매진하고 있는 측면도 있고, 혹여 후배 수행자들에게 조금이라도 참고가 될까 해서 약간만 이야기하겠습니다.

1982년 탄허 스님께 사교(四敎) 특강을 받으면서 용맹정진을 한 일이 있습니다. 그때 어떤 경계를 좀 체험했다고 할까요? 화두가 떠나지 않고, 밀밀면면(密密綿綿, 화두와 하나가 된 상태)해졌습니다. 마음은 고요해지고, 머리는 맑고 텅 빈 듯하고, 머리 뒤쪽에서 엔돌핀이라고 할까, 표현할 수 없는 좋은 느낌, 그리고 마치 스파크 같은 것이 일어나는 경계를 맛보았습니다. 마음속 깊은 곳에서 나오는 기쁨, 그야말로 '법열(法悅)이 이런 것이로구나.' 하는 것을 느끼게 되었습니다.

그때 그 후로는 보는 것마다 만나는 것마다 고맙고 기쁘게 다가왔습니다. 온 산천이 아름답게 보이고, 심지어 개미 한 마리까지도 환희롭게 보였습니다. 일주일 정도 잠을 자지 않고도 에너지가 넘쳤고, 모든 것을 그 순간에 다 끝낼 수 있을 것 같았습니다. 그때 공부에 대한 자신감도 생겼고, 제 자신에 대해 더욱 당당해졌습니다. 그런 체험도 사실은 수행의 고비에서 넘어서야 할 하나의 경계에 불과한 것이지만 이후 중노릇 하는 데 큰 힘이 된 것은 사실입니다.

그 후로도 여러 경계(체험 상태)를 맛보았고, 그런 경계에서 경전도 읽고 다른 책도 읽었습니다. 참선 수행만 하다가 주위의 권유로 중앙승가대학에 입학하긴 했지만, 속으로는 '그런 경계에서 경전 공부를 해 보자, 경전을 통해 제대로 점검을 받아보자'는 심정이었습니다.

지금도 마찬가지지만, 참선하는 사람은 경전을 보면 지식적인 분별심, 즉 알음알이가 생겨서 화두 참구에 방해가 된다는 생각이 팽배했는데, 그것은 사실 초보자들에게 관한 것이고 어느 정도 경계를 넘어선 사람에게는 아무런 관계가 없습니다. 오히려 '공사상', '일체유심조' 등을 설하고 있는 『화엄경』이나 『금강경』, 그리고 '번뇌즉 보리', '비도(非道)가 곧 정도(正道)로 들어가는 길'이라고 역설하고 있 는 『유마경』 같은 경우는 정안(正眼)을 확립하는 데 매우 도움이 됩 니다. 중국의 유명한 선승인 임제 선사, 조주 선사, 오조법연 선사, 원오극근 선사, 대혜 선사 같은 분은 박학다식했습니다. 근대 우리 나라 경허선사도 『화엄경』에 능통하셨습니다. 그래서 그런지 시구를 보면 화엄의 관점(일체유심조)이 많이 들어가 있습니다. 『화엄경』에서 득력(得力, 힘을 얻다), 혹은 선사상적인 안목을 확립했다고 할 수 있 습니다.

동정일여 오매일여 몽중일여
한 달 동안 화두 참구 끝에
마음 속 응어리 풀어

화두 참구 과정 중에 동정일여(動靜一如), 오매일여(寤寐一如), 몽중 일여(夢中一如)라는 것이 있습니다. 움직이거나 고요하거나, 잠들었을 때나 깨었을 때나, 꿈을 꾸든 꿈을 깨든 한결같은 마음으로 잠시도 화두를 놓치지 않고 참구하는 것을 뜻하는 말입니다.

18년 전 그러니까 2000년 초 6월 24일이었을 겁니다. 상원사 선 방에서 수행 중이었는데, 한 달 가까이 전혀 잠이 오지 않더군요. 물론 조금씩 쪽잠은 잤습니다만, 잠을 자지 않아도 될 정도로 몸이 가벼워졌습니다.

또한 다른 사람과 대화를 나눌 때도 화두를 놓치지 않고 참구할 수 있었습니다. 또한 깊은 숙면은 아니더라도 누워서 잠을 자는 동안에도 화두 참구가 지속되었습니다. 그러기를 며칠 후 중도 연기의 확연한 경계에서 갑자기 밑통이 확 빠지면서 탄허 큰스님께 받은 '여사미거 마사도래' 화두가 해체되었습니다. 그 전까지는 '여사미거 마사도래' 화두가 응어리처럼 가슴과 머릿속에 박혀 있었는데 한순간에 해체되어 버리는 것이었습니다. 화두 타파가 되면서 나타난 현상이지요. 속이 후련해지고, 그 이전에 나타났던 분심과 스파크, 엔돌핀 같은 현상은 사라지고, 내외명철해지며 일체 모든 현상이 경계라는 것을 확연히 알게 되는 체험을 했습니다.

그날 이후 달라진 점이 많았습니다. 초납(初衲, 신참 선승) 시절에는 경전 독송이나 주지소임 등에 별 의미를 두지 않았는데 특별한 체험을 한 뒤부터는 '일체가 다 소중하구나. 모든 일이 나름의 의미가 있구나. 있는 그대로 평상심을 유지하는 것이 중요하구나.'라는 것을 절감하게 되었지요. 그 뒤로는 모든 것을 소중히 여기게 되었습니다.

한상권 아나운서

모든 것을 소중히 여기게 되었다는 말씀이 참으로 인상적입니다. 저도 지금 당장 수행을 해야 할 것 같습니다. 한국불교의 전통적인 수행법은 화두를 참구하는 간화선(看話禪)이라고 알고 있습니다. 3년 전인가요(2015)? 광화문 광장에서 열린 세계 간화선 무차대회가 열렸지만, 사실 대중들은 간화선이 무엇인

지 잘 모르고 또 어렵게만 느껴진다고 하더군요. 선(간화선)에
대하여 말씀해 주셨으면 합니다.

월정사 주지 **정념 스님**

> 간화선은 화두를 참구하여 깨닫는 수행법
> 화두의 기능과 역할은 번뇌 망상을 물리치고
> 불성을 발현하게 하는 것
> 분별심을 버리고 직관적으로 사유해야

'선(禪)'이라는 용어는 익숙하겠지만, '간화선'이라는 용어는 좀 생
소하실 겁니다. 한국불교의 전통적인 수행법은 간화선입니다. 간화
선은 화두를 참구하여 깨달음에 이르는 선수행 방법이지요.

간화선은 중국 송나라 때 대혜종고(1089~1163) 선사가 기존의 선
을 바탕으로 시대에 맞게 변형시킨 선수행법입니다.

간화선의 특징은 '무(無)', '이 뭐꼬(是甚麼)', '마삼근(麻三斤)'[12], '간시
궐(乾尿橛)'[13], '정전백수자(庭前栢樹子)'[14] 등 화두 참구를 통하여 깨닫
는 것인데, 여기엔 주의할 점이 있습니다.

화두를 참구(공부, 수행)할 때(화두 참구 방법)는 일체의 분별심이나

12　마삼근(麻三斤): 삼세근

13　간시궐(乾尿橛): 마른 똥막대기

14　정전백수자(庭前栢樹子): 뜰 앞의 잣나무

분석적인 방법, 이지적(理智的)인 방법을 버리고 직관적으로 주시·관찰해야 합니다. 일체의 지능적 지식적인 분석이나 분별, 또는 언어적·논리적·학문적인 방법을 버리고 예지적으로 참구해야 합니다.

다시 말하면 머리에 '무'를 떠올릴 뿐, '무란 무슨 뜻일까?' '무란 무슨 의미일까?' 하는 식으로 참구해서는 안 되는 것입니다. 앞에서 말한 분석적인 방법으로 참구하는 것을 '바르지 못한 참구 방법', 즉 '사구참구(死句參究)'라고 합니다.

> 화두 참구의 목적은 번뇌 망상 제거
> 화두를 참구하는 방법은
> 일체 이지적·언어적·논리적인 방법을 버리고
> 직관적·예지적으로 주시·관찰하는 것

예컨대 '무(無)자' 화두를 참구할 경우, 마음으로 '무(無)~' 하고 사유(주시, 관찰)하는 것입니다. 여기서 사유(思惟)란 논리적·분석적인 사유가 아니고 비논리적·비분석적인 사유, 즉 직관적인 사유[탐구]를 뜻합니다. 약간 의문부호(?)를 붙여서 '무~' 하고 참구하는 것으로, 한 번 좌선하는 시간은 40분 정도가 적당합니다. 머리나 눈앞에 '무'자를 상기한다고 생각하면 되는데, 너무 심각하게 참구하면 상기병(上氣病)이 생깁니다. 그러니 주의해야 합니다. 상기병은 오늘날 의학적으로는 두통이라고 할 수 있습니다.

화두의 기능이나 역할은 화두를 통하여 번뇌 망상을 차단시키고 자신의 청정한 마음, 불성을 발현하게 하는 데 있습니다. 고정 관념, 개념의 구속, 통속적이고 세속적인 가치관의 구속으로부터 벗어나서 대자유인, 대해탈인이 되게 하는 데 있습니다.

비유한다면 '화두'라는 정수제를 가지고 오염된 연못(번뇌 망상)을 정화시키는 것과 같습니다. 예컨대 우리가 어떤 생각에 깊이 몰입하면 다른 잡념이 끼어들지 못하지요. 그럴 때는 누가 와도 잘 모릅니다. 화두 참구도 그와 같은 것인데, 그것을 '화두삼매'라고 합니다.

삼매란 '집중 몰입'을 뜻합니다. 오직 무자 화두에 집중하게 되면 모든 잡념이 사라지지요. 이와 같이 오래도록 화두를 참구하다 보면 점점 번뇌 망상이 사라지고 마음이 맑아져서 깨달음에 이르게 됩니다. 또는 '돈오(頓悟)'라고 하여 한 순간에 인식의 전환이 오면서 깨닫게 됩니다.

대혜 선사는 "이 '무(無)'라는 한 글자야말로 모든 번뇌 망상과 잘못된 견해, 잘못된 깨달음을 타파하는 무기이다."(『서장』 부추밀장)라고 말했습니다. 간화선은 지극히 간단한 수행법입니다. 아마도 이렇게 간단한 공부법은 세계의 어느 수행법에도 없을 것입니다. 어렵다고 느끼는 것은 오히려 너무 간단해서가 아닐까 하는 생각이 듭니다.

화두의 종류는 많습니다. 이 가운데 우리나라 참선 수행자들이 주로 참구하고 있는 화두는 '무', '이 뭐꼬', '마삼근', '간시궐', '정전백수자', '동산수상행' 등 5~7종 정도 되는데, 그 가운데서도 '무자(無字) 화두'와 '이 뭐꼬'를 가장 많이 참구합니다.

화두는 선문답 가운데 선사의 답어(答語)를 말합니다. 과거 훌륭한 선승들이 화두를 참구하여 깨달았기 때문에, 후대의 수행승들도 이 화두를 참구(공부)하게 된 것입니다. 무자 화두는 당나라 말기의 유명한 선승 조주 선사와 어느 수행승의 문답에서 비롯된 것입니다.

> 어느 날 한 젊은 수행승이 조주 선사를 찾아가서 물었습니다.
> 젊은 수행승: "선사(禪師), 개에게도 불성(佛性)이 있습니까?"
> 조주 선사: "무(無, 없다)."

여기서 불성(佛性)이란 각성(覺性)으로 깨달을 수 있는 성품을 말합니다. 젊은 수행승이 "개에게도 불성(佛性)이 있느냐?"고 물은 것은, 『열반경』에 "일체 모든 중생은 다 불성을 갖고 있다."고 설해져 있기 때문에 그렇게 물은 것입니다.

그런데 조주 선사는 『열반경』과는 달리 "없다(無)"고 대답했습니다. 『열반경』에 의거해서 본다면, 조주 선사의 답은 틀렸다고 할 수 있지요. 왜냐하면 『열반경』에서는 "일체 중생에게 다 불성(佛性)이 있다."고 했기 때문입니다. 그렇다고 조주 선사가 『열반경』의 내용을 몰라서 무(無)라고 대답한 것은 아닙니다.

'무(無)'라는 한 마디에 젊은 수행자가 깨달았는데, 핵심은 어떻게 '무'라는 말에서 깨달았을까? 하는 점입니다. 개에게도 불성이 있느냐고 물었는데, 여기서 '있느냐 없느냐'를 놓고 논리적으로 접근한다면 10년이 가도 결론이 나지 않을 것입니다. 조주 선사가 '무'라고 했는데, 그 '무'는 일체 번뇌 망상을 단절시키는 '무'입니다. 그 사실을 알고자 한다면 직접 '무자 화두'를 참구해 보면 됩니다.

'간시궐(마른 똥막대기)', '마삼근', '정전백수자'도 마찬가지로 "무엇이 부처(진리)입니까?"라고 묻는 것에 대한 답변입니다. 이와 같은 비논리적인 답을 통해서 번뇌 망상과 분별심을 버리고 인식의 전환을 가져 오게 하는 것이지요. 선사들의 비논리적인 답변은 상식적·통속적인 관념이나 개념, 번뇌 망상 등을 차단하고 깨달음에 이르게 합니다. 즉 비논리로써 논리를 부수어 버린다고 보면 됩니다.

한상권 아나운서

요즘은 특히 정신적인 피로로 인한 스트레스가 심한 시대입니다. 화두를 참구하는 간화선이야말로 오늘날 잡념이 많은 현대인들에게 매우 좋은 수행법인 것 같습니다.

월정사 주지 **정념 스님**

간화선은 분별심이 많은
지식층들을 위해서 만든 것
'무(無)'에 몰입만 하면 되는
지극히 간단한 수행 방법

간화선은 수행방법이 지극히 간단해서 '무(無)'에 집중·몰입만 하면 되는 것입니다. 특정한 장소나 시간의 제약 없이 일상생활 속에서 어느 곳 어느 때나 할 수 있는 수행법이 화두를 참구하는 방법인 간화선입니다. 다만 불급불완(不急不緩), 즉 화두를 너무 과도하게 참구해서도 안 되고 그렇다고 너무 느슨하게 해서도 안 됩니다. 조급한 마음으로 참구하면 상기병 즉 두통을 유발하고 너무 느슨하면 긴박감이 떨어져서 이완돼 버립니다.

현대인은 매우 바쁩니다. 게다가 지식수준이 높아서 이리 저리 논리적으로 따지는 것, 분석하고 분별하는 것을 좋아합니다. 분별심이 많을수록 번뇌 망상도 많을 수밖에 없습니다. 이런 사람들을 위하여 간단하게 수행할 수 있도록 만들어 놓은 것이 화두입니다. 다만 간화선 수행법이 특정한 스님들에 의해 전해 내려왔기 때문에 일반인이 하기에는 어려운 측면도 있습니다.

또 오늘날과 같이 분석적 사고가 기본인 시대, 물질적으로 풍요로운 상황에서 공부하고자 하는 마음을 내기가 쉽지 않습니다. '기한발도심(飢寒發道心)'이라는 말도 있듯이, 춥고 배고파야 도(道)를 닦고자 하는 마음이 생기는데, 배부르고 등 따뜻하고, 마음대로 욕망을 분출하는 시대에 수행하고자 하는 마음(발심)을 내기가 쉽지 않지요.

간화선은 화두 집중(삼매)을 통해서 모든 번뇌 망상을 물리치는 방법입니다. 의심의 힘이 커져서 한 덩이가 되어 버리면 어떤 수행법보다 훨씬 빠르고 강한 에너지를 갖게 됩니다.

다만 간화선 수행법이 체계화되어 있지 않고, 대중을 바르게 지도할 수 있는 선지식이 많지 않은 것이 문제입니다. 간화선을 대중화하기 위해서는 먼저 수행체계를 새롭게 만들어야 하고, 대중을 지도할 수 있는 정안(正眼)을 갖춘 훌륭한 선지식이 많아야 합니다.

위빠사나 수행에서도 카운슬링, 즉 점검이 있는데, 간화선에도

'독참(獨參)'이라고 하여 조실과 1대1로 만나서 지도·점검받는 시스템이 있습니다. 개별적인 지도 점검 시스템인데, 그것을 되살려서 적용해야 합니다.

간화선은 대혜 선사가 바쁜 일상에 쫓겨 자주 법문을 들을 수 없는 사대부(관리, 지식층)들의 현실을 많이 고려해서, 어찌 보면 지식인들을 위한 수행법으로 창안한 것입니다. 대혜 선사의 간화선 지침서인 『서장』을 보면 편지 가운데 90%가 사대부 지식인, 즉 재가 지식인들과 주고받은 편지입니다. 편지의 내용을 살펴보면 대혜 선사는 지식인들의 분별심에 대해 수도 없이 주의를 주고 있습니다.

화두를 참구하는 간화선은 일상생활 속에서 수행할 수 있는 지극히 간단한 수행법입니다. 그러나 논리적·분석적 사고에 익숙한 요즘 사람들에게는 오히려 접근하기 어려운 것 같습니다. 시대에 맞게 논리와 체계를 갖춘 간화선 수행체계를 만들면 더욱 많은 사람들이 수행할 수 있을 것입니다.

화두의 종류가 아무리 많아도 기본적으로 하나로 통한다는 것, 즉 화두는 생각이 일어나기 이전의 마음자리를 찾게 해 주는 일종의 도구 같은 것임을 이해한다면 화두 참구하기가 훨씬 수월할 것입니다.

한상권 아나운서

스님 말씀을 들으면서도 알 것 같기도 하고 모를 것 같기도 합니다. 질문이 좀 중복되는 느낌이 들지만 화두를 참구하는 방

법이나 순서에 대해 좀 더 구체적으로 쉽게 말씀해 주셨으면
합니다.

월정사 주지 **정념 스님**

> 참회, 발심, 분발심, 집중, 화두삼매
> 간화선 수행 체계를 매뉴얼로 만들어야
> 화두는 분석적인 방법으로는 불가능
> 오직 화두와 하나(화두삼매)가 되어야 가능

화두를 참구하기 전에 먼저 마음을 가다듬어야 합니다. 화두를
참구할 때는 먼저 참회(마음 정리), 발심(發心: 화두에 대한 생각), 분심(憤
心: 분발심), 의단(疑團, 집중, 화두 삼매) 순으로 하면 더욱 효과적입니
다. 이러한 간화선의 수행 과정을 세분화하고 체계화하여 매뉴얼로
만들 필요가 있다고 봅니다.

첫째 참회는 탐욕이나 분노·증오·원망·나쁜 행동·나쁜 생각·망
어(妄語: 거짓말) 등을 참회하는 것인데, 일종의 '마음 정리'라고 할 수
있지요. 화두를 참구할 때에는 이런 번뇌 망상들이 세차게 올라옵
니다. 참회를 통해 미리 마음을 비우고 마음 정리를 하는 것은 화
두에 몰입·집중하는 데 도움이 됩니다.

두 번째 발심(發心)은 화두를 참구하고자 하는 마음을 내는 것입니
다. 발심 없이 억지로 참구해서는 시간 낭비만 할 뿐 아무 소용이 없
습니다. '깨달을 수 있다'는 확신을 갖는다면 발심도 크게 하겠지요.

세 번째 분심(憤心)은 깨달고자 하는 분발심을 뜻합니다. 석가모니 부처님과 역대 조사스님들은 다 진리를 깨치시고 성불하셨는데, 똑같은 불성(佛性)을 가진 존재로서 깨달아야겠다는 마음, 게으르지 않고 용맹정진하겠다고 분발하는 것입니다.

네 번째 의단(疑團) 형성이 중요합니다. 이는 본격적인 화두 참구 단계, 삼매 단계입니다. '왜'라고 하는 의심(疑心) 혹은 의정(疑情)이 더욱 강하게 하나로 뭉쳐진 것을 말하는데, 화두 삼매에 들기 위한 문제의식이라고 할 수 있습니다. '왜?' '어째서'라는 물음표를 붙여서 점점 깊이 몰입(참구)하는 것입니다. 의정, 즉 문제 제기가 극대화되면 이 과정에서 잡념이 사라지고 오로지 화두만 남게 됩니다.

화두는 분석적(분별)인 방법, 지식적·언어적·학문적, 또는 지능적으로 접근·분석해서는 안 됩니다. 화두는 상식적·논리적인 대답에서 나온 것이 아니기 때문입니다.

한 예로 '간시궐'이라는 화두의 경우, 어떤 수행승이 운문 선사에게 "무엇이 부처입니까?" 하고 물었는데, "간시궐" 즉 "마른 똥 막대기"라고 대답했으니, 상식적·논리적·언어적으로 전혀 접근할 수 없는 문제입니다. 이리저리 헤아리고 분별하는 것을 '사량분별심(思量分別心)'이라고 하는데, 사량분별심으로는 도저히 불가능합니다. 화두는 직관적으로 접근해야 합니다. 그리고 마치 닭이 알을 품고 있듯이 일관되게 지속해야 하며, 고양이가 쥐를 잡을 때와 같이 정신을 집중해야 합니다.

서산 대사는 『선가귀감(禪家龜鑑)』에서 "닭이 알을 품을 때에는 항상 온기(溫氣)를 지속시켜야 하며, 고양이가 쥐를 잡을 때에는 마음과 눈이 움직이지 않는 것처럼 집중해야 한다." 또 "배가 고플 때 밥을 생각하는 것, 목마를 때 물을 생각하는 것, 어린아이가 엄마를 생각하는 것과 같이 간절한 마음으로 참구하면 깨달을 수 있다. 간절한 마음이 없이 깨친다는 것은 있을 수 없는 일이다."라고 하였습니다.

좀 더 쉽게 표현해서 성공한 기업가가 골몰하여 사업을 구상하듯이 하고, 노련한 장사꾼이 물건을 팔듯이 온 힘을 다해 전념하면 깨달을 수 있습니다. 그렇게 몰입하지 못하기 때문에 깨닫지 못하는 것이지요.

한상권 아나운서

> 화두 참구할 때 주의 사항 같은 것은 없는지요? 그냥 앉아서 마음속으로 '무~' 하고 '무자 화두'를 들기만 하면 된다는 말씀인데, 초심자들을 위해 주의사항이 있으면 알려주십시오.

월정사 주지 **정념 스님**

> 이상한 정신병적인 현상을 가지고
> 깨달았다고 착각하는 이가 많아
> 선병(禪病) 등 문제점을 숙지하고
> 환상·환청·접신(接神) 등을 조심해야

간화선 수행을 하려면 먼저 수행과정 중에 생길 수 있는 '선병(禪

病'등에 대해 알고 있어야 합니다. 선병이라 하면 대부분 상기병을 떠올리는 분들이 많은데, 그것은 육체적인 선병이고 그보다 정신적인 선병이 더 크지요.

선병이란 정도(正道)가 아닌 잘못된 방법으로 참구하는 데서 오는 문제점을 말합니다. 선에 대한 잘못된 지식이나 오해와 착각 등에서 오는 문제점이라고 할 수 있는데 선병에 대한 것은 이미 '화두(무자화두) 참구 10종병(十種病)'[15]이라고 하여 대혜 선사의『서장』과 고려 보조지눌 국사의『간화결의론』등에 정리되어 있습니다.

그러나 무엇보다도 참선에서 가장 극복하기 어려운 것은 혼침(惛沈)과 도거(掉擧)입니다. 일반적으로 화두를 들고서 좌선하다 보면 대부분 겪게 됩니다. 혼침은 정신이 흐리멍덩한 상태 즉 화두를 들고 있으면 졸음이 쏟아지고 또 멍청하게 화두를 놓친 채 앉아 있는 것을 말합니다. 도거는 쓸데없는 잡생각과 번뇌 망상 등이 끊임없이 일어나는 것을 뜻하지요.

여기에 덧붙여서 망회(忘懷)는 망각(忘却), 즉 화두를 망각한 상태를 말하고, 착의(着意)는 망회의 반대 개념으로서 '마음에 새겨 두는 것[銘心]', '화두에 신경을 쓰는 것'을 말하고, 관대(管帶)는 화두에 너무 매달리는 것을 말합니다. 착의와 관대는 거의 비슷한 상황입니다. 대혜 선사는 혼침은 성성(惺惺)[16]으로, 도거는 적적(寂寂)[17]으로

---

15 10종병(十種病): 열 가지 잘못된 것

16 성성(惺惺): 초롱초롱한 정신

17 적적(寂寂): 고요함

다스리라고 했습니다.

또 참선 중에 환상·환청(幻聽)·환시(幻視)·접신(接神) 등 정신적인 병리 현상을 선수행이 익어가는 것으로 착각하는 분들도 있는데, 이것도 선병의 하나입니다. 참선을 하다가 이상한 현상이 나타난다면 그것은 이미 삿된 길에 빠진 것이므로 특히 주의해야 합니다.

선병에 대한 확실한 이해가 없는 상태에서 화두를 참구하다 보면 엉뚱한 방향으로 잘못 가게 될 수 있습니다. 문제는 선병이 무엇인지 모르는 분들이 너무 많다는 것입니다. 선병에 대해 정확히 숙지하고 있어야만 문제가 생겼을 때 대처할 수 있습니다.

한편 육체적인 선병도 있습니다. 상기병, 무리하게 좌선하다가 관절염, 신경통, 위장병 등 몸에 병을 얻거나 몸을 망가트리는 것을 말합니다. 참선 수행을 정도(正道)로 하면 선병이 생기지 않습니다. 특히 수행을 잘못 해서 정신질환·상기병(두통)·관절염 등이 발병하면 선지식의 체계적인 지도를 받아야 합니다.

한상권 아나운서

> 정신적인 선병에 대해서는 아직 잘 모르겠고, 육체적인 선병에 더 관심이 갑니다. 조금만 신경을 쓰면 육체적인 선병은 미연에 방지할 수도 있을 것 같은데요. 스님께서 요가에 일가견이 있다고 들었습니다만, 육체를 다스리는 데 요가가 좋지요?

> 허리와 무릎 관절을 풀어 주고
> 호흡조절에도 요가가 도움이 돼
> 특히 오장을 마사지해 주는 나울리는
> 좌선 수행자에게 좋아

네, 그렇습니다. 요가는 육체를 다스리는 데 아주 효과가 좋습니다. 특히 주로 앉아서 수행하는 우리 스님들의 건강을 지키는 방법, 육체적 선병을 방지하기 위해서도 요가가 아주 좋다고 봅니다.

10년 전에 만월선원을 개원하면서 요가를 시작했습니다. 요가를 힌두교의 수행법으로 알고 있는데, 저는 부처님께서도 요가를 하셨을 거라고 생각합니다.

요가[18]는 기본적으로 아사나(자세)[19]가 있고 그 다음에 쁘라나야마(호흡법)라고 하여 호흡을 통해 마음을 제어하고 조절하고, 순환시키는 단계가 있습니다. 그 다음에는 불교의 선정과 같은 쁘라티아하라(욕망 등 육체적인 감각 제어), 다라나(정신 집중), 디아나(명상), 사마

---

18 요가(산스크리트어: योग yóga): 힌두교의 종교적·영적 수행 방법의 하나다. 힌두교의 정통 6파철학 중 하나인 요가학파의 주요 경전인 『요가 수트라』에서는 요가를 "마음의 작용(心作用·citta-vṛtti)의 지멸(止滅·nirodhaḥ)"이라 하였다. 인도 밖에서는 하타 요가의 아사나 수행(자세 취하기)이나 운동의 한 형태로 요가가 크게 유행했다.

19 아사나: 앉는 자세, 좌법을 뜻한다. 수행자를 완전한 정신집중 무아상태인 사마디로 이끄는 8단계 가운데 3번째 수행법이다. 수십 가지의 아사나가 있다.

타(삼매, 무심무상의 경지)가 있는데, 쁘라티아하라에서 사마타까지는 우리가 선정 수행하는 것과 거의 같습니다.

저는 주로 자세, 즉 좌선 수행에 도움이 되는 아사나를 합니다. 요가를 하면 좌선을 할 때 무리가 되는 허리와 무릎 관절을 풀어주고 튼튼하게 단련시킬 수가 있습니다. 또한 호흡조절에도 요가가 도움이 됩니다.

한상권 아나운서

스님께서는 요가의 고수들이 한다는 나울리도 잘하신다고 들었습니다. 혹시 직접 재현해 주실 수 있을까요?

월정사 주지 **정념 스님**

나울리는 요가 중에서도 난이도가 매우 높은 자세로 아사나의 마지막 단계에서 하는 것입니다. 요가를 오랫동안 수련한 사람이라야 가능합니다. 나울리는 복근이 완전히 이완돼야만 할 수 있는 동작입니다. 특히 오랫동안 앉아서 수행하는 스님들이나 책상에 앉아서 일하는 분들에게 아주 좋은 동작입니다. 나울리를 하면 단전과 오장육부가 좋아지고, 내장기관이 활성화됨으로써 마음까지 안정되어 깊은 명상에 들어가는 데 도움이 됩니다.

'나울리'[20]를 통해 오장을 마사지할 수 있습니다. 수행자뿐만 아니라 오래 앉아서 일하는 분들은 오장육부가 정체돼서 건강이 좋지 않은 분들이 많습니다. 선방에서 좌선을 오래 하는 스님들이 나울리를 하면 좋겠다는 생각이 들어서 배웠지요. 현재 월정사 만월선원에서는 스님들에게 요가를 가르쳐 주고 있습니다.

한상권 아나운서

나울리를 하면 내장기관이 활성화되는 것은 이해할 수 있겠는데 단전이 좋아지는 것은 어떻게 알 수 있는지요? 단전(丹田)이 좋아진다면 나울리는 수행자들에게 필수적인 것이라고 해도 과언이 아닐 것 같은데요.

월정사 주지 정념 스님

그렇습니다. 제대로 수행하기 위해서는 단전이 잘 형성되어야 합니다. 좌선을 할 때는 등골 즉 척량골을 곧추세우고 좌선을 하는데 단전이 약하면 힘이 없고 무기력해지면서 혼침(惛沈: 졸음 혹은 멍한 상태)에 빠지게 됩니다. 에너지가 강해야 밀밀면면(密密綿綿: 치밀해

---

20 나울리: 나울리(nauli)는 파이프를 뜻함, 복부 근육을 수축할 때 파이프와 같은 모습으로 보인다는 데서 유래함. 6가지 신체 정화 행법 중의 하나로 복부 모든 기관의 건강을 위한 최상의 수련법, 배꼽 부위의 열기를 증가시켜 소화불량과 변비 치유는 물론이고, 체질의 부조화에서 오는 모든 질병 해소에 도움이 됨. 내장기관을 활성화시키고 심신을 안정시켜 깊은 명상에 들 수 있도록 도와주는 행법. 대담자의 요청에 따라 정념 스님은 배를 등과 갈비뼈에 닿도록 바짝 붙여 나울리 시범을 직접 보여 주셨다.

짐)하게 화두를 참구할 수 있고, 오랫동안 성성(惺惺, 정신이 초롱초롱한
상태)함이 지속되고, 통찰력이 생기는 것입니다. 단전이 잘 형성되면
좌선하는 데 힘이 들지 않습니다. 단전에 에너지가 모여서 힘을 갖
게 되고 화두에 집중할 수 있습니다. 그렇지 않은 사람들은 오래 좌
선하기가 어렵습니다.

외관상으로 봤을 때 단전의 기운이 잘 형성되면 마치 단전이 바
가지 엎어놓은 것처럼 되는데, 나울리를 제대로 하면 그 모습이 바
가지 엎어놓은 것처럼 되어서, 좌선 수행하면서 힘이 붙는다는 것
을 체험으로 알 수 있습니다.

한상권 아나운서

좌선 수행하는 스님들뿐만 아니라 대부분 책상에 앉아서 일하
는 현대인들에게 요가와 수행을 병행하면 참 좋을 것 같습니다.
수행에 대해 더 여쭤보겠습니다. 일반인들에게는 간화선보다
는 위빠사나가 좀 더 수행하기 쉽다는 얘기를 들었습니다. 간
화선과 위빠사나의 차이점은 무엇인지 궁금합니다.

월정사 주지 **정념 스님**

위빠사나는 관찰과 통찰의 수행법
간화선은 화두에 몰입(삼매)하는 수행법
논리에 익숙한 현대인들에게는

간화선보다 위빠사나가 더 쉬울 수도 있어
두 가지를 접목시키면 매우 좋을 것

위빠사나(vipassanā)는 '관찰하다', '통찰하다', '꿰뚫어 보다'라는 뜻으로 부처님께서 깨달음을 얻은 수행방법이라고 할 수 있습니다. 자신에게서 일어나는 모든 현상을 '관찰'하고 '주시'하는 방법입니다. 일반적으로는 숨을 쉴 때 배의 움직임에 집중하여 일어남과 사라짐을 관찰합니다.

이와 같이 자신의 몸과 마음에서 일어나고 사라지는 모든 현상을 아무런 분별없이 있는 그대로 관찰합니다. 이렇게 그 대상과 현상에 집중하다 보면 어느새 잡념이 사라집니다. 결국 대상이나 현상이나 무상한 것임을 알아차리게 됩니다. 그리고 경행을 할 때에도 마찬가지로 천천히 걸으면서 발의 동작에 주시하는 것입니다.

간화선은 앞에서도 말씀드렸지만, 화두삼매 즉 화두에 몰입·집중(삼매·올인)하는 방법입니다. 화두 삼매를 통하여 번뇌 망상 등 잡념을 퇴치하는 것이지요. 논리를 부정하고 곧바로 화두 참구를 통해 마음의 근원, 비사량처(非思量處)인 불성의 영역으로 들어가 궁극적인 문제를 해결하는 것입니다.

위빠사나는 매우 체계적이고 논리적입니다. 논리에 익숙한 현대인들에게는 간화선보다 위빠사나가 더 쉬울 수도 있습니다. 요즘 우리나라에도 위빠사나 수행처가 많고 상당히 체계화되어 있습니다. 따라서 간화선과 위빠사나를 접목시키면 대중들에게 전하는 데 훨씬 더 좋을 것으로 생각합니다.

초기불교에서는 선정 수행의 핵심 프로그램으로 아홉 단계의 선정(禪定, 참선) 방법인 9차제정(九次第定)[21]을 만들었고, 또 깨달음에 이르는 보조 수단으로 37가지 수행법, 즉 37조도품(助道品)[22]이 있습니다.

---

21 9차제정(九次第定)이란 색계사선(色界四禪), 사무색정(四無色定), 상수멸정(想受滅定)을 포함한 아홉 단계의 수행 단계를 말함. 색계(色界)의 초선, 2선, 3선, 4선을 색계4선이라고 하며, 공무변처정(空無邊處定), 식무변처정(識無邊處定), 무소유처정(無所有處定), 비상비비상처정(非想非非想處定)을 무색계 4선이라 한다. 여기에 상수멸정(想受滅定)을 합하면 9개의 선정단계가 된다.

22 37도품(三十七道品) 또는 37조도품 37보리품: 깨달음을 이루는 데 필요한 37가지 공부로서 4념처(四念處), 4정근(四正勤), 4신족(四神足), 5근(五根), 5력(五力), 7각지(七覺支), 8정도(八正道)를 말함.

한국불교의 현재와 미래

한상권 아나운서

지난 2016년에 실시한 인구센서스(10년 단위로 조사)에서 종교인 구수가 많이 줄었습니다. 특히 불교신도는 다른 종교에 비해 훨씬 더 많이 줄었습니다. 스님은 4교구 본사인 월정사 주지로서 불교 승가의 대표적인 '지도자'라고 할 수 있는데, 현재의 한국불교를 어떻게 진단하시는지, 그리고 한국불교의 미래를 어떻게 보시는지, 그 대안에 대하여 듣고 싶습니다.

월정사 주지 **정념 스님**

> 기도·불공 등 법당 중심의 포교는 한계
> 21세기 대중들의 관심사는 '몸, 뇌, 마음'
> 명상·힐링·마음치유·요가·다도 등
> 수행과 문화가 함께하는 복합적인 시스템 필요

3년 전에 발표한 2015년 인구센서스 종교인구 조사 결과 전체 종교인구가 10년 동안 많이 줄었고, 동시에 불교신자 수도 300만 명(약 15%)이나 감소했다고 발표했습니다. 설사 그 발표가 좀 문제가 있다고 해도 종교인구 감소를 고려해 볼 때, 불교신자의 감소는 인정해야 한다고 봅니다. 탈종교 시대에 대한 이야기는 앞에서도 누차 말했습니다만, 앞으로 종교인구는 더욱더 감소될 가능성이 높고, 종교의 역할도 점점 축소될 것입니다.

인구센서스 종교인구 조사가 아니더라도 근래에 사찰을 찾는 신도들이 매우 줄어들었다는 것을 피부로 느낄 수 있습니다. 불교신자 감소는 외부의 환경적 요인과 승단 내부의 구조적인 요인 등이 복합적으로 작용한 결과라고 생각합니다.

> 불교신자 교육을 강화하고
> 재가불자들의 역할도 확대해야
> 스스로 긍지와 사명감을 가지고

함께 불교포교에 힘써야

한국종교문화연구소의 윤승용 이사는 "불교의 종교인구 감소는 재가불자들의 조직 이탈과 이를 방치한 비근대적인 불교조직에 원인이 있다."고 지적했습니다. 그는 또 "재가불자들에게 주인의식을 갖게 해야 한다. (비구승 중심의) 전근대적인 불교공동체를 혁신해야 한다. 재가불자들이 주인의식을 갖지 않으면 불교 종교인구수 감소는 물론이고, 불교는 현대 생활종교도 시민종교도 되기 어렵다."고 했는데, 종단 차원에서 적극 검토해야 할 필요가 있는 지적이라고 생각합니다.

기본적으로 불교신자들에 대한 교육이 절실하다고 봅니다. 불교신자인데도 정작 부처님의 가르침을 모르는 신도들이 적지 않았습니다. 또 신자교육을 실시하고 있지만 현장에서 응용·활용하는 방법에 대한 교육이 부족했다고 봅니다. 응용·활용에 대한 교육을 강화해야 한다고 봅니다.

또 불교 교육을 통해 불교신도로서 긍지를 갖게 해 주어야 하고 그러기 위해서는 스님들부터 철저하게 교육해야 할 것입니다. 아무리 부처님의 가르침이 거룩하고, 불교가 이 세상의 종교 중에 가장 뛰어나다 해도 불교교단을 이끌어 가는 스님들이 모범을 보이지 않으면 불교의 미래는 밝지 않습니다. 물론 스님들도 인간인지라 허물이 없을 수가 없습니다. 그렇기 때문에 원로스님들이 이끌어 주고, 교단 차원에서 정책적으로 뒷받침해 주면서 부단히 정진해야 하는 것입니다.

근래 또 하나의 두드러진 현상을 보더라도 교육의 중요성을 절감할 수 있습니다. 도심의 대형사찰은 신도가 증가한 반면 포교당 등 작은 사찰들은 오히려 신도 수가 줄어들고 있습니다. 대형사찰은 불교교양대학 등을 개설해서 신도 교육을 체계적으로 하면서 조직화하고 신도들의 삶의 질에도 신경을 쓰고 있는 반면 작은 사찰은 주지스님 혼자 동분서주하다가 의욕을 상실하는 분들도 있습니다. 결국 대형사찰과 작은 사찰이 서로 긴밀하게 연계하여 수행과 교육, 문화와 복지의 공동체로 거듭날 수 있도록 함께 노력해야 할 것입니다.

누누이 말씀드리지만, 불교가, 종교가 이 시대 사람들의 행복을 위하여 노력하지 않는다면 존재 가치를 상실하게 될 것입니다. 특히 사회적 약자, 소외계층에 대한 포교 활동을 강화해야 합니다. 우리나라는 빈부 격차가 심하고 여러 가지 원인으로 어려운 상황에 처해 있는 이들이 많습니다. 저출산·고령화로 독신 가구도 늘어나고 있고, 한부모 가정과 다문화 가정도 빠르게 증가하고 있습니다. 이분들이 우리 사회의 구성원으로 행복하게 살아갈 수 있도록 마음으로 다가가 살뜰하게 보살펴 주는 인간 중심의 포교가 이루어져야 한다고 봅니다.

그러기 위해서는 재가불자들의 역할을 확대해야 합니다. 재가불자들이 불교를 알리고, 포교 일선에 나설 수 있도록 분위기를 조성하고, 여건을 마련해 주고 공간을 조성해 주어야 합니다. 또 스님과 더불어 재가불자들이 긍지와 사명감을 가지고 임할 수 있도록 의식 교육이 먼저 이루어져야 할 것입니다. 긍지와 사명감이 있어야 용기와 힘을 갖고 적극적으로 활동할 수가 있기 때문입니다.

불교 포교와 신도 확장을 위한 특단의 구상이 필요하다고 생각합니다. 현재 제가 주지로 있는 월정사도 여러 가지 다양한 시도를 하고 있습니다. 그 가운데 하나가 '명상마을'인데, 누구든지 와서 힐링할 수 있도록 다양한 프로그램을 열어 놓을 생각입니다. 기도와 불공 등 법당 중심의 문화에서 탈피하여 명상·힐링·마음치유·정신치유·정신요가·다도 등 생활문화와 접목시켜야 한다고 봅니다.

> 사찰을 문화와 힐링 공간으로 만들어서
> 불교 인구의 저변층 확대에 나서야
> 비(非)불자들도 쉽게 찾아올 수 있도록 개방하고
> 정신적 가치를 실현할 수 있는 방법을 모색해야

사찰을 힐링과 문화의 공간으로 열어 놓고, 불자는 물론, 비(非)불자들도 쉽게 찾아올 수 있도록 해야 합니다. 다양한 프로그램을 갖추어서 불교가 시민들의 생활과 삶 속으로 들어가야 합니다. 그것이 곧 십우도에 나오는 입전수수(入廛垂手, 중생 속으로 들어감)이고, 대승불교에서 말하는 하화중생(중생을 가르쳐 교화하는 것, 깨달음으로 이끄는 것)입니다. 사찰에 가는 것만으로 안심입명(마음의 평온)이 될 수 있도록 이끌어 주면 불교인구의 저변이 확대될 수 있다고 봅니다.

환경문제와 힐링문화에 대한 불교의 역할 강화는 아무리 강조해도 부족할 것입니다. '삶의 질'을 높이면 행복해지고, 행복해지면 마음에 평화가 오고, 그것은 곧 근심걱정으로부터 벗어나는 것이 아니겠습니까? 복지=환경=삶이므로 불교계가 적극적으로 국민의 삶의 질을 높이는 데 힘쓴다면 불교 발전이 이루어질 것입니다.

전통은 전통대로 잘 보존하되, 교화 측면에서는 시대적 흐름을 통찰해서 대응해야 한다고 봅니다. 불교는 이 시대가 요구하는 '마음 수행'이라는 특장점을 갖고 있으므로, 수행과 문화가 지닌 정신적 가치를 실현할 수 있는 복합적인 프로그램을 개발해서 시민들의 삶과 생활에 신선한 활력소가 될 수 있도록 다가가야 합니다.

10여 년간 월정사 주지 소임을 맡으면서 고민을 많이 했습니다. 그리고 한국불교가 새로운 패러다임으로 전환해야 한다는 생각이 절실해졌지요. 기존의 기복적인 산중불교의 모습에서 탈피하여 이 시대의 요구에 부응하면서 부처님의 가르침을 구현할 수 있는 길이 무엇인가 모색해 왔습니다. 월정사 단기출가학교, 문화축전, 선재길 걷기대회, 문화대학, 탄허대종사 선서 함양 전국 휘호대회, 오대산 문화예술축제 등을 펼쳤는데, 대중들이 크게 공감하고 호응해 줘서 보람이 컸습니다.

앞으로 불교는 각종 경전과 논서 등을 이 사회에 걸맞게 재정립·재생산해서 적용해야 합니다. 그렇지 않으면 시대에 맞는 사상이나 이념·대안을 도출하기 어렵습니다. 또 중앙에서 수행체계, 교육체계, 교학체계를 다시 정립하여 현대의 사조(흐름)에 맞게 적용시켜야만 불교가 이 시대에 의미 있는 종교, 유익한 종교가 될 수 있습니다.

얼마 전 신문을 보니 앞으로 21세기 주력 상품은 '몸, 뇌, 마음'이라고 합니다. 이 모든 것이 불교 수행과 관련이 깊습니다. 게다가 불교는 사람들에게 상품 차원이 아닌, 조건 없는 보살행의 차원으로 다가갈 수 있기 때문에 더욱 희망적이라는 생각이 들었습니다.

한상권 아나운서

> 스님 말씀처럼 사찰을 누구나 찾을 수 있는 문화공간으로 만들어 준다면 불교에 다가가기가 아주 좋을 것 같습니다. 특히 불교에서 가장 취약하다고 할 수 있는 젊은 층에 대한 포교 또한 활성화될 것 같습니다. 구체적으로 어떤 프로그램을 만들어야 젊은 층에 다가갈 수 있을까요?

월정사 주지 **정념 스님**

> 사찰을 찾아오는 불교신자들의 연령대를 보면 대부분 50~60대 이상입니다. 20~30대의 젊은 불자들을 찾아보기 어렵습니다. 젊은 세대에 대한 포교에 힘쓰지 않는다면 신도 수가 10년 후에는 20~30%가 급감하고 20년 후에는 현재 대비 3분의 1 수준으로 급감하게 될 것입니다.
>
> 불교교단 차원에서 유아, 어린이, 청소년, 청년 등 계층별로 분류하여 젊은 세대를 위한 특별 부서를 설립하고, 불교적인 내용은 10~20%를 넘지 않는 선에서 그들을 위한, 그들의 기호에 맞는 다양한 프로그램을 만들어서 실행해야 할 것입니다.
>
> 그동안 조계종단 차원에서, 혹은 전국의 교구본사나 대형사찰

위주로 어린이와 청소년을 대상으로 글짓기, 그림 그리기, 독후감 발표 및 청소년 캠프 등을 정기적으로 개최한 것으로 알고 있습니다. 지금 이 시대를 살아가는 젊은 세대가 무엇을 원하는지 더욱 면밀한 연구와 프로그램 개발이 시급하다고 봅니다.

> 게임, 동영상, 독립영화 제작 대회,
> 홈페이지 경진 대회,
> 댄스 노래 경연 대회,
> 아이디어 대회,
> 사찰음식 조리대회,
> 조경 대회, 목재 건축 대회,
> 로봇 대회, 생활 원예 경진 대회 등
> 젊은이들의 꿈을 펼칠 수 있는 동시에
> 미래의 직업과도 연관이 될 수 있도록
> 길을 열어 주어야…

예를 들어 청소년들에게 유익한 게임을 만들어 주고, 청소년 게이머들을 모집하여 게임 대회를 개최할 수도 있고, 청소년들이 직접 게임을 만들어서 게임 제작 대회에 참여할 수 있도록 이끌 수도 있습니다.

또한 동영상과 독립영화 제작 대회, 홈페이지 경진 대회, 댄스 노래 경연 대회, 메이크업 대회, 아이디어 대회, 사찰음식 조리 대회, 조경 대회, 목재 건축 대회, 로봇 대회, 생활 원예 경진 대회, 친환경 에너지 경진 대회, 삼림디자이너, 마음치료사 등 젊은이들의 꿈을 펼칠 수 있는 동시에 미래의 직업과도 실질적으로 연관이 될 수 있도록 길을 열어 주면 좋지 않을까 싶습니다.

앞으로는 단순반복 업무가 주된 직업은 인공지능의 몫이 될 것이고, 상상력과 창의력 등 생각의 힘과 정서적 교감이 필요한 직업이 살아남을 수 있을 것입니다. 첨단기기와 뉴미디어를 잘 다루고, 정보처리능력과 프로그램 개발 능력은 필수적으로 갖춰야 할 것으로 봅니다. 그렇기 때문에 불교계에서 더욱 적극적으로 젊은 세대를 위한 프로그램을 개발하고 프로젝트를 수행해서 직접적으로 도움을 주어야 한다고 봅니다.

앞으로는 부처님의 전도 선언처럼 대중의 이익과 안락과 행복을 위해 적극적으로 가르침을 펴야 합니다. 미래 학자들이 대체로 타종교 대비 불교에 대한 전망을 밝게 보았는데, 요즘 마음, 힐링 산업의 융성에서도 볼 수 있듯이 불교의 특성인 명상과 마음 치유, 그리고 여러 가지 수행법이야말로 미래를 여는 힘이 될 것으로 봅니다. 미래 지향적으로 나아갈 때 불교는 희망과 전망이 있고 또 젊은이들도 불교를 가까이하게 될 것으로 봅니다.

한상권 아나운서

불교 승가가 내부적으로는 개선할 점은 없습니까? 최근 '은처자 문제' 등 불교계의 크고 작은 사건들이 텔레비전 등 뉴스에 여러 번 보도되었습니다. '은처자 문제', 물론 일부 몇몇 스님들과 관련된 것이기는 해도 이런 사건들이 터질 때마다 불교신자들은 낙엽처럼 우수수 떨어질 수밖에 없습니다. 포교보다도 더 중요한 것이 스님들의 행실이라는 생각이 듭니다.

월정사 주지 정념 스님

승가가 청정·청빈하지 않으면
사회의 청정수(淸淨水)가 될 수 없어
경제적·정신적으로 모두 청정해야
자비심과 덕망을 갖추어야 하고 인격적이어야

불제자의 한 사람으로서 참 부끄러운 일입니다. 지금 한국 승가에서 가장 중요한 것은 '청정성 확보' 곧 '청정', '청빈'입니다. 승가는 정신적으로는 물론이고 경제적으로도 청정해야 합니다. 정신이 타락하면 경제적으로도 타락하기 쉽고, 경제적으로 타락하면 정신도 타락하게 됩니다. 돈과 행실 두 가지가 다 청정해야 사회를 정화하는 승가 본연의 청정수 역할을 할 수가 있습니다. 승가가 '청정'하지 못하면 불교는 설 자리를 상실하게 됩니다. 사회적인 역할과 포교 능력이 조금 부족하다 해도 종교인의 첫 번째 덕목은 '청정성 확보'라고 생각합니다.

또한 인격과 도덕성, 덕망이 높아야겠지요. 그렇지 않으면 혼탁한 사회를 정화할 수 있는 동력을 확보할 수 없습니다. 그리고 사회를 위한 역할을 찾아서 적극적으로 보살행을 실천해야 할 것입니다. 사회적 모순을 개선하고 시스템을 재정비해서 모든 사람들이 행복하게 살아갈 수 있는 사회를 만드는 데 솔선수범해야 합니다. 탈종교시대로 가고 있는 이 시점에서 꼭 필요한 종교, 존경 받는 종교가 되기 위해서 어떻게 해야 할지 고민하고 방안을 연구하고 실행해야 할 것입니다.

한국불교는 근래 10여 년 사이에 많은 변화가 있었습니다. 그 가운데 하나가 종단의 정치화·세력화입니다. 승단이 이렇듯 정치 세력화되면 세속화를 초래하게 되고 결국 부패할 수밖에 없습니다. 반드시 바로잡고 경계해야 할 대목입니다.

승가의 정체성은 수행을 통한 '깨달음'과 '계율 준수', '중생 교화'에 있습니다. 이 세 가지를 준수하지 않으면 승가의 뿌리가 흔들리고 마침내 무너지게 된다는 것을 명심해야 할 것입니다.

스님도 인간인지라 수행의 여정에서 실수할 수도 있습니다. 그렇기 때문에 더욱더 자신과 주변을 청정하게 하고, 본분사를 가슴에 새겨야 합니다. 저 역시 먹물옷의 무게와 깎은 머리를 살피면서 틈이 생기지 않도록 늘 저 자신을 관리·단속하고 있습니다.

세속과 승가의 다른 점은 '금욕주의'
금욕하지 않으면 인격을 갖출 수가 없어
사찰은 사부대중의 공동체
사찰운영에 전문성 있는 재가불자가 참여하여
매사 투명하고 합리적으로 운영해서
불교발전의 초석을 마련해야

세속과 승가가 다른 점은 '금욕주의'에 있다고 봅니다. 금욕은 불도를 이루는 전제 조건입니다. 습관이 무섭고 업이 무서워서 오늘날과 같은 개방화된 사회에서 금욕하기가 쉽지는 않습니다. 절제와 인내의 미덕이 없으면 불도를 이루기도 힘들고, 승려로 살아가기는 더더욱 힘듭니다. 금욕했을 때 스스로도 떳떳하고 신도들을 교화할 자신감도 생기는 것도 사실입니다.

한국불교는 계율에 대해 관용적인 편인데, 그로 인해 많은 문제점이 생겼습니다. 서산 대사는 『선가귀감』에서 "계율을 지키지 않는 것은 모래를 쪄서 밥을 지으려고 하는 것과 같다."고 말씀하셨는데, 앞으로 계율을 좀 더 강화해야 한다고 봅니다. 승려가 계율을 지키지 않으면 사회를 맑게 할 수도 없고 사회의 롤모델이 될 수도 없습니다.

또한 사찰은 승려만이 아닌, 사부대중의 공동체라는 것을 확실히 인식해야 할 것입니다. 지금은 사찰운영도 간단하지가 않습니다. 회계, 관리 등 전문성이 요구되고 있습니다. 사부대중이 함께 참여하는 사찰운영위원회를 만들고 사찰운영에 전문성을 가진 불자들을 참여시켜서 매사 투명하고 합리적으로 운영해야 할 것입니다.

어느 분야든 전문성 없이는 발전할 수가 없습니다. 또한 시스템이 불투명하면 '근묵자흑(近墨者黑)'이라는 말처럼 문제가 생길 수밖에 없습니다.

특히 재정문제에 있어서는 더욱 철저하게 해야 합니다. 욕망은 수행의 장애물입니다. 승려들이 본분사인 수행과 포교에 전념하면 불교의 대중화가 요원한 일은 아닐 것입니다. 삶 속에서 부처님의 정신을 실천하는 사부대중이 늘어날 때 불교의 밝은 미래가 펼쳐질 것입니다.

4차 산업혁명 시대, 불교의 역할

한상권 아나운서

> 4차 산업은 우리의 의식구조, 사고, 생활방식 등을 바꾸는 혁명적인 산업이 될 것이라고 전망하고 있습니다. 조만간 인류 역사 이래 인간의 역할이 가장 축소될 수도 있는 4차 산업혁명 시대가 도래한다는데, 이러한 시대에 불교의 역할에 대해 말씀해 주셨으면 합니다.

월정사 주지 **정념 스님**

> 인공지능의 활약이 두드러지는 4차 산업혁명 시대에는
> 인간의 윤리의식이 더욱 고양되어야…
> 불교의 자비와 명상 수행을 통해
> 무기력증, 정신적 공황 등을 치유해야…

요즘 가장 큰 이슈가 인공지능, 4차 산업이더군요. 최근 1~2년 사이에 불교계에서도 '4차 산업과 불교'라는 주제로 여러 차례 세미나와 좌담회 등이 열렸습니다. 그때마다 다양한 논의들이 나온 것으로 알고 있습니다.

4차 산업은 이미 우리의 생활 속에 깊이 들어와 있습니다. 특히 AI(인공지능)와 로봇의 활약은 인간의 사고와 생활방식, 사회상을 급격히 변화시키게 될 것만은 분명합니다.

저는 본격적으로 4차 산업, 인공지능시대가 도래하면 적지 않은 혼란과 회의를 겪을 것으로 봅니다. 인공지능을 탑재한 로봇을 활용한다면 생활의 편의성 등에서는 매우 좋겠지만, 모든 것을 로봇에게 위임한 인간은 무기력증에 시달리게 될 가능성이 높습니다. 로봇은 창의적인 사고가 부족하다고 하지만, 이 점 역시 벌써 어느 정도까지는 알고리즘을 통하여 보완되어 가고 있습니다. 또한 고장으로 인해 오작동 현상이 나타나거나, 자신의 이익을 위해 로봇을 악용하려 한다면 상상할 수 없는 위협적인 존재가 될 수도 있지요.

그래서 앞으로 다가올 4차 산업혁명 시대에 더욱 중요한 것은 '인간성', '인문학적 사고'라고 봅니다. 과학문명의 발달은 인간의 삶에 많은 편의를 제공하지만, 인간의 욕망을 위해 인공지능을 개발할 경우 많은 혼란을 야기할 수 있다는 겁니다.

예를 들어 몇 년 전 미국에서 주가 폭락 사태가 있었는데, 빅데이터를 통한 자동매매 시스템의 오판, 오작동으로 인해 단 몇 분 만에 주가가 급락하는 일이 벌어진 것입니다. 얼핏 단편적인 예에 불과한 것처럼 보이지만, 악심을 품고 해킹을 통해 인공지능 시스템을 장악한다면 전 세계에 위협을 가할 수도 있는 것입니다. 시스템 정비와 아울러 철저한 윤리교육을 통해 이러한 사태를 미연에 방지해야 할 것입니다.

최근 유럽의회에서 로봇에 인격을 부여하고 로봇 윤리를 교육시켜야 한다는 움직임이 있었습니다. 이에 비판적인 사람들은 로봇에 윤리를 학습시키는 것 대신 로봇을 제조하고 사용하는 인간의 윤리가 더 중요하다고 강조했지요. 저 역시 4차 산업혁명 시대일수록 바른 가치관으로 바르게 살아가야 평화롭게 살아갈 수 있다고 봅니다.

인간의 윤리교육에서 더 나아가 인간의 뿌리 깊은 탐·진·치 3독심에서 벗어날 수 있도록 이끌어 주는 불교 수행이 더욱 절실하다고 생각합니다.

명상·참선·위빠사나·자비관은 마음에 안식처를 제공해 주고 마음을 치유해 주는 것은 물론이고 바른 가치관으로 바르게 살아갈 수 있는 길을 열어 줍니다.

특히 불교는 '마음의 구조' 등 '마음'이라는 문제에 대한 고찰이

그 어느 종교보다도 깊고, 오랜 탐구 성과를 갖고 있습니다. 그것이 심식(心識), 마음의 문제를 다루고 있는 유식학인데, 유식학은 현대 심리학의 뿌리라고 할 수 있습니다.

불교의 선(禪), 위빠사나 수행 역시 '마음'을 고통에서 벗어나게 해 주는 길입니다. 인간은 부처가 될 수 있는 훌륭한 성품을 가진 반면에 증오·질투·분노·탐욕·욕망 등을 지니고 있습니다. 또한 슬픔·공허·외로움·고독 등에도 흔들리기 쉽습니다. 마음 수행을 통해 4차 사업혁명 시대, AI 시대의 인간 소외 현상을 극복해야 합니다.

4차 산업혁명 시대에는 신약 개발로 어지간한 질병은 치유 가능할 것입니다. 오히려 공황 장애·인간 소외·자아 상실·정신 분열 등 마음이 병들어서 아픈 것이 더 큰 문제가 될 거라고 봅니다. 이러한 현상에 대한 가장 좋은 치료법은 명상, 자비, 참선 등 불교의 다양한 수행법입니다.

특히 깊은 자비심을 가지고 많은 사람들이 행복하기를, 이익이 되기를, 안락하기를 바라는 자비명상은 사람들의 마음에 평화와 안온, 평온을 가져다 줄 것입니다.

이렇듯 마음 수행을 통해 인간의 본성을 회복시켜 주고 상처 입은 마음을 치유해 주는 일이 4차 산업혁명 시대에 불교가 담당해야 할 중요한 역할이라고 생각합니다.

퇴우 정념(退宇正念) 스님

—

1980년 탄허 큰스님의 전법 제자인 만화희찬 스님을 은사로 출가, 수계했다. 조계종 종립 중앙승가대학교를 졸업한 뒤, 1992년 오대산 상원사 주지를 맡아서 대중교화를 시작하였다. 이후 현재까지 제4교구 본사인 오대산 월정사를 이끌면서 한국불교의 위상을 재정립하고 있다.

2004년 오대산 월정사 주지를 맡아 '단기출가학교', '자연명상마을(2018)' 그리고 각종 복지시설을 설립하는 등 선진적 시도들을 하고 있다. 출가학교는 지금까지 3천명이 넘는 수료생을 배출하였고, 그 가운데 200여 명이 입산 수계하여 승단의 일원이 되었다. 도시인을 위한 '자연명상마을' 건립을 통해 불교의 시대적인 역할에 크게 이바지하고 있다.

참선 수행을 중시하는 스님은 한암 스님의 자취가 서린 상원사 청량선원을 복원하였고, 2008년에는 월정사에 만월선원을 개원했으며, 또 일반인을 위해서 문수선원과 동림선원을 개원하여 오대산을 새로운 '선종산문'으로 만들었다.

중앙승가대학교 총동문회장, 동국대학교 이사, 불교 TV 이사, 경제정의실천시민연합 공동대표 등을 역임하거나 맡아서 한국불교 발전에 힘쓰고 있다. 일제강점기에 반출된 유네스코 세계기록유산인 『조선왕조실록』과 『의궤』를 환수 받아 온 공로로 '국민훈장 동백장'을 수여 받았다.

한 철도 빠짐없이 선원에서 안거 정진하고 있는 스님은, 독자들이 이 책에서 볼 수 있는 바와 같이 한국사회와 불교의 미래를 꿰뚫어 보는 통찰력과 예지력, 이사(理事)를 겸비한 이 시대를 대표하는 선승이다.

한국사회와 불교
그 미래를 조망하다

초판 1쇄 인쇄 | 2018년 10월 10일
초판 1쇄 발행 | 2018년 10월 20일

대담 | 정념, 한상권

펴낸이 | 윤재승
펴낸곳 | 민족사

주간 | 사기순
기획편집팀 | 사기순, 최윤영
영업관리팀 | 김세정
사진 | 하지권 외

출판등록 | 1980년 5월 9일 제1-149호
주소 | 서울 종로구 삼봉로 81 두산위브파빌리온 1131호
전화 | 02)732-2403, 2404 팩스 | 02)739-7565
홈페이지 | www.minjoksa.org
페이스북 | www.facebook.com/minjoksa
이메일 | minjoksabook@naver.com

ⓒ 정념, 한상권 2018

ISBN 979-11-89269-05-0 (03220)